Die Reise in die Vergangenheit

Ein geschichtliches Arbeitsbuch

von Hans Ebeling
und Prof. Dr. Wolfgang Birkenfeld

Ausgabe für Berlin, Brandenburg, Mecklenburg-Vorpommern, Sachsen, Sachsen-Anhalt, Thüringen

Band 5
Das Zeitalter der Weltkriege

westermann

Pädagogische Mitarbeit: Rita Birkenfeld

Eine gute Ergänzung zu diesem modernen Unterrichtswerk:

Westermann Geschichtsatlas

64 Seiten mit 200 Geschichtskarten, ISBN 3 - 14 - **10 0932** - 5
Bearbeiter: Prof. Dr. Wolfgang Birkenfeld

Die Abbildung auf der Vorderseite des Umschlags zeigt das zerstörte Dresden 1945. Der Blick fällt von der Aussichtsplattform des Dresdner Rathausturms auf die Prager Straße.
(Foto: Bildarchiv Preußischer Kulturbesitz)

1. Auflage Druck 5 4 3 2 1
Herstellungsjahr 1995 1994 1993 1992 1991
Alle Drucke dieser Auflage können im Unterricht parallel verwendet werden.

Verlagslektorat: Dieter J. Bode
Herstellung: westermann druck GmbH, Braunschweig

ISBN 3 - 14 - **14 0705** - 3

Inhalt

5 Die nationalsozialistische Diktatur 1933–1945 126

Verzeichnis der Karten

Worüber bisher berichtet wurde

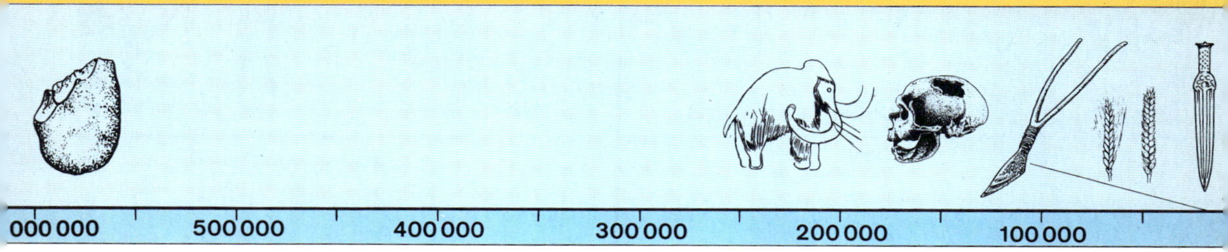

Aus den ältesten Zeiten der Geschichte

Seit über einer Million Jahren gibt es mit Sicherheit menschliche Wesen auf unserem Erdball. Sie lebten zunächst als Jäger und Sammler. Sie schufen sich erste Waffen und Geräte aus Stein. Sie lernten, das Feuer zu nutzen. Sie lebten – vorwiegend in Höhlen – in der Gemeinschaft ihrer Horde. Wir nennen diese älteste Zeit der Geschichte die *Altsteinzeit.* Sie dauerte bis etwa 10 000 v. Chr.

In der *Jungsteinzeit* (etwa 10 000–2000 v. Chr.) wurden die Menschen Viehzüchter und Ackerbauern. Sie bauten feste Häuser und lernten es, Tiere zu zähmen und Felder anzulegen. Sie wurden seßhaft.

Schließlich gelang es ihnen, ihre Waffen und Geräte aus Metall herzustellen, zuerst aus Bronze, später aus Eisen (*Bronzezeit* ca. 2000–800 v. Chr.). Die neue Metallkunst förderte Arbeitsteilung, Handwerk und Handel. – Wir nennen die ältesten Zeiten zusammenfassend die *Vorgeschichte.*

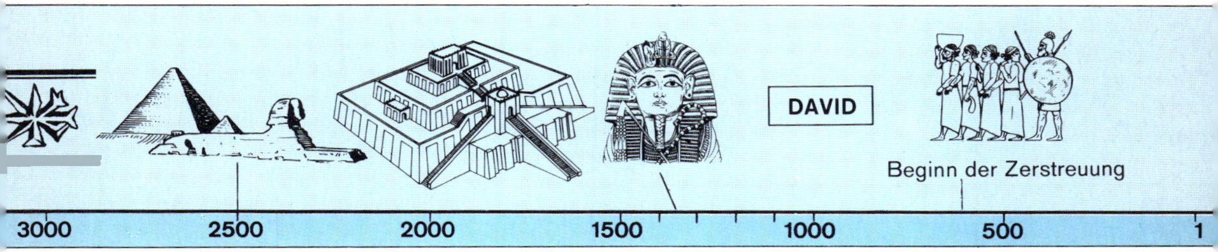

Alte Reiche in Stromtälern

In Stromtälern am Mittelmeer entwickelten sich erste Reiche und Stadtstaaten. *Ägypten* wurde um 3000 v. Chr. ein Staat mit einem König an der Spitze. Die Aufgaben, die der Nil hier stellte, führten zu diesem Zusammenschluß. Hier entstand eine erste große Kultur, als deren Zeugnisse zum Beispiel die Pyramiden bei Gizeh und der Tempel von Abu Simbel bis in unsere Gegenwart erhalten geblieben sind.

Im *Zweistromland* bildeten sich die ältesten Stadtstaaten etwa zur gleichen Zeit wie in Ägypten. In beiden Stromtälern erfanden die Menschen die Schrift.

Um das Jordantal entstand etwa 1200 v. Chr. *das alte Israel,* das Reich des Volkes der Bibel. Jerusalem war seine Hauptstadt. In der Zeit um Christi Geburt wurde das Gebiet von den Römern erobert und verwüstet.

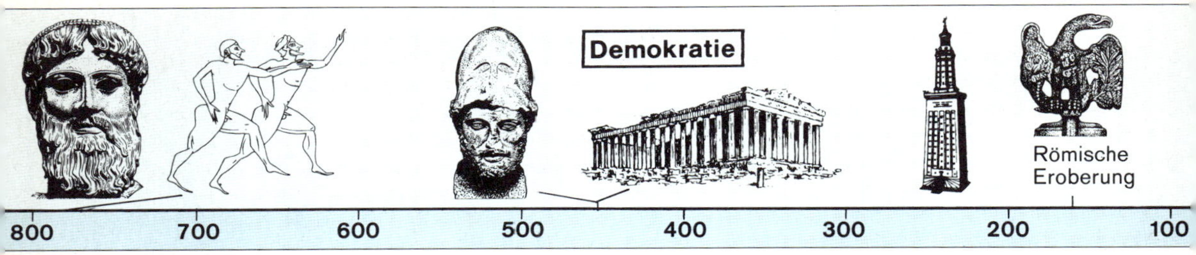

Die Zeit der Griechen

In Griechenland ließ die zerklüftete Landschaft eine Vielzahl von Stadtstaaten entstehen. Alle Griechen verband aber der Glaube an die gleichen Götter, zu deren Ehren sie herrliche Tempel errichteten und seit 776 v. Chr. die *Olympischen Spiele* feierten.
Der bedeutendste Stadtstaat Griechenlands war Athen. Hier bestimmten die Bürger ihre Angelegenheiten selbst. Diese „Herrschaft des Volkes" nennen wir *Demokratie.*

Während die griechischen Staaten sich in Bruderkriegen erschöpften, wuchs im Norden von Griechenland Makedonien zu einem mächtigen Staat heran. Unter *Alexander dem Großen* wurde das gesamte Perserreich erobert. Hier und in Ägypten wurde die griechische Kultur bestimmend („Hellenismus"). *Alexandria* entwickelte sich zur Weltstadt und zum Mittelpunkt der Wissenschaften und des Handels.

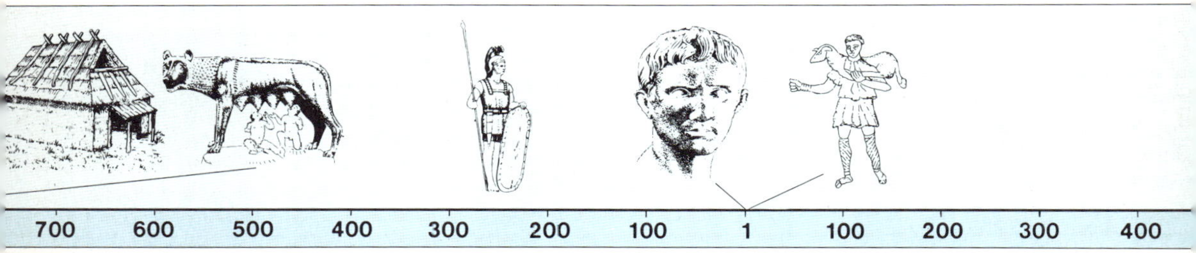

Das römische Weltreich

In der Zeit des Hellenismus weitete sich der kleine Stadtstaat Rom zu einem neuen *Weltreich* aus. Von etwa 250 v. Chr. an eroberten die Römer ein Gebiet, das die Küstenländer des Mittelmeeres umschloß und bis an Rhein und Donau reichte. Ihre bedeutendsten Herrscher waren Caesar und Augustus.

In den ersten Jahrhunderten nach Christi Geburt erlebte das römische Weltreich eine Zeit des Friedens. Die griechisch-römische Kultur formte das Leben in den Städten. Sie erfaßte so auch das westliche Europa.

Die *Anfänge des Christentums* gehen in die Zeit des römischen Weltreichs – unter Kaiser Augustus – zurück. Nach langen, oft harten Verfolgungen wurde das Christentum die Staatsreligion des Römerreichs (um 400 n. Chr.).

1 | 100 | 200 | 300 | 400 | 500

Das römische Germanien

Der Vorstoß der Römer nach Norden brachte auch Teile des germanischen Landes unter ihre Herrschaft: das römische Germanien. Dieses sicherten die Römer entlang den Flüssen Rhein und Donau. Ein Grenzwall, der Limes, verband die beiden Flüsse. Im römischen Germanien entwickelten sich blühende Provinzen. Mittelpunkte waren die großen Städte, vor allem Köln und Trier.

Ein Vorstoß der Hunnen leitete um 375 n. Chr. die germanische Völkerwanderung ein. Das Römerreich zerfiel. Auf dem Boden der weströmischen Reichshälfte errichteten die Germanen eigene Herrschaftsgebiete von zumeist nur kurzer Dauer.

In die weithin menschenleeren Räume östlich von Elbe und Saale wanderten zwischen 500 und 600 n. Chr. slawische Stämme ein.

500 | 600 | 700 | 800 | 900 | 1000 | 1100 | 1200

Europa und die Mittelmeerwelt

Die östliche Hälfte des römischen Weltreichs mit ihrer Hauptstadt Konstantinopel (Byzanz) bestand bis 1453 weiter. Die Araber überrannten um 700 weite Gebiete am Mittelmeer.
Um 800 vereinigte *Karl der Große* viele der germanischen Stämme in einem neuen großen Reich. Aus diesem *Reich der Franken* entstanden Deutschland, Frankreich und später Italien. Mit der Wahl Heinrichs I. begann 919 die deutsche Geschichte. Unter seinen Königen und Kaisern nahm das *Deutsche Reich* bis ins 13. Jahrhundert eine führende Stellung gegenüber den übrigen Staaten Europas ein. Zunehmend verdrängten jedoch die Landesfürsten die Königsmacht.
Nachdem die mohammedanischen Seldschuken (Türken) das „Heilige Land" erobert hatten, wurden im 11.–13. Jahrhundert immer wieder *Kreuzzüge* unternommen. Sie waren ohne bleibenden Erfolg.

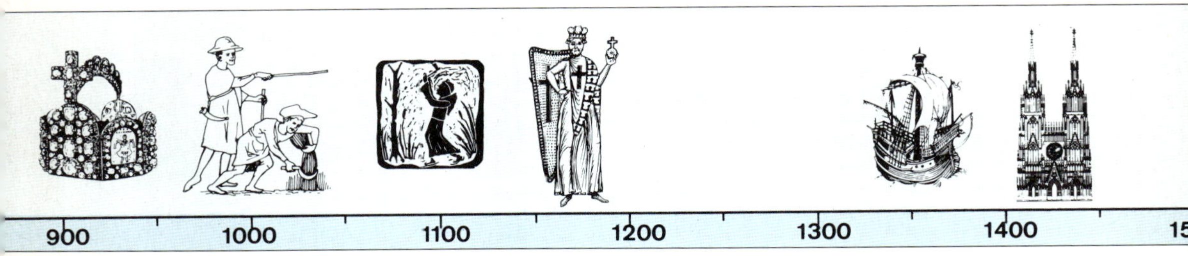

Die Gesellschaft im Mittelalter

Im Mittelalter gehörten die Menschen verschiedenen *Ständen* an, die streng voneinander getrennt waren. *Kaiser, Fürsten* und *Ritter* verwalteten das Land und leisteten Kriegsdienst. Sie herrschten über die *Bauern*, die für sie den Boden bestellten und von ihnen abhängig waren (Grundherrschaft).
In jahrhundertelanger Arbeit schufen die Bauern in Deutschland und Europa die heutige Kulturlandschaft. Abgaben und Frondienste bestimmten zumeist ihr hartes Leben.

Die mittelalterlichen *Klöster* waren eine Stätte des Gebetes und des Dienstes, der Wissenschaft und der Kunst.
Im Verlauf des Mittelalters entstanden viele Städte Europas. Die *Bürger* erkämpften ihre Selbstverwaltung durch den Rat. Grundlage ihres Reichtums war der Handel.
Zum Schutz des Handels der freien Städte bildeten sich verschiedene Städtebündnisse. Eines von ihnen war die *Hanse.*

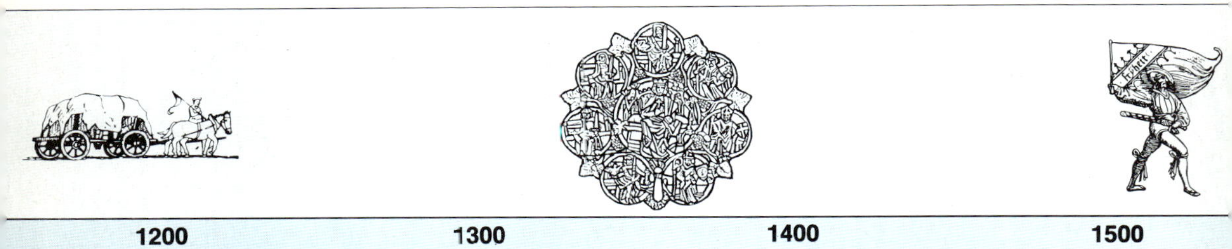

Zwischen Mittelalter und Neuzeit

Durch die Arbeit der Bauern wurden im Mittelalter nicht nur im Westen sondern auch im Osten weite Landgebiete urbar gemacht. An der Ostsiedlung war der Deutsche Ritterorden maßgeblich beteiligt.

Die deutsche Geschichte des späten Mittelalters führte zur Herausbildung der Landesherrschaften. Am Ende des Mittelalters war das Deutsche Reich in eine Fülle selbständiger Territorien der geistlichen und weltlichen Fürsten und auch der Reichsstädte zersplittert.

An vielen Orten Europas kämpften die Bauern im Spätmittelalter gegen Unterdrückung und Ausbeutung. Den Höhepunkt bildete 1525 der deutsche Bauernkrieg. Dieser Aufstand wurde von den Fürsten blutig niedergeschlagen. Das Bauerntum versank für Jahrhunderte in neuer Abhängigkeit.

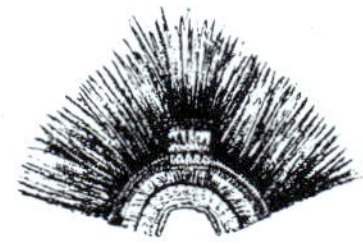
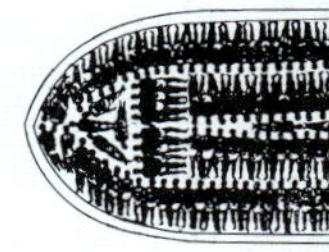

1450 1500 1550

Europäer entdecken die Erde

Am Ausgang des Mittelalters wurde das alte Weltbild von der Erde als Scheibe durch das neue Weltbild von der Erde als Kugel verdrängt.
Auf der Suche nach einem Westweg nach Indien entdeckte Kolumbus 1492 Amerika. Vasco da Gama bewältigte 1498 den Seeweg nach Indien um Afrika herum, und Fernando Magellan erbrachte mit der ersten Weltumsegelung (1519–1522) den Beweis für die Kugelgestalt der Erde.
Den Entdeckern folgten überall die Eroberer. Zu ihnen gehörte Cortez in Mexiko (1521).
Die unterworfenen Gebiete wurden zu Kolonien der Eroberer und von diesen ausgebeutet. Die Kolonialreiche Spaniens und Portugals standen am Anfang der europäischen Ausbreitung über die Erde.
Bald nach der Eroberung Südamerikas begann die europäische Negersklaverei an der Westküste Afrikas.

500 1550 1600 1650

Die frühe Neuzeit in Europa

Die Zeit um 1500 war eine Zeit zahlreicher Erfindungen, darunter die Erfindung des Buchdrucks durch *Johann Gutenberg*. Mit *Humanismus* und *Renaissance* entwickelten sich neue Anschauungen über die Stellung des Menschen in der Welt. Um 1500 erreichte *der frühe Kapitalismus* in Deutschland seinen Höhepunkt (Fugger in Augsburg).
Nach 1500 wurde das Reich der Habsburger zu einer Großmacht. *Karl V. (1519–1556)* vereinigte unter seiner Herrschaft weite Gebiete Europas und Amerikas. – *Die Reformation* wurde von dem Wittenberger Professor *Martin Luther* 1517 durch seine Thesen gegen den Ablaßhandel eingeleitet.
Sie beeinflußte auch den deutschen Bauernkrieg 1525 und veranlaßte eine innere Reform der katholischen Kirche (Konzil von Trient 1545–1563). Höhepunkt der Glaubens- und Machtkämpfe wurde der *Dreißigjährige Krieg* (1618–1648), der mit der Verwüstung Deutschlands endete.

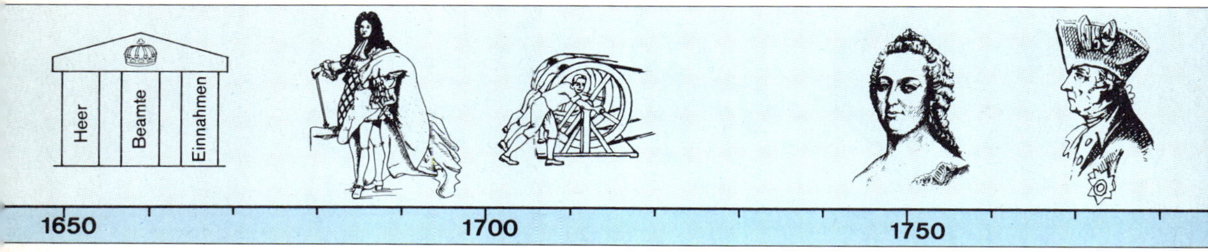

Die Zeit des Absolutismus

Ludwig XIV. regierte von 1661–1715 in Frankreich. Seine Regierungsweise des Absolutismus und das Wirtschaftssystem des Merkantilismus fanden Nachahmer in ganz Europa. Eine Vormachtstellung Frankreichs erreichte Ludwig XIV. nicht; statt dessen bildete sich in Europa ein „Gleichgewicht" von fünf Mächten heraus.

Einige Herrscher des 18. Jahrhunderts sahen sich als „erste Diener" ihres Staates, vor allem Friedrich der Große (1740–1786) und Maria Theresia (1740–1780). Ihre Regierungsweise bezeichnen wir als „aufgeklärten Absolutismus". Nachdem Preußen im Siebenjährigen Krieg (1756–1763) neben Österreich zur zweiten großen Macht im Reich aufgestiegen war, bestimmte dieser Gegensatz hinfort die deutsche Geschichte.

Zu den wichtigsten Ereignissen im Europa dieser Zeit zählen die Teilungen Polens (1772, 1793, 1795).

Neue Großmächte entstehen

Unter Zar Peter dem Großen (1689–1725) wurde Rußland eine europäische Großmacht. Mit seiner Ausdehnung über ganz Sibirien (16.–18. Jahrhundert) entstand die Grundlage für das *russische Großreich.*

Im 17. Jahrhundert begann England mit dem Aufbau eines Kolonialreiches, vor allem entstanden ausgedehnte Siedlungskolonien in Nordamerika: Neuengland. Mit der Besitznahme der französischen Kolonialgebiete nach dem Siebenjährigen Krieg (1756–1763) war England erste Weltmacht. Das *englische Weltreich* umspannte Gebiete in Nordamerika, Indien und Afrika.

Am 4. Juli 1776 erklärten die Kolonisten in Nordamerika ihre Unabhängigkeit vom Mutterland und erkämpften 1776 bis 1783 die staatliche Selbständigkeit der *Vereinigten Staaten von Amerika (USA).* In ihrer Verfassung wurde die Teilung der Gewalten verwirklicht.

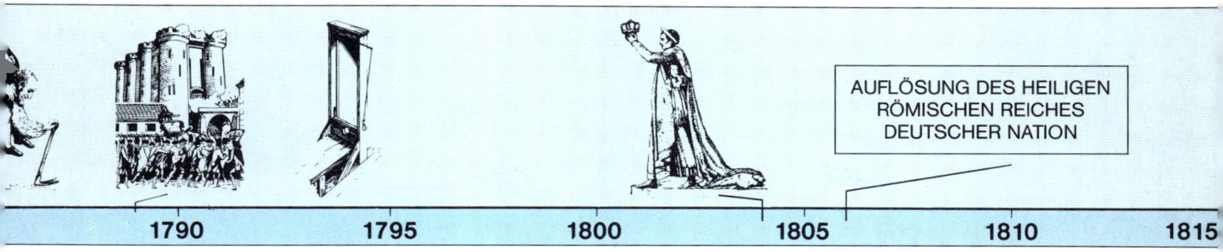

Frankreich und Europa 1789–1806

Aufgerüttelt durch die Ereignisse und durch die Erklärung der *allgemeinen Menschenrechte* in den USA, erhob sich 1789 der dritte Stand des französischen Volkes gegen Bevormundung und Ungleichheit zur *Französischen Revolution* (Sturz des königlichen Absolutismus – Errichtung der Republik – Terror einer radikalen Gruppe). Der Sturm auf die Bastille am 14. Juli 1789 wurde zu ihrem Sinnbild.

Aus den Wirren der Revolution stieg der General *Napoleon Bonaparte* zum Kaiser der Franzosen auf (1804). Er führte Frankreich zur Vorherrschaft in Europa. Preußen und Österreich erlitten schwere Niederlagen. Das Heilige Römische Reich Deutscher Nation wurde 1806 aufgelöst.

Deutschland und Europa 1806–1815

Grundlegende *Reformen des Freiherrn vom Stein* sollten den zusammengebrochenen Staat Preußen wieder aufrichten (1807 bis 1808). Aus den Untertanen sollten mitverantwortliche Staatsbürger werden.

Seinen Hauptgegner England wollte Napoleon durch die *Kontinentalsperre* in die Knie zwingen. Um auch das widerstrebende Rußland gegen England abzusperren, zog er 1812 nach Moskau. Der Untergang seiner Armee führte zur Erhebung der Völker Europas. Napoleon wurde 1813–1815 geschlagen.

Auf dem *Wiener Kongreß* 1815 suchten die Fürsten die alte Ordnung Europas wiederherzustellen und zu sichern. Der *Deutsche Bund* wurde Nachfolger des Heiligen Römischen Reiches deutscher Nation.

In dieser Zeit erlebte Deutschland eine kulturelle Blüte.

1820 1830 1840 1850 1860 1870

Um Freiheit und Einheit 1815–1871

Die Zeit von 1815–1848 ist gekennzeichnet durch das Vorwärtsdrängen liberaler und nationaler Kräfte in Deutschland, durch den *Freiheitskampf der Bürger* (Wartburgfest 1817 – Hambacher Fest 1832). Den Höhepunkt bildete das Jahr 1848 mit Revolutionen in Berlin und anderen Städten. Die *deutsche Nationalversammlung* in der Frankfurter Paulskirche (1848/49) versuchte vergeblich, ein einheitliches deutsches Kaiserreich auf parlamentarischer Grundlage zu schaffen.

Die Einigung Deutschlands kam erst 1871 zustande. Aber es war keine Verwirklichung der nationalen Ideen der Bürger, sondern eine *Reichsgründung der Fürsten.* Zielbewußt hatte der preußische Ministerpräsident *Otto von Bismarck* auf dieses *Deutsche Reich* unter der Vorherrschaft Preußens und unter Ausschluß Österreichs hingearbeitet. Der König von Preußen wurde „Deutscher Kaiser“.

1770 1780 1790 1800 1810 1820 1830 1840 1850

Die Industrielle Revolution

Die Industrielle Revolution begann mit der Erfindung der Dampfmaschine durch *James Watt* (1769). Sie leitete das Zeitalter der Maschinen und Fabriken ein; sie verwandelte Landschaft und Lebensweise entscheidend. – Auf der Grundlage von Kohle und Eisen entstand die Schwerindustrie, in Deutschland vor allem im Ruhrgebiet (seit 1850). – Dampfschiff (1807) und Eisenbahn (1835) sind Ausdruck der Industriellen Revolution im Verkehrswesen.

Seit dem 19. Jahrhundert wuchs die Bevölkerung in Europa explosionsartig. In den Fabriken fanden die Massen Arbeit, durch die Industrielle Revolution in der Landwirtschaft wurde ihre Versorgung möglich. Doch schwere soziale Mißstände kennzeichnen das Leben der frühen Fabrikarbeiter („Proletariat“). – Nach 1860 entwickelte sich eine deutsche Arbeiterbewegung. – Die deutschen Bauern wurden im 19. Jahrhundert frei.

Das deutsche Kaiserreich 1871–1914

In der Zeit nach der Reichsgründung 1871 entwickelte sich Deutschland zu einem *Industriestaat*. Zu einer führenden Macht wurde es zuerst in der Schwerindustrie, dann aber auch in der chemischen Industrie und der Elektroindustrie. Die schnell wachsende Bevölkerung ballte sich in den Industriezentren (Verstädterung).
Die Erfindung des Verbrennungsmotors 1886 leitete den Beginn des modernen Verkehrswesens (Auto, Flugzeug) ein.

Als Reichskanzler leitete Bismarck 1871–1890 die deutsche Politik. Innenpolitisch bestimmten Auseinandersetzungen mit der katholischen Zentrumspartei („Kulturkampf") und der Sozialdemokratie („Sozialistengesetz") das Geschehen. Zukunftweisend wurde die soziale Gesetzgebung. Die Außenpolitik war vom Ziel der Friedenssicherung in Europa geleitet.
Zwischen 1890 und 1914 bestimmten imperialistische Zielsetzungen zunehmend die deutsche Politik.

1 Der Imperialismus

Werbeplakat für Manöverspiele mit Schiffsmodellen in einer Schaubude am Kurfürstendamm (Berlin, um 1904)

Das große Wettrennen

Was weißt du noch über die Anfänge der europäischen Ausbreitung über die Erde? Denke an Kolumbus, Cortez und Magellan! Erinnere dich auch noch einmal an die Geschichte der USA und an die Ausbreitung des Zarenreiches!

Gegen Ende des 19. Jahrhunderts erreichte *die koloniale Ausbreitung der Europäer* ihren Höhepunkt. Die führenden Großmächte teilten einfach alles noch „freie“ Gebiet auf der Erde unter sich auf. Es entspann sich ein förmliches Wettrennen bei der Jagd nach Kolonien, der vorsorglichen Sicherung künftiger Rohstoff- und Absatzgebiete.

Imperialismus

Dieses weltweite Wettrennen um die Errichtung neuer Herrschaftsgebiete zwischen 1880 und 1914 bezeichnen wir als *Imperialismus* (von lateinisch imperium = Weltreich).

Die Karte verdeutlicht den Imperialismus der europäischen Mächte, Japans und der Vereinigten Staaten im Großraum des Pazifischen Ozeans um 1900.

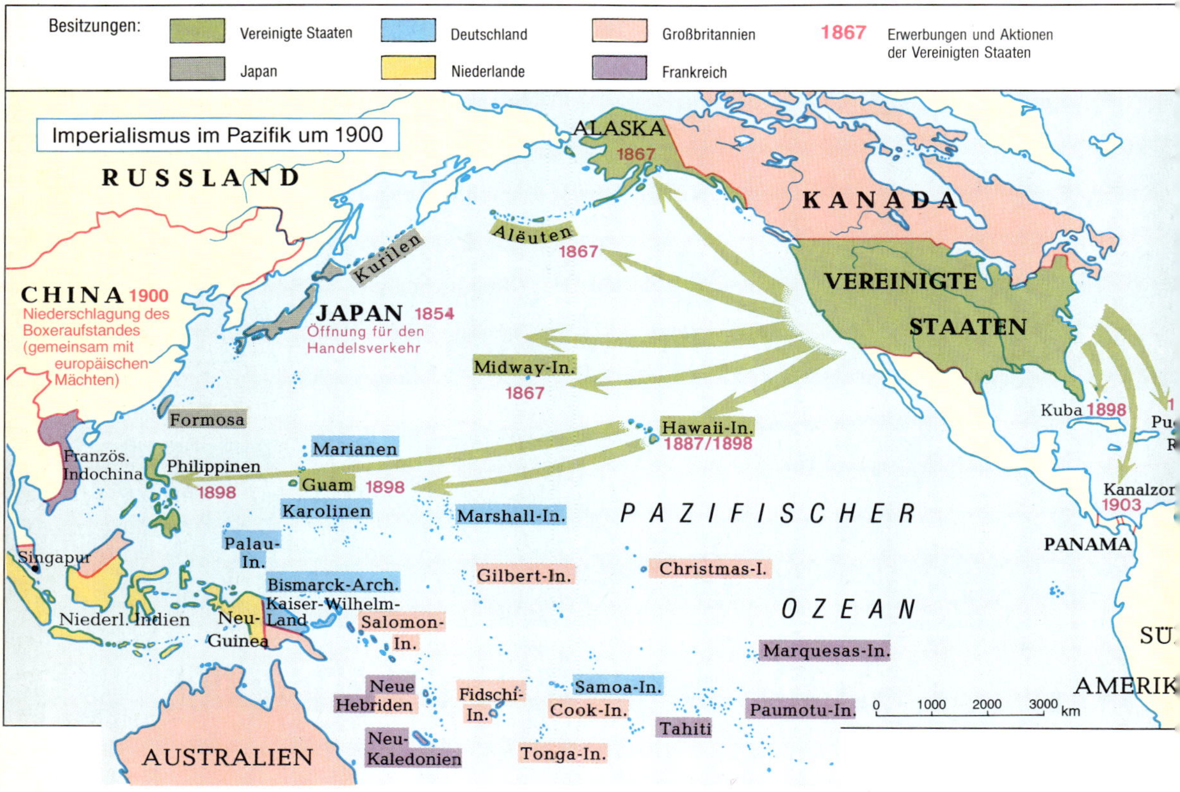

Die Großmächte beherrschen die Welt

Großbritannien, Rußland und die USA

Großbritannien

England, das allen Staaten der Erde in der industriellen Entwicklung vorangegangen war, bildete zusammen mit Schottland und Irland seit 1800 das „Vereinigte Königreich *Großbritannien*". Es war das „Mutterland" seiner Kolonien, das Herz des britischen Weltreiches.

Das britische Weltreich

Dies bestand aus einer Fülle von Gebieten, die über die ganze Erde verstreut lagen. Die wichtigsten von ihnen waren Kanada, Indien und Australien sowie Gebiete in Süd- und Ostafrika. Dazu kam eine Reihe kleinerer Besitzungen.

Sie waren teils europäisch-englische Siedlungsgebiete, wie etwa Kanada und Australien, teils Länder mit eingeborener, farbiger Bevölkerung, die von den Briten regiert und ausgebeutet wurden, wie etwa Indien und große Teile Afrikas. Daneben gab es zahlreiche Flotten- und Handelsstützpunkte.

Dieses britische Weltreich umschloß zu Bismarcks Zeiten ein Viertel der gesamten Landoberfläche der Erde und ein Viertel der Menschheit (über 400 Millionen Menschen). Es war das größte, vielgliedrigste und bunteste Reich der Menschengeschichte bisher.

Da es sich über alle Zonen und Landschaftsformen der Erde erstreckte, barg es eine ungeheure Fülle von unterschiedlichen Rohstoffen und Wirtschaftsgütern, die genutzt werden konnten. Seine Bewohner waren als Erzeuger oder Verbraucher für die Wirtschaft des Mutterlandes wichtig.

Ziele der britischen Außenpolitik

Es war nicht leicht, ein so vielgliedriges Reich zu regieren und zusammenzuhalten. Vor allem galt es, die Verbindungslinien vom Mutterland zu den einzelnen Gebieten auszubauen und zu sichern. Wer konnte diese Verbindungen gefährden?

Da waren zunächst die Staaten auf dem europäischen Kontinent, die England in der industriellen Entwicklung nachfolgten und dadurch immer stärker wurden. Hier galt es, keinen zur Vorherrschaft in Europa aufsteigen zu lassen, das „Gleichgewicht der Kräfte" zu erhalten. Diese Sorge der britischen Staatsmänner betraf vor allem Frankreich und Deutschland.

Aber auch außerhalb Europas strebten Staaten nach größerer politischer Macht und Ausdehnung. Sie bargen mächtige, zum Teil noch unerschlossene Reserven an Land, Rohstoffen und Menschen und konnten so später einmal als Konkurrenten sehr gefährlich werden. Es waren dies vor allem Rußland und die Vereinigten Staaten von Amerika.

Die Erhaltung des europäischen Gleichgewichts und die Eindämmung der aufstrebenden Konkurrenz Rußland und USA waren die Schwerpunktziele der britischen Politik.

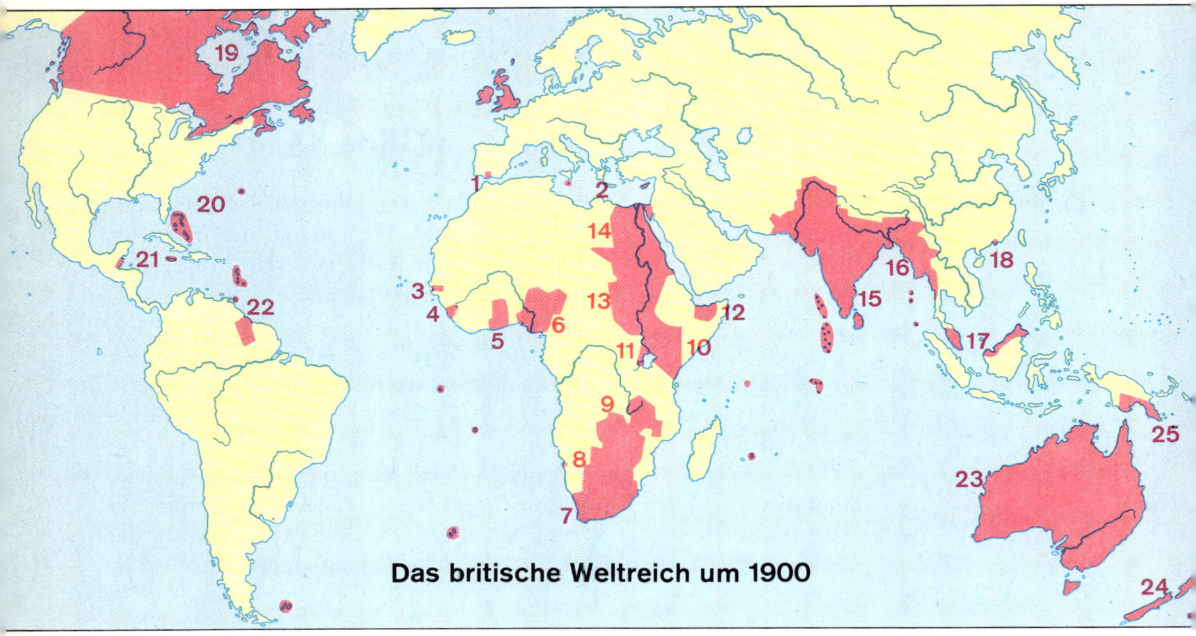

Das britische Weltreich um 1900

Europa	Afrika	Asien	Amerika	Australien
1 Gibraltar 2 Malta und Zypern **Weltmeere** Zahlreiche Inseln in allen Weltmeeren	3 Gambia 4 Sierra Leone 5 Goldküste 6 Nigerien 7 Kap-Kolonie 8 Betschuana-Land 9 Rhodesien 10 Britisch Ostafrika 11 Uganda 12 Britisch-Somaliland 13 Anglo-ägyptischer Sudan 14 Ägypten	15 Indien (mit Ceylon) 16 Burma 17 Malaien-Staaten 18 Hongkong	19 Kanada 20 Bahama- und Bermuda-Inseln 21 Jamaika und Brit.-Honduras 22 Britisch-Guayana	23 Australischer Staatenbund 24 Neuseeland 25 Britisch-Neu-Guinea

Arbeitsvorschläge

1. Übertrage die Gebiete des britischen Kolonialreiches in eine Umrißkarte der Erde und füge statt der Nummern ihre Namen hinzu! Versuche festzustellen, zu welchen Staaten sie heute gehören!
2. Welcher Seeweg nach Indien war für die Engländer besonders wichtig?
3. Vergleiche die Ausdehnung des britischen Kolonialreiches 1900 und 1763 (benutze deinen Geschichtsatlas)! Welche Gebiete gingen verloren, welche kamen hinzu?

Rußland

Die größte Seemacht war England – die größte Festlandsmacht das russische Reich der Zaren.

Peter des Großen Nachfolger hatten die von ihm gewiesene Politik weitergeführt, die „zugenähten Ärmel des russischen Rockes" zu durchstoßen und freien Ausgang zur Welt und ihren Schiffahrtswegen zu gewinnen.

So drängte auch zu Bismarcks Zeit die russische Politik den Meeren zu: zum Pazifik, zum Indischen Ozean und zum Mittelmeer. Diese Politik der Vorstöße vollzog sich unter stetem Wechsel der Fronten in Ostasien, Zentralasien und in Vorderasien.

In Ostasien erfolgte 1858 die Besetzung der chinesischen Amurprovinz, 1860 die Gründung des Hafens Wladiwostok, von 1891–1904 der Bau der großen Transsibirischen Eisenbahn, 1900 die Besetzung der Mandschurei. Dann allerdings erlitt Rußland hier im *Russisch-Japanischen Krieg* 1904/05 eine schwere Niederlage.

In Zentralasien rückte es zwischen 1850 und 1900 seine Grenzen immer weiter an Indien heran, das der bedeutendste Bestandteil des britischen Weltreiches war.

Das wichtigste Ereignis in Vorderasien bildete der *Krimkrieg* 1853 bis 1856, in dem jedoch Rußlands Zugriff auf die Dardanellen durch die europäischen Verbündeten der Türkei verhindert wurde. Nach dem Krimkrieg aber gelang es ihm, seinen Einfluß auf dem Balkan und im Kaukasusgebiet weiter auszudehnen.

Arbeitsvorschläge

1. Trage die Grenzen Rußlands von 1725 in eine Welt-Umrißkarte ein und stelle die einzelnen Vorstöße durch Pfeile dar!
2. Bezeichne die Mächte, deren Interessen durch die jeweiligen Vorstöße berührt wurden!

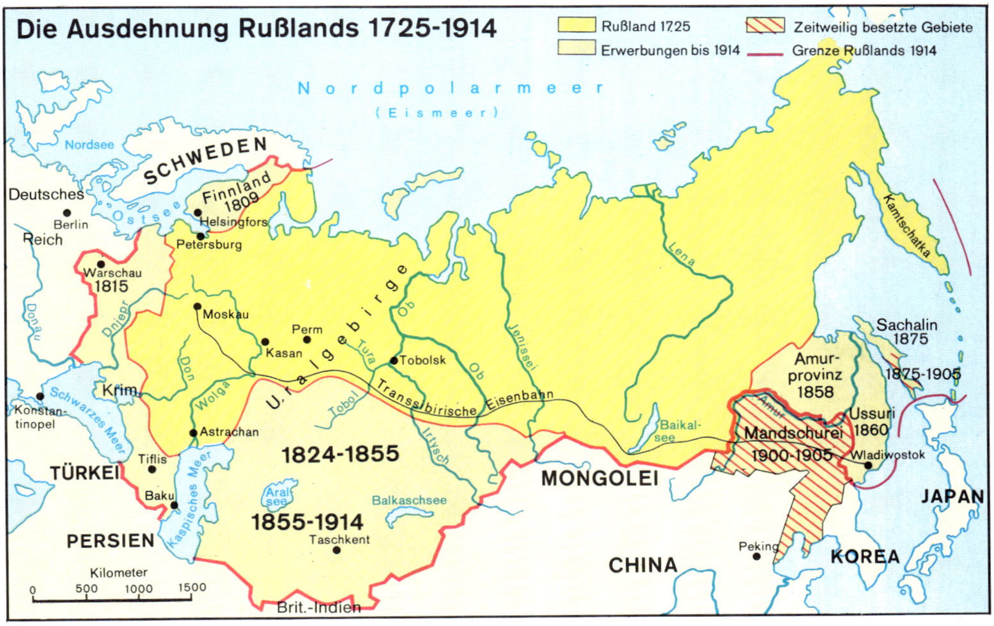

Die USA

Bis zur Mitte des 19. Jahrhunderts hatten sich die Vereinigten Staaten von Amerika über die ganze Breite ihres Kontinents ausgedehnt und waren bis an die Küste des Pazifiks vorgedrungen. Gleichzeitig hatte in diesem Riesenland die Industrielle Revolution begonnen. Sie nahm hier Ausmaße an, wie sie in den engen Grenzen des kleinstaatlichen Europas nicht möglich waren.

Da trat 1861 eine gefährliche Krise in der Entwicklung des jungen Staatswesens ein: der Bürgerkrieg zwischen den Nord- und Südstaaten.

Die Nordstaaten und die Südstaaten

In den *Nordstaaten* vor allem hatte sich bisher die Industrielle Revolution vollzogen. Hier lagen die großen Kohlen- und Erzgruben. Hier wurden die großen Eisenbahnen und Kanäle gebaut. Hier schossen neue Industriestädte wie Pilze aus der Erde. Hierhin strömte die Masse der Einwanderer und fand hundertfache Möglichkeiten, vorwärtszukommen und reich zu werden.

In den *Südstaaten* lagen die großen Baumwollplantagen. Auf ihnen arbeiteten die Negersklaven, die seit dem 16. Jahrhundert von Afrika hierher verfrachtet und verkauft worden waren. Die Plantagen und die schwarzen Sklaven waren der Reichtum der südlichen Gebiete. Aber nun war dieser Reichtum in Gefahr. In den Nordstaaten eiferte man gegen die Negersklaverei – war nicht Amerika das Land der Freiheit, der unbegrenzten Möglichkeiten, des Aufstiegs für jedermann? Wie paßte das zu der Sklavenwirtschaft im Süden?

Ein Dokument zur Negersklaverei in den USA aus dem Jahre 1835. Der Plantagenbesitzer Williamson erhält neue „Ware", Mr. Pettman ist offenbar der „Makler" bei dem Geschäft.

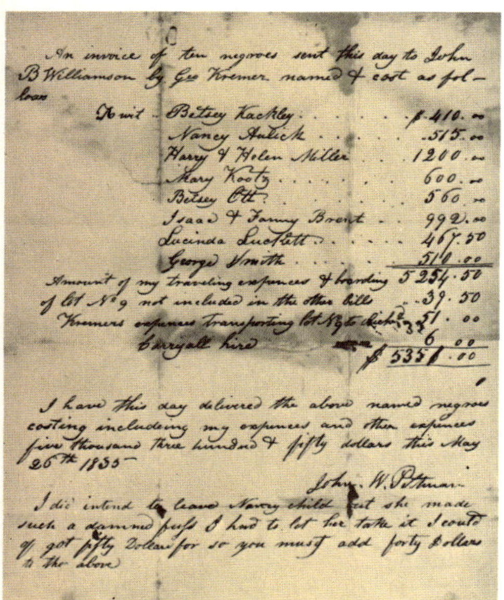

An invoice of ten negroes sent this day to John B Williamson by Geo Kremer named & cost as follows
to wit Betsey Kackley . . . $410.00
Nancy Aulick . . . 515.00
Harry & Helen Miller . . . 1200.00
Mary Kootz . . . 600.00
Betsey Ott . . . 560.00
Isaac & Fanny Brent . . . 992.00
Lucinda Luckett . . . 467.50
George Smith . . . 510.00
5254.50
Amount of my traveling expences & boarding of lot No 9 not included in the other bill . . . 39.50
Kremers expenses transporting lot No 9 to Richmond 51.00
Carryall hire 6.00
$5351.00
I have this day delivered the above named negroes costing including my expences and other expences five thousand three hundred & fifty dollars this May 26th 1835
John W. Pettman
I did intend to leave Nancys child but she made such a damned fuss I had to let her take it I could of got fifty Dollars for so you must add forty Dollars to the above

Rechnung über zehn Neger, die heute an John B. Williamson von George Kremer gesandt wurden; Namen und Preise wie folgt:

nämlich:	Betsey Kackley	$ 410.–
	Nancy Aulick	515.–
	Harry & Helen Miller	1200.–
	Mary Kootz	600.–
	Betsey Ott	560.–
	Isaac & Fanny Brent	992.–
	Lucinda Luckett	467.50
	George Smith	510.–
		$ 5254.50
Betrag für meine Reiseauslagen und Unterhalt von Nr. 9, in obiger Aufstellung nicht enthalten		$ 39.50
Kremers Transportkosten nach Richmond		51.–
Fuhrlohn		6.–
		$ 5351.–

Ich habe heute die oben aufgeführten Neger zum Preise von fünftausenddreihundertundfünfzig Dollar einschließlich meiner Auslagen und sonstigen Spesen geliefert.

Den 26. Mai 1835 John W. Pettman

Ich wollte eigentlich Nancys Kind zurücklassen, aber sie machte so ein verdammtes Theater, daß ich es ihr lassen mußte. Da ich dafür hätte 50 Dollar kriegen können, so müssen Sie 40 Dollar zu obigem zulegen.

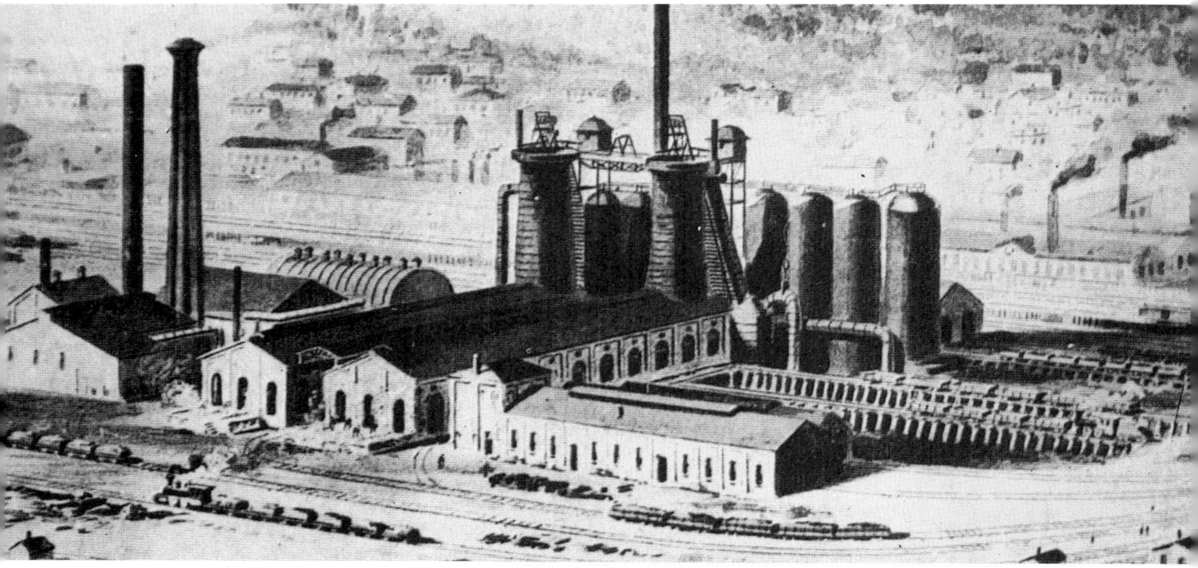

Der Reichtum der Nordstaaten: Die Hochöfen von Pittsburgh um 1870

Der Reichtum der Südstaaten: Verladen von Baumwollballen im Hafen von New Orleans

Abraham Lincoln

Schon begann man in den Südstaaten an eine Trennung („Sezession“) zu denken, an die Aufrichtung eines eigenen Südstaates, der alle sklavenhaltenden Einzelstaaten von Texas bis Virginia umfassen sollte.

Und als 1860 ein Mann des Nordens, der Verfechter einer starken, einheitlichen Regierung der USA, zum Präsidenten gewählt wurde, *Abraham Lincoln,* wählten die Südstaaten einen Gegenpräsidenten und traten aus dem Bund der Vereinigten Staaten von Amerika aus. Sie bildeten einen neuen Bund, die „Konföderierten Staaten von Amerika“.

Damit erhob sich jetzt – über die Negerfrage hinaus – die grundsätzliche Frage: Was sollte aus Nordamerika werden? Ein Neben- und Gegeneinander von Staaten, wie es sie dutzendfach in Europa und in Südamerika gab? Das wollten die Nordstaaten unter Lincoln auf keinen Fall: „Mein höchstes Ziel ist die Rettung der USA, nicht der Schutz oder die Vernichtung der Sklaverei.“

Der Sezessionskrieg 1861–1865

1861 brach der offene Bürgerkrieg zwischen dem Norden und dem Süden aus, der *Sezessionskrieg.* Er wurde der blutigste Krieg des 19. Jahrhunderts. 1865 waren die Südstaaten am Ende ihrer Kraft. Sie mußten nachgeben. Die Sklaverei wurde aufgehoben und das schwer verwüstete Gebiet der Baumwollstaaten den USA wieder eingefügt. Die Einheit war wieder hergestellt. Aber fünf Tage nach Kriegsende fiel Abraham Lincoln der mörderischen Kugel eines haßerfüllten Anhängers der Südstaaten zum Opfer.

Die Wunden vernarbten. Und die große Entwicklung Amerikas, die wirtschaftliche Erschließung des Kontinents, die Industrielle Revolution ging weiter. 25 Jahre nach dem Bürgerkrieg mit seinen über 700 000 Toten hatte sich die Bevölkerungszahl der USA wiederum verdoppelt, und der spätere Präsident *McKinley* stellte stolz im Kongreß fest: „Wir stehen an der Spitze aller Nationen im Akkerbau, im Bergbau und in der Industrie.“ Schon ging der Blick der Unternehmer und Politiker dieses Landes über den riesigen Kontinent hinaus. Der amerikanische Senator Beveridge erklärte 1898: „Die amerikanischen Fabriken produzieren mehr, als das amerikanische Volk verbrauchen kann. Der amerikanische Boden bringt mehr hervor, als wir essen können. Das Schicksal hat uns die Wege vorgeschrieben, die wir zu gehen haben.“

Der Sezessionskrieg 1861-1865

Der amerikanische Imperialismus

Mit der erneuten Einigung der USA begann der Aufstieg der Vereinigten Staaten zur Weltmacht. Neben den englischen und russischen Imperialismus trat jetzt auch der amerikanische, der Ausgriff des knapp 100 Jahre alten Großstaates über das eigene Land hinaus. Die Politik der USA drängte in zwei Richtungen: über den Pazifik und nach Südamerika.

1853/54 hatte ein amerikanisches Kriegsschiff die Öffnung Japans für den Handel mit den USA erzwungen. Gleichzeitig war ein erster Handelsvertrag mit China unterschrieben und damit die Pforte zu den Millionenreichen Ostasiens aufgesprengt worden. Noch strebte man nicht nach Kolonien, aber man verfocht den Grundsatz der „offenen Tür".

1867 wurde Alaska den Russen für 7 Millionen Dollar abgekauft. Das war wirtschaftlich ein großes Geschäft. Allein im Jahre 1913 brachte Alaska durch Goldfunde und Pelzhandel 81 Millionen Dollar Gewinn ein. – Gleichzeitig mit Alaska wurde 1867 die Inselkette der Alëuten von den Russen erworben.

1867 wurde die erst 1859 entdeckte Midway-Insel in amerikanischen Besitz genommen.

1887 wurde der Perlenhafen (Pearl Harbour) auf Hawaii als Kriegshafen ausgebaut.

1898 wurden im offenen Krieg mit Spanien dessen Kolonien Guam und die Philippinen den USA einverleibt.

1898 wurden die Hawaii-Inseln annektiert.

1900 kämpften amerikanische Truppen Seite an Seite mit europäischen Regimentern einen Aufstand der Chinesen gegen die „Fremden" in China nieder (Boxeraufstand, vgl. S. 29). Amerikanische Firmen begannen mit der Anlage von Kapital in der Mandschurei.

Schritt für Schritt drangen so die USA über den Pazifik nach Westen vor. Asien war das volkreichste Gebiet der Erde. Hier bestanden die größten Aussichten für Wirtschaft und Handel der Zukunft.

"WHAT? YOU YOUNG YANKEE-NOODLE, STRIKE YOUR OWN FATHER!"

▷

In Karikaturen des 19. Jahrhunderts kehren bestimmte Symbolfiguren für die einzelnen Länder immer wieder. Für England stand „John Bull", ein dickbauchiger, feister Kerl. Die Nordamerikaner wurden in Gestalt des „Uncle Sam" (entstanden aus **U**nited **S**tates) dargestellt: ein Mann mit breitem Trapperhut oder langem Ziegenbart.
1846 hatten sich die Amerikaner in einer Grenzfrage die Einmischung der Engländer verbeten. Ein englischer Zeichner machte sich darüber lustig (Bild oben).
Fünfzig Jahre später stellte ein amerikanischer Zeichner das Verhältnis zwischen „John Bull" und „Uncle Sam" wie auf der Abbildung unten dar.

Der Dollar-Imperialismus

Die andere Stoßrichtung der USA ging nach Süden. Bereits 1823 hatte der amerikanische Präsident in der nach ihm benannten *Monroe-Doktrin* verkündet, daß kein Staat Europas das Recht habe, sich in amerikanische Angelegenheiten einzumischen, auch in Mittel- und Südamerika nicht. „Amerika den Amerikanern!" Eindeutig und folgerichtig betrachtete sich „Uncle Sam", der „große Bruder aus dem Norden", als der Schutzherr der neu entstandenen kleinen Staaten Mittel- und Südamerikas.

Vor allem drängten nordamerikanische Industrieunternehmen nach Süden. Sie förderten besonders den Abbau der bedeutenden Rohstoffvorkommen Mittel- und Südamerikas (Erdöl, Gummi, Kupfer usw.) und machten dabei große Gewinne. Freilich kamen diese weniger den Ländern selbst zugute.

Mit dem Geld, das die amerikanischen Firmen hier anlegten, stärkten sie auch den politischen Einfluß der USA. So gerieten große Teile des südamerikanischen Kontinents in Abhängigkeit vom „großen Bruder" – bis heute. Wir nennen diese Form der wirtschaftlich-politischen Durchdringung Südamerikas den *Dollar-Imperialismus.*

Aber die betroffenen Staaten waren durchaus nicht ohne weiteres bereit, sich unter die „Schutzherrschaft" der USA zu stellen, d. h. sich in deren Abhängigkeit zu begeben. So gab es ein wechselndes Hin und Her von Konflikten und Kämpfen, Verträgen und Geschäften.

Noch immer strömten die Einwanderer in das „Land der unbegrenzten Möglichkeiten". – Eine italienische Familie bei ihrer Ankunft in New York 1905

Das wichtigste Ereignis für die USA in diesem Zusammenhang wurde der Bau des *Panama-Kanals,* der seit 1850 geplant und erst 1914 vollendet wurde. Er beschleunigte den Handel zwischen Nord- und Südamerika und sicherte den Kriegsflotten der USA den schnellen Wechsel zwischen Pazifik und Atlantik.

Der amerikanische Kontinent

Arbeitsvorschläge

1. Nenne die Kriegsziele der Parteien im Sezessionskrieg!
2. Berichte, was du über die Stellung der schwarzen Bevölkerung in der amerikanischen Gesellschaft heute weißt!
3. Verfolge das Ausgreifen der USA in den pazifischen Raum auf der Karte S. 18! Fertige eine entsprechende Faustskizze an!
4. Untersuche, welche Interessen die Vereinigten Staaten leiteten
   a) beim Vordringen in Südamerika,
   b) beim Bau des Panama-Kanals!
5. Bestimme auf der nebenstehenden Karte die wichtigsten Staaten auf dem amerikanischen Kontinent!
6. Stelle in zwei Schaubildern den Seeweg zwischen New York und Valparaiso (Chile) vor und nach dem Bau des Panama-Kanals dar!
7. Inwiefern war die Eröffnung des Panama-Kanals auch für die europäische Seefahrt von Bedeutung?

Wilhelm II. – So sah sich der letzte deutsche Kaiser selbst am liebsten: in ordensüberladener Uniform, mit herrscherlichem Blick, in selbstbewußter Pose.

Die deutsche „Weltpolitik"

„Weltpolitik" als Imperialismus

Erinnern wir uns: Bismarcks Politik war es gewesen, das neu entstandene deutsche Kaiserreich in das System des Gleichgewichts der europäischen Mächte einzuordnen. Unter Wilhelm II. wurden die Weichen in der Außenpolitik neu gestellt. Deutschland sollte *Weltmacht* werden, gleichberechtigt mit dem Britischen Weltreich. „Weltpolitik als Aufgabe, Weltmacht als Ziel, Flotte als Instrument" – das war in Deutschland ein Schlagwort der Zeit. Damit trat das Kaiserreich in den Kreis der imperialistischen Mächte ein – die „Weltpolitik" wurde die deutsche Form des Imperialismus.

Im Wettlauf um den „Platz an der Sonne" – um die Kolonialisierung der letzten nicht unterworfenen Gebiete der Erde – blieben die Erfolge freilich gering. Bei der endgültigen Aufteilung Afrikas (hier waren in der Zeit Bismarcks Teile Südwest- und Ostafrikas, Kamerun und Togo erworben worden) ging das Reich leer aus. Nur in China und auf einigen Inseln Südostasiens konnten die Deutschen Fuß fassen.

Weltmachtstreben

Die Karte auf S. 33 zeigt uns die Herrschaftsräume des „weißen Mannes" in dieser Zeit. Nicht nur Afrika war verteilt. Auch in der übrigen Welt waren nur wenige Regionen übrig geblieben – und dies häufig nur, weil sich die europäischen Mächte dort gegenseitig in Schach hielten, zum Beispiel im Iran und in China.

In diesen Gebieten gingen die deutschen Politiker den *Weg der wirtschaftlichen Einflußnahme und Durchdringung*. Ein Beispiel ist China, wo sie, gemeinsam mit den übrigen imperialistischen Mächten, Stützpunkte zur besseren Ausbeutung erpreßten (S. 29). Ein zweites Beispiel ist das damalige Osmanische Reich (Türkei). Es sollte eng an das Deutsche Reich gebunden werden, eine Bahnlinie von Konstantinopel bis ins heutige Kuwait das weite Gebiet als Absatzmarkt erschließen. Der Bau dieser *Bagdadbahn* durch deutsche Unternehmer und mit deutschem Kapital begann 1902. Er führte zu einer nachhaltigen Störung des Verhältnisses zu England, das wichtige überseeische Besitzungen und Verbindungslinien bedroht sah, aber auch zu Rußland.

Flottenbau

Der *Flottenbau* war vor allem ein Anliegen des jungen Kaisers. Aber damit traf er die Stimmung breiter Kreise des deutschen Volkes, dessen Flottenbegeisterung sich im Besuch von Manöverspielen und im Tragen von Matrosenanzügen (als Kindermode) niederschlug. – Seit 1898 bauten die deutschen Werften *Großkampfschiffe* – Schlachtschiffe und Panzerkreuzer. So stark sollte die deutsche Kriegsflotte werden, daß es für jede andere Flotte ein „Risiko" darstellen mußte, sie anzugreifen. Das war eine Drohgebärde vor allem gegen die englische Kriegsmarine, damals die stärkste der Welt. Ein *Wettrüsten* begann, in dem England bald vorn lag. – Politisch führte die Flottenpolitik in den Jahren vor 1914 letztendlich zur deutschen Selbstisolierung (S. 37).

Arbeitsvorschlag

Untersuche das Plakat auf S. 16/17! Es warb für eine Schaubude, in der in einem großen Wasserbecken mit Kriegsschiffsmodellen Manöverspiele stattfanden. Die Schiffsmodelle wurden von darin versteckten Männern bewegt. – Welche Rückschlüsse läßt das Plakat auf das Publikumsinteresse zu?

„Wie sollen sie sich da die Hände geben?" (Karikatur von 1912)

Der Bau von Großkampfschiffen

	England	Deutschland	Frankreich	Rußland
1905	4	–	6	–
1906	3	2	–	–
1907	3	3	–	–
1908	2	4	–	–
1909	10	4	–	4
1910	5	4	2	–
1911	5	4	2	–
1912	5	2	3	4
1913	5	3	4	–
insg.	42	26	17	8

Afrika um 1880

Afrika um 1914

Auf dem Höhepunkt des Imperialismus

Die Aufteilung Afrikas

Bei der Aufteilung Afrikas sicherten sich Großbritannien und Frankreich die Hauptanteile. England errichtete eine fast ununterbrochene Landbrücke in Ostafrika, die von Kapstadt bis Kairo reichte. Frankreich besetzte fast ganz Nordwestafrika sowie die Insel Madagaskar. Um 1914 gab es noch zwei selbständige Gebiete in Afrika: den 1848 gegründeten Negerfreistaat Liberia und das alte Kaiserreich Abessinien (das jedoch auch von 1889 bis 1896 von Italien beherrscht worden war).

Der Erwerb dieser Kolonien begann zumeist mit dem Vordringen unternehmungslustiger Großfirmen und Handelshäuser. Sie forderten sodann den „Schutz“ ihres Heimatlandes an und hißten dessen Flagge in dem neu gewonnenen Gebiet. Darauf wurden die Grenzen ohne Rücksicht auf örtliche Gegebenheiten – z. B. Stammesgebiete – festgelegt.

Die Unterwerfung Chinas

Gemeinsam mit den USA versuchten die europäischen Großmächte, auch in China Fuß zu fassen. Um dieses alte Kaiserreich besser ausbeuten zu können, erpreßten sie Stützpunkte an den Küsten und an den großen Strömen („Vertragshäfen“).

Die kaiserliche Regierung war gegenüber diesen Eingriffen ohnmächtig. So bildeten sich im chinesischen Volk Gruppen zum Kampf gegen die Fremden. Diese „Boxer“, wie sie im Westen genannt wurden, gingen mit Waffengewalt gegen die Weißen vor und ermordeten auch den deutschen Gesandten in Peking. Die imperialistischen Mächte sandten Truppen ins Land, auch das Deutsche Reich. Der Aufstand wurde niedergeschlagen, das Land weiterhin ausgebeutet. Auch wenn China niemals direkter Kolonialbesitz der Europäer wurde, so blieb es doch ihren Einflüssen völlig unterworfen.

Kaiser Wilhelm II. bei seiner Rede in Bremerhaven am 27. Juli 1900

Kaiser Wilhelm II. am 27. Juli 1900 vor den nach China in Marsch gesetzten Truppen

„Aber Ihr sollt rächen den Tod unseres Gesandten und so vieler, nicht nur Landsleute, auch anderer Europäer! Kommt Ihr vor den Feind, so wird derselbe geschlagen! Pardon wird nicht gegeben! Gefangene werden nicht gemacht! Wer Euch in die Hände fällt, sei Euch verfallen.

Wie vor 1000 Jahren die Hunnen unter ihrem König Etzel sich einen Namen gemacht, der sie noch jetzt in Überlieferung und Märchen gewaltig erscheinen läßt, so möge der Name Deutscher in China auf 1000 Jahre durch Euch in einer Weise bethätigt werden, daß niemals wieder ein Chinese es wagt, einen Deutschen auch nur scheel anzusehen!

Ihr werdet mit einer Übermacht zu fechten haben; doch dies sind wir gewohnt, unsere Kriegsgeschichte beweist es! Ihr habt es gelernt aus der Geschichte des Großen Kurfürsten und aus Eurer Regimentsgeschichte.

Heftet neuen Ruhm an Eure Fahnen; der Segen des Herrn sei mit Euch! Die Gebete der Euren, eines ganzen Volkes begleiten Euch auf allen Euren Wegen!

Meine besten Wünsche für Euch, für das Glück Eurer Waffen!

Eure Leistungen werden Euch folgen, wohin es auch sei! Und Gottes Segen möge an Eure Fahnen sich heften und dieser Krieg den Segen bringen, daß das Christentum in jenem Lande seinen Einzug hält, damit solch' traurige Fälle nicht mehr vorkommen! Dafür steht ihr mir mit Eurem Fahneneid!

Und nun glückliche Reise!

Adieu, Kameraden!"

(Ursprünglicher Wortlaut; wiedergegeben nach H. E. Hansen, Kaiser Wilhelm II. in Wilhelmshaven, in: Jahrbuch der Männer vom Morgenstern, Bremen 1969, S. 207 ff.)

Arbeitsvorschlag

Arbeite die Rede des deutschen Kaisers bitte sorgfältig durch!

a) Welche Grundhaltung gegenüber nichteuropäischen Völkern kommt hier zum Ausdruck?
b) Man hat die Rede als „Hunnenrede" bezeichnet. Begründe! Nimm bitte zu den Anweisungen des Kaisers Stellung!
c) Vergleiche Text und Bild! Der Journalist, der die Ansprache mitstenographierte, saß auf dem Dach des Schuppens.

Der Imperialismus in Selbstzeugnissen

Aus einer Rede des englischen Politikers Joseph Chamberlain 1903

„Unsere nationale Existenz beruht auf unserer industriellen Leistungsfähigkeit und Produktion. Wir sind nicht etwa ein wesentlich ackerbautreibendes Land; dies kann niemals die Hauptquelle unseres Wohlstandes sein. Wir sind ein großes industrielles Land.

Daraus folgt eins: daß der Handel innerhalb unseres Weltreichs für unser Gedeihen in der Gegenwart unbedingt notwendig ist. Geht dieser Handel nieder oder hört er nur auf, im Verhältnis zu unserer Bevölkerung ... zuzunehmen, dann sinken wir zu einer Nation fünfter Klasse herab. Unser Schicksal wird dann das Schicksal der Reiche und Königtümer der Vergangenheit sein."

(Nach: Quellen zur Allgemeinen Geschichte, Band 4, Zürich 1966, S. 259)

Erinnerungen von William McKinley, Präsident der USA 1896–1901

„Abend für Abend ging ich bis Mitternacht im Weißen Haus auf und ab und ich schäme mich nicht, meine Herren, zu bekennen, daß ich niederkniete und zum allmächtigen Gott um Erleuchtung und Führung betete ... Eines Nachts wurde mir folgendes klar, ich weiß zwar nicht wie:

1. daß wir die Philippinen nicht an Spanien zurückgeben könnten – das wäre feig und unehrenhaft;
2. daß wir sie nicht Frankreich oder Deutschland, unseren Handelskonkurrenten in Asien, übergeben könnten – das wäre ein schlechtes Geschäft und schimpflich;
3. daß wir sie nicht sich selbst überlassen könnten – denn sie wären unfähig, sich selbst zu regieren, und bald würden sich bei ihnen anarchistische Zustände ausbreiten, schlimmer als unter der spanischen Herrschaft, und
4. daß uns nichts anderes übrigbliebe, als sie selbst in Besitz zu nehmen und die Filipinos zu erziehen, ihre Moral zu fördern, sie zu zivilisieren und zum Christentum zu bekehren und mit Gottes Segen unser Bestes für sie zu tun ...

   und dann ging ich zu Bett und fiel in einen tiefen Schlaf."

(Nach: C. S. Olcott, The Life of William McKinley, Band 2, Boston 1916)

Aus einem Gedicht des englischen Schriftstellers Rudyard Kipling (1865–1936)

„Nehmt auf Euch des weißen Mannes Bürde, –
schickt die Besten, die Ihr erzieht, hinaus!
Laßt sie schwer bewaffnet wachen
über eine Menge, wankelmütig und wild, –
Eure frisch eingefangenen Völkerschaften,
die halb Kinder sind, halb Teufel.

Nehmt auf Euch des weißen Mannes Bürde, –
gebt den hungernden Mäulern zu essen
und gebietet der Seuche Einhalt."

(Nach: K. Gaigl, Triebkräfte und Probleme des Kolonialismus, Paderborn 1970, S. 13)

Aus einem Aufsatz des deutschen Historikers Hans Delbrück 1899

„Mit immer gesteigertem Erfolge und gesteigerter Intensität ist Europa seit 400 Jahren an der Arbeit, sich die übrige Welt zu unterwerfen und in seine Kultursphäre hineinzuziehen ... Die Welt darf weder einmal vollständig englisch noch russisch werden ... Wäre aber einmal die außereuropäische Welt völlig an eine oder zwei Sprachen ... aufgeteilt, so wäre es unmöglich, daß die unbeteiligten europäischen Völker sich gegen solche Riesenmächte auf die Dauer behaupten. Das ist der Grund, warum Deutschland notwendig eine Kolonialpolitik im großen Stile treiben muß ... Es muß große außereuropäische Gebiete schaffen, in denen die deutsche Nationalität, die deutsche Sprache und das deutsche Geistesleben die Möglichkeit weiterer Entfaltung haben ... Die positive Aufgabe des deutschen Reiches ist die Ausbreitung des Deutschtums in den verschiedenen Formen der Kolonisierung ...

Die Kolonialpolitik ist aber auch sozialpolitisch von höchster Bedeutung. Jedes gesunde Volk hat einen Überschuß an Menschenkraft, für den es neue Gebiete zu erwerben trachtet. Am stärksten aber ist der Überschuß in den höheren Ständen. Unausgesetzt drängen die tüchtigsten Elemente der Bevölkerung nach oben und gerade für sie einen Bewegungsraum zu schaffen, ist eine der wichtigsten Bedingungen für ein befriedigtes soziales Dasein ..."

(Preußische Jahrbücher, 95. Band, Berlin 1899, S. 383 f.)

Aus der Rede des Staatssekretärs Fürst von Bülow vor dem deutschen Reichstag 1899

„Wir müssen verlangen, daß der deutsche Missionar und der deutsche Unternehmer, die deutschen Waren, die deutsche Flagge und das deutsche Schiff in China geradeso geachtet werden wie diejenigen anderer Mächte. (Lebhaftes Bravo.) Wir sind endlich gern bereit, in Ostasien den Interessen anderer Großmächte Rechnung zu tragen in der sicheren Voraussicht, daß unsere eigenen Interessen gleichfalls die ihnen gebührende Würdigung finden. Mit einem Worte: Wir wollen niemand in den Schatten stellen, aber wir verlangen auch unseren Platz an der Sonne."

(Nach: L. Zimmermann, Der Imperialismus, Stuttgart 1971, S. 36)

Arbeitsvorschläge

1. Arbeite die Selbstzeugnisse bitte zunächst durch. Kläre unbekannte Begriffe und nicht eindeutige Zusammenhänge! Gib den Kern der Ausführungen mit deinen Worten wieder!

2. Ordne die Aussagen den folgenden Leitvorstellungen imperialistischer Politik zu:
   a) Absicherung der wirtschaftlichen Machtstellung (Kolonien als Absatz- und Rohstoffgebiete)
   b) Erhöhung des nationalen Ansehens
   c) Sendungsbewußtsein
   d) Unfähigkeit der Nichtweißen zur Selbstregierung
   e) Großmachtstreben
   f) Verhinderung sozialer Spannungen im eigenen Land.

3. Neben Kolonien als unmittelbarer Form der Beherrschung hast du am Beispiel Chinas die Abhängigkeit als mittelbare Form der Beherrschung erkannt. Ordne die imperialistische Politik der USA um 1900 diesen beiden Formen zu! Erläutere den Begriff des „Dollar-Imperialismus"!

4. In welchen Zonen der Welt hat Rußland seine imperialistische Politik betrieben? Inwieweit sind sie auch in unserer Gegenwart Spannungszonen der Weltpolitik?

5. Stelle die Zahlen der Tabelle unten in Schaubildern dar (Säulen, Faltschnittfiguren usw.)
   a) nach der Bevölkerung,
   b) nach dem Raum.
   Was für einen Rang nahm Deutschland als Kolonialmacht ein?

Mutterland und Kolonialbesitz um 1914

Staat	Mutterland		Kolonien	
	Bevölkerung (Mill. E.)	Raum (1000 km²)	Bevölkerung (Mill. E.)	Raum (1000 km²)
Großbritannien....	45	314	425	35 000
Rußland	110	5500	25	17 000
	(europäisches Rußland)		(asiatisches Rußland)	
Frankreich........	40	536	60	11 000
Deutsches Reich...	66	543	12	3 000
Österreich-Ungarn .	50	625	–	–
USA.............	95	9400	10	300
Japan............	52	390	17	300

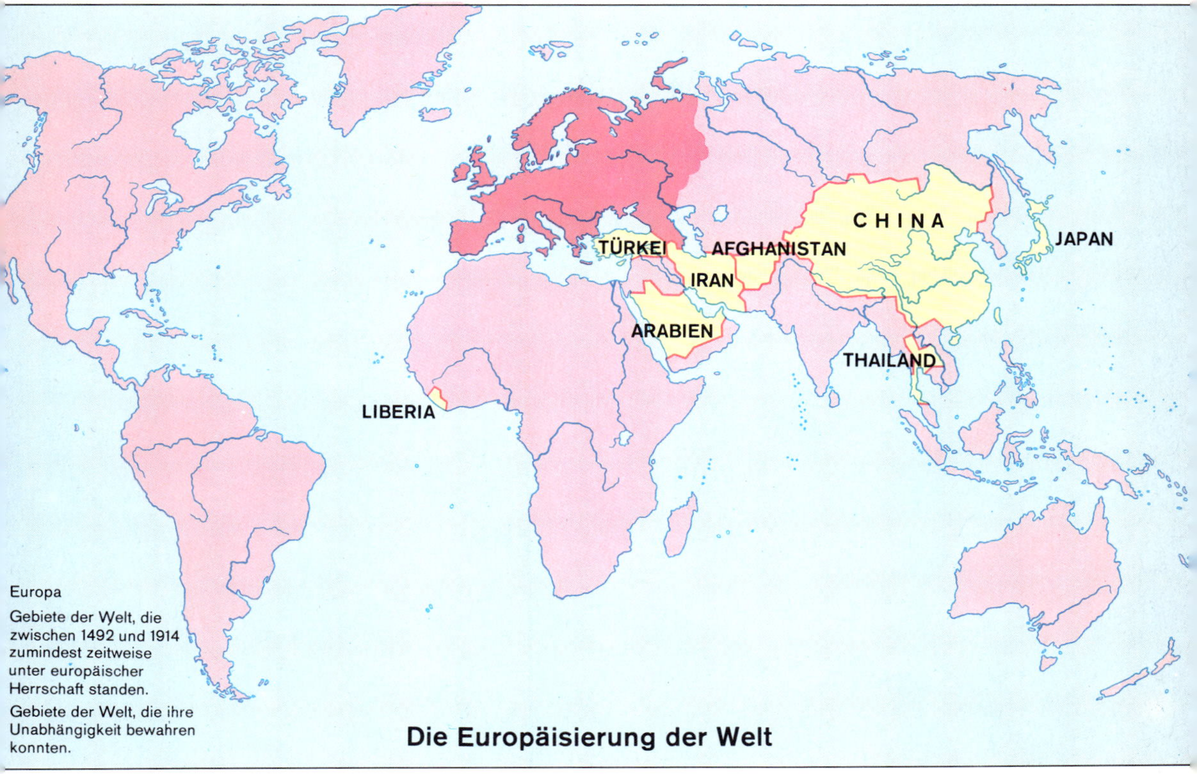

Die Europäisierung der Welt

Die Europäisierung der Welt

„Europäisierung" – was damit gemeint ist, zeigt die Karte. Hier sind alle Gebiete gekennzeichnet, die irgendwann zwischen 1492 und 1914 unter europäischer Herrschaft gestanden haben. Und auch die Gebiete, die ihre Selbständigkeit bewahren konnten, waren mehr oder weniger den europäischen Zugriffen ausgesetzt, wie wir es gerade an China gesehen haben.

Die weißen „Herrenvölker" hatten dabei kaum einen Blick für die Eigenart und die zum Teil sehr alte und hohe Kultur derer, die unterworfen wurden. Es waren „Farbige", Gelbe, Braune oder Schwarze, die auf jeden Fall unter den Weißen standen.

Seit 1914 erleben wir den umgekehrten Vorgang: die Befreiung der Kolonialvölker von der europäischen Herrschaft – eine Entwicklung, die erst heute nahezu abgeschlossen ist.

Wir merken uns

In der Zeit von 1880 bis 1914 erreichte die Ausbreitung der Europäer über die Erde ihren Höhepunkt und Abschluß (Imperialismus). Afrika, China und der pazifische Raum bildeten die Hauptziele. Die größten Kolonialmächte waren England, Frankreich, Rußland und die USA. Das britische Weltreich umfaßte rund ein Viertel der gesamten Erdoberfläche. – Auch Deutschland erwarb Kolonien. Unter Wilhelm II. betrieb das Kaiserreich eine aggressive Weltpolitik.

2 Der Erste Weltkrieg

Vorstoß englischer Tanks gegen die deutsche Verteidigungsfront in Frankreich (November 1917)

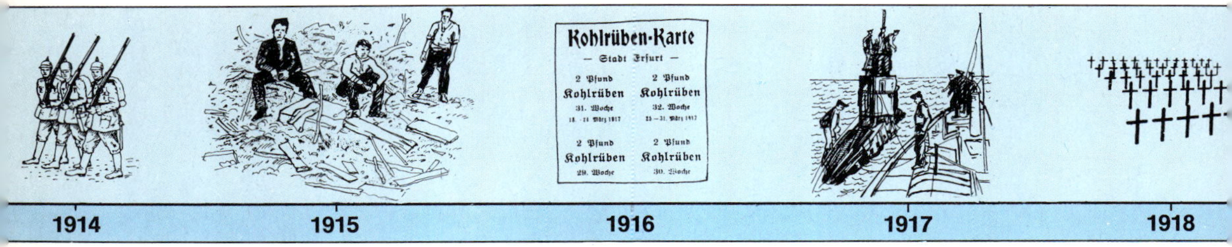

Die Zeit der Weltkriege

Dieser Band deines Geschichtsbuches hat den Titel „Das Zeitalter der Weltkriege“. Er behandelt die Zeit zwischen 1900 (bzw. 1890) und 1945 als eine Einheit. In der Tat: Die großen bestimmenden Ereignisse der ersten Hälfte des 20. Jahrhunderts waren die beiden Weltkriege, 1914–1918 und 1939–1945. Sie waren Katastrophen größten Ausmaßes. Sie haben Deutschland, aber auch Europa entscheidend umgeformt. Und sie haben unseren Planeten als Ganzes zu ihrem Schauplatz gemacht!

Aus der Vorgeschichte des Ersten Weltkrieges, dem Zeitalter des Imperialismus, wissen wir: Europa bildete bisher den Mittelpunkt des Weltgeschehens. Auch das hat sich, beginnend im Ersten Weltkrieg, grundlegend verändert (vgl. S. 56).

Mit diesem Ersten Weltkrieg wollen wir uns nun beschäftigen.

Die wichtigsten Bündnisse und Verträge 1890–1914

1890 Nichterneuerung des Rückversicherungsvertrages Deutschland–Rußland
1891 Erneuerung des Dreierbundes Deutschland–Österreich–Italien
1892 Russisch-französisches Militärabkommen
1894 Russisch-französisches Bündnis (Zweibund)
1902 Neutralitätsabkommen Italiens mit Frankreich
1904 *Entente cordiale* zwischen Frankreich und England
1907 Abkommen zwischen England und Rußland
1908 Versuche eines Flottenabkommens zwischen England und Deutschland
1911 Bündnis zwischen England und den USA
1912 Letzter Versuch Englands zu einem Flottenabkommen mit Deutschland
1912 Russisch-französisches und englisch-französisches Marineabkommen
1912–1914 Verstärkte Aufrüstung aller Mächte

Die deutsche Selbstisolierung

Wir wissen: Bismarcks Hauptziel in der Politik nach 1871 war es gewesen, den Frieden in Europa zu bewahren. So hatte er versucht, sowohl mit Österreich-Ungarn als auch mit Rußland ein freundschaftliches Verhältnis zu haben und zu England ebenfalls gute Beziehungen zu pflegen. Nach seiner Entlassung 1890 hatten der Kaiser und seine Berater durch ihre *Flottenpolitik* einen schier unüberbrückbaren Gegensatz zu England geschaffen. – In der *Bündnispolitik* steuerten sie einen gefährlichen Kurs.

Bismarcks Nachfolger versäumten 1890 die fällige Erneuerung des Rückversicherungsvertrages mit Rußland. Der Zar und sein Ministerpräsident waren bestürzt. Rußland näherte sich nun Frankreich. Bereits 1892 kam es zu einem russisch-französischen Militärabkommen, dem 1894 ein regelrechter Zweibund folgte.

Zögernd trat auch England jetzt aus seiner Zurückhaltung gegenüber den Festlandmächten heraus. Im April 1904 einigte es sich mit Frankreich über die Abgrenzung der kolonialen Interessen in Afrika und Südasien. Es schloß mit ihm ein „herzliches Einvernehmen“, französisch eine *Entente cordiale.* Das politische Bündnis wurde schnell durch militärische Absprachen ergänzt. Drei Jahre später, 1907, folgte ein ähnliches Abkommen zwischen England und Rußland. 1911 schloß England ein Bündnis mit den USA. So stand am Ende dieser Entwicklung eine Isolierung des Deutschen Reiches, die Bismarcks Nachfolger selbst verschuldet hatten.

Europäische Bündnissysteme 1912

Der Weltkrieg 1914–1918

Der Krieg

Arbeitsvorschläge

1. Stelle nach dem Text der Vorseite die Beziehungen Großbritanniens, Frankreichs, Rußlands, Österreich-Ungarns und Deutschlands in einem Schemabild dar (Stand 1912)!
2. Stelle auf der Karte „Europäische Bündnissysteme 1912“ fest, welche Krisenherde (sie sind in Kästen gesetzt) in Europa bestanden! Welche Interessen der Großmächte stießen auf dem Balkan aufeinander?
3. Unterscheide nach dem folgenden Text Ursache und Anlaß des Ersten Weltkriegs!

Ursache und Anlaß

Seit Jahrzehnten war das deutsche Kaiserreich mit Österreich-Ungarn verbündet. Das Habsburgerreich war ein „Vielvölkerstaat“. Vor allem die zu diesem Reich gehörenden Serben waren unzufrieden und voller Nationalismus. Viele von ihnen forderten den Anschluß an das Königreich Serbien und einen serbischen Großstaat auf dem Balkan. Am 28. Juni 1914 erschoß ein serbischer Student den österreichischen Thronfolger, Erzherzog Franz Ferdinand, und seine Frau bei einer Fahrt durch die Stadt Sarajewo.

Dieser Mord von Sarajewo wurde der äußere Anlaß zum Ersten Weltkrieg, der die Völker Europas und fast der ganzen Welt von 1914 bis 1918 verheerend traf.

Die Ursache waren die ständigen machtpolitischen Spannungen der Großmächte, die zu immer neuen Bündnissen untereinander und zu verstärkter Rüstung geführt hatten. Jeder der Staaten hatte Pläne für den Kriegsfall ausgearbeitet, nach dieser und nach jener Seite hin, um für jede Möglichkeit vorbereitet zu sein.

Nun begann das erregte Hin und Her in dem vielfältig geflochtenen Netz der geheimen und öffentlichen Bündnisse. Der deutsche Kaiser versprach dem österreichischen Bundesgenossen uneingeschränkte Hilfe zur Sühne des Attentats auf den Thronfolger. Wien richtete ein *Ultimatum,* eine scharfe befristete Forderung, an Serbien: Österreichische Beamte sollten die Hintergründe des Mordanschlags in Serbien selbst untersuchen. Die serbische Regierung lehnte entrüstet ab. Die diplomatischen Beziehungen zwischen Österreich und Serbien wurden abgebrochen. Schon machten beide Staaten mobil. Gleichzeitig befahl Rußland die Mobilmachung seiner Armee zum Schutze Serbiens.

Damit erfaßte die Kriegsgefahr ganz Europa: Jetzt fühlten sich Deutschland und Österreich bedroht, und jetzt wurden die Bündnisse zwischen Rußland, Frankreich und England akut.

Am 1. August 1914 erfolgte die deutsche Kriegserklärung an Rußland, am 3. August an Frankreich. Das Deutsche Reich stand vor einem Zweifrontenkrieg.

Warum gingen die deutschen Politiker diese ersten Schritte?

Der Schlieffen-Plan

Seit 1905 lag der deutsche Kriegsplan für einen Zweifrontenkrieg bereit. Der Chef des deutschen Generalstabes, Graf *Schlieffen,* hatte ihn sorgfältig in allen Einzelheiten ausarbeiten lassen. Man rechnete damit, daß der russische Koloß, schwerfälliger als die westlichen Staaten, am längsten für seine Mobilmachung brauchen würde. So galt es, in einem schnellen Feldzug den französischen Gegner zu schlagen, um sich dann mit ganzer Kraft dem Feind im Osten zuzuwenden.

Aber Frankreich hatte sich seit Jahrzehnten mit dem immer stärkeren Ausbau seiner Festungen gegen einen Einmarsch deutscher Heere gesichert. Deshalb müßte man, meinten die deutschen Militärs, mit starkem rechtem Flügel durch Belgien hindurch diese Festungskette umgehen, hinter ihrem Rücken einschwenken und sie von hinten her aufrollen.

Doch Belgien war neutral, und Verträge fast aller europäischen Mächte sicherten ausdrücklich diese Neutralität. Auch das Deutsche Reich hatte diese Verträge mitunterschrieben. Wenn man Schlieffens Plan durchführen wollte, mußte man die Verträge brechen und Belgiens Neutralität mißachten. Am 2. August teilte Deutschland Belgien mit, daß es seine Truppen durch das kleine Land schicken müsse. Man wolle nach dem Kriege alle Schäden ersetzen. Belgien rief sofort den Schutz der anderen Vertragspartner an. Am 4. August überreichte der englische Botschafter in Berlin die Kriegserklärung Großbritanniens an Deutschland, nachdem er noch einmal nachdrücklich die belgische Neutralität gefordert hatte.

Arbeitsvorschläge

1. Im Zusammenhang mit dem Ausbruch des Ersten Weltkrieges wird von einem „Mechanismus der Bündnisse" gesprochen. Erläutere bitte!

2. Inwiefern engte der Schlieffen-Plan den Handlungsspielraum der deutschen Politiker ein?

3. Unter einer *Mobilmachung* versteht man alle Maßnahmen, die dazu dienen, eine Armee in Kriegsbereitschaft zu setzen. Worin bestanden die Vorteile derjenigen Seite, die ihre Mobilmachung bereits abgeschlossen hatte, bevor es zur offiziellen Kriegserklärung kam?

Die Frage nach der Kriegsschuld

Hat Deutschland, hat eine andere europäische Macht 1914 diesen Krieg gewollt? Im Friedensvertrag nach dem Ende des Krieges haben die ehemaligen Gegner die Deutschen und ihre Verbündeten als Alleinschuldige bezeichnet. Später fanden Worte des englischen Staatsmannes *Lloyd George* vielfaches Interesse, der gesagt hatte: „Keiner der führenden Staatsmänner hat den Krieg tatsächlich gewollt. Sie glitten gewissermaßen hinein, oder besser, sie taumelten oder stolperten hinein, vielleicht aus Torheit."

In der Geschichte aber steht selten etwas ein für allemal fest, es gibt immer wieder neue Quellen, neue Forschungen, neue Ansätze der Beurteilung. So ist auch die Frage nach der *deutschen* Schuld am Kriege in letzter Zeit wieder neu gestellt worden, und bis heute stehen unterschiedliche Antworten nebeneinander.

Die Kriegsschuldfrage

Aus einer gemeinsamen Erklärung deutscher und französischer Historiker vom Oktober 1951

„Die Dokumente erlauben es nicht, im Jahre 1914 irgendeiner Regierung oder einem Volk den bewußten Willen zu einem europäischen Kriege zuzuschreiben ... Die deutsche Politik zielte 1914 nicht auf die Entfesselung eines europäischen Krieges; sie war in erster Linie bedingt durch die Bündnisverpflichtung gegenüber Österreich-Ungarn. Um der als gefährlich empfundenen Auflösung dieses Staates entgegenzuwirken, hat man der Wiener Regierung Zusicherungen gegeben, die einer Blankovollmacht gleichkamen. Die deutsche Regierung war von der Vorstellung beherrscht, eine Lokalisierung [Begrenzung] des Konfliktes mit Serbien würde wie 1908/09 möglich sein; gleichwohl war sie bereit, nötigenfalls die Gefahr eines europäischen Krieges auf sich zu nehmen. Infolgedessen hat sie es versäumt, rechtzeitig mäßigend auf die Politik Österreichs einzuwirken."

(In: Geschichte in Wissenschaft und Unterricht, 3. Jahrg./1952, S. 294)

Die Auffassung des Historikers Fritz Fischer 1961

„Bei der angespannten Weltlage des Jahres 1914, nicht zuletzt als Folge der deutschen Weltpolitik, mußte jeder begrenzte (lokale) Krieg in Europa, an dem eine Großmacht beteiligt war, die Gefahr eines allgemeinen Krieges unvermeidbar nahe heranrücken. Da Deutschland den österreichisch-serbischen Krieg gewollt, gewünscht und gedeckt hat, und, im Vertrauen auf die deutsche militärische Überlegenheit, es im Jahre 1914 bewußt auf einen Konflikt mit Rußland und Frankreich ankommen ließ, trägt die deutsche Reichsführung einen erheblichen Teil der historischen Verantwortung für den Ausbruch des allgemeinen Krieges ..."

(In: Griff nach der Weltmacht, Düsseldorf 1961, S. 97)

Die Auffassung des Historikers Walter Hubatsch 1973

„Der Ausbruch dieses gewaltigen Ringens stellt sich als ein Bündel von vielerlei Ursachen dar: die großserbische Idee und die innere Schwäche Österreich-Ungarns; der Panslawismus und die alten Expansionsziele Rußlands auf dem Balkan; die Gelegenheit für Frankreich, seine 1870 eingebüßte Position europäisch wieder zu begründen; die englische Sorge vor einer Hegemonialstellung [Vormachtstellung] Deutschlands auf dem Kontinent und die Sicherung Belgiens. Hinzu trat die Furcht [der Deutschen], die Bundesgenossenschaften zu verlieren und dann in der Krise isoliert zu sein; alles dieses bremste die Friedensbemühungen, die zu spät einsetzten und durch die Technik der einander bedingenden Mobilmachung rasch wirkungslos wurden."

(In: Handbuch der Deutschen Geschichte, Bd. IV/1, Frankfurt 1973, S. 7)

Die Auffassung des Historikers Immanuel Geiss 1975

„Nach einer Kette von diplomatischen Krisen, die an den Rand des Krieges führten, entstand Ende 1912 in Berlin der Entschluß, die wachsenden inneren und äußeren Schwierigkeiten bei nächster Gelegenheit durch die Flucht nach vorn zu überspielen. Im Sommer 1914 nahm die deutsche Reichsleitung das Attentat von Sarajewo zum Anlaß, über Österreich-Ungarn die große Auseinandersetzung herbeizuführen. Der Erste Weltkrieg begann am 1. August 1914."

(In: Historische Dokumentation des Historischen Museums Frankfurt, Frankfurt 1975)

Arbeitsvorschläge

1. Analysiere die Texte sorgfältig! Erläutere bitte:
   a) In welchem Text wird Deutschland unterstellt, den europäischen Krieg *absichtlich* entfesselt zu haben?
   (In welchem Text wird das Gegenteil festgestellt?)
   b) In welchem Text wird Deutschland unterstellt, einen begrenzten Krieg (Österreich–Serbien) gewollt, einen europäischen Krieg aber riskiert zu haben?
   c) Wie wird der Anteil Deutschlands an der Verantwortung für den Krieg in den beiden anderen Texten eingegrenzt?
2. Stelle bitte die Begründungen für die jeweiligen Thesen heraus! Vergleiche!
3. Wo werden in diesem Arbeitsbuch die Zusammenhänge angesprochen, die Walter Hubatsch als „Bündel von Ursachen" stichwortmäßig aufführt?
4. Und zu welcher Auffassung kommst du?

Die Ausweitung zum „Welt"-Krieg

Die „Kriegsmaschine" lief an. Sie riß immer mehr Völker und Staaten in die Auseinandersetzungen hinein. Einige Staaten wechselten noch schnell die Fronten, zum Beispiel Italien und Rumänien.

Die Gegner

Die „Mittelmächte"	Die „Alliierten"
Deutschland, Österreich-Ungarn und ihre Verbündeten: Türkei (1914) Bulgarien (1915)	Rußland, Frankreich, Großbritannien und ihre Verbündeten: Japan (1914) Italien (1915) die USA (1917) dazu viele weitere Staaten

Schließlich waren insgesamt fast 70 Millionen Menschen unter Waffen, 25 Millionen gegen 45 Millionen. Und hinter den Kämpfenden standen die Wirtschaftskräfte der beiden Kriegsblöcke, die alles zum Kriege Notwendige liefern mußten: Lebensmittel, Rohstoffe, Waffen und Munition, Kriegsgerät aller Art, Transportmittel – und immer neuen Ersatz an Menschen.

Dieser Krieg zeigte ein ganz anderes Gesicht als alle früheren. Er wurde nicht mit Tausenden und Hunderttausenden Soldaten wie bisher geführt, sondern mit Millionenheeren. Er ergriff alles – Erde, Meer und Himmel, den Soldaten wie den Bürger, die Front wie die Heimat.

Ausmarsch der Soldaten aus Berlin. Es ist für uns heute nicht mehr vorstellbar, welche Kriegsbegeisterung damals die meisten Menschen erfüllte. Viele Tausende meldeten sich freiwillig zum Kriegsdienst. Jeder glaubte an die Kriegsschuld der Gegner, und jeder zog aus, sein bedrohtes Land zu verteidigen.

Stellungskrieg im Westen: Aus Granattrichtern wehren deutsche Soldaten einen französischen Angriff ab.

Der Kriegsverlauf

Er begann wie die Kriege zuvor. Die Kolonnen marschierten, planmäßig gelenkt von den Heerführern und ihren Stäben. Ihr Ziel war, die Armee des Gegners einzukesseln, ihre Front zu durchbrechen und aufzurollen, sie in die Flucht zu schlagen oder zu vernichten. Man nannte das den *Bewegungskrieg.*

Der Bewegungskrieg

Für den einzelnen Soldaten, den deutschen Landser, den französischen Poilu, den englischen Tommy, den russischen Muschik hieß das vor allem: marschieren. Mit Waffen und Gepäck – 30, 40, bisweilen auch 80 Pfund schwer – marschieren – in Sonnenglut, in Regengüssen, in dunkler Nacht, gegen Schneesturm und eisigen Wind. Hinterdrein rasselte die Artillerie. Hinterdrein rasselte der Troß: die Feldküche, das Gerät, die Munition, das Gepäck. Und dann kam das Gefecht, die Schlacht. Das hieß: Deckung nehmen, Schießen, Laufen, Springen. Das hieß Todesfurcht, Einsatz letzter Kraft.

Der Stellungskrieg

Doch dann liefen sich im Westen, auf belgischem und französischem Gebiet die Fronten fest. Die feindlichen Truppen lagen einander gegenüber. Sie gruben sich in Schützengräben ein. Der Krieg erstarrte. Man belagerte sich gegenseitig auf einer 700 km langen Grabenfront – dreieinhalb Jahre lang!

Der Bewegungskrieg wandelte sich zum *Stellungskrieg.* Das Ziel war, die Front des Gegners zu durchbrechen und sie im neuen Bewegungskrieg aufzurollen. Dreieinhalb Jahre lang versuchte man, unter Aufbietung aller Kräfte und allen Materials, diesen Durchbruch zu erzwingen. Als es den Deutschen endlich, im vierten Kriegsjahr, gelang, reichten die erschöpften Kräfte nicht mehr aus, den Gegner zu schlagen.

Im Osten und auf den anderen Kriegsschauplätzen kam es weiterhin zu neuen, weit ausholenden Feldzügen und Bewegungen, ohne daß damit jedoch die Entscheidung erzwungen werden konnte.

Nach dem Trommelfeuer: Alliierte Soldaten in der „umgepflügten" Landschaft

Die Hölle der Materialschlacht

Langsam, unablässig wandelte sich in diesem neuartigen Stellungskrieg das Gesicht des Krieges. Man rechnete nicht mehr mit Menschen, sondern nur mit dem seelenlosen vernichtenden Material: mit Kanonen, Granaten, Minen, Giftgas, Tanks, wie die Panzer damals nach der englischen Bezeichnung genannt wurden.

Der Stellungskrieg steigerte sich zur *Materialschlacht.* Sie wurde wochen- und monatelang vorbereitet. Der ganze Hinterraum der Front füllte sich mit Gerät und Menschen. Geschütz stand neben Geschütz. Und dann schlug das alles, urplötzlich losbrechend, planmäßig mit Uhr und Karte und Tabelle gelenkt, auf einen bestimmten Abschnitt der gegnerischen Front los – stundenlang, tagelang, wochenlang. *„Trommelfeuer"* nannte man das.

Die grüne, lebendige Landschaft verwandelte sich in eine Landschaft des Todes. Wald und Feld, Ortschaften und Straßen verschwanden. Sie wurden von den Granaten umgepflügt. Trichter lag neben Trichter.

Und dann begann der Angriff der Infanterie. Doch aus der umgepflügten Erde erhoben sich noch immer gegnerische Soldaten, Überlebende der „Feuerwalze". Mit Maschinengewehren und Handgranaten warfen sie sich gegen den angreifenden Feind, schlugen ihn vielleicht zurück. Manchmal hatten die Angriffe auch Erfolg: ein paar hundert Meter Bodengewinn, dann begann das blutige Spiel von neuem, diesmal von der anderen Seite.

Diese Materialschlachten wurden die entsetzlichen Höhepunkte des Krieges. Der Kampf um *Verdun* 1916 dauerte allein sechs Monate und kostete 300 000 Franzosen und 280 000 Deutsche das Leben.

Kriegsalltag an der Front

Wie Soldaten die Schrecken des Krieges erlebten, beschreiben diese beiden Briefe:

Brief des Anton Steiger, geb. am 7. Oktober 1896, gefallen an der Somme am 14. Oktober 1916:

17. Juli 1916

„Der letzte Tag vor Verdun und der schrecklichste! ... Die erste und zweite Gruppe vom dritten Zug, 17 Mann, zwei Unteroffiziere, ein Feldwebel marschierten weiter ... Ungefähr 600 Meter vor unserem Bestimmungsort rasteten wir in einem Granatloch, um Kraft zu sammeln ... Ich hatte mich kaum hingelegt, da ststst! – schlägt eine Granate direkt vor uns ein. Geschrei, Gewinsel, Geheule, zugleich der Ruf: „Auf, auf, marsch, marsch, was noch kann!" Ich nahm meine letzte Kraft zusammen und sprang auf (wir waren natürlich alle bepackt); ich bin die 600 m nicht mehr gegangen, sondern gefallen von einem Granatloch ins andere. Im Unterstand gingen von den 17 Mann sechs ab, drei waren tot, darunter Reiser, der die neun Jahre mit mir auf der Schulbank rumgebummelt ...

Unser Unterstand war eine alte, schon halbzusammengeschossene französische Kasematte, 150 Meter vom Panzerwerk Thiaumont entfernt ... Tote lagen unter dem Schutt; von einem schauten die Beine heraus bis zu den Knien. Unten waren drei Räume ..., zum Teil voll französischer Munition ... Ich habe die vier Tage fast nichts essen können. Am dritten Tag schoß die französische Artillerie mit 28ern so auf unseren Unterstand, daß wir glaubten, es falle alles zusammen ... Was das heißt: zehn Stunden im Unterstand liegen unter Granatfeuer, zehn Stunden den Tod des Lebendigbegrabenwerdens vor Augen oder die Aussicht, in die Luft zu fliegen, falls eine Granate da einschlägt, wo der Sprengstoff liegt ..."

(Kriegsbriefe gefallener Studenten, hrsg. v. Ph. Witkop, München 1928, S. 15/234/235)

Brief des Artilleristen B. (1917):

„Um vier Uhr morgens wurden wir geweckt mit dem Ruf: ‚Gas! Gasmaske vorhängen!' Alles Licht im Fort war sofort aus. Man stand im Dunkeln und versuchte, die Gasmaske zu erwischen. Im Raume rief oder schrie alles in Todesangst durcheinander. Der eine hatte keine Gasmaske, der andere keine Patrone (Gasfilter), der andere schrie nach Frau und Kindern. Die in den Gängen zusammengepferchten Infanteristen waren zum Teil tot oder dem Tode nahe. Ich wechselte nach fünf Minuten die verbrauchte Patrone und machte mich daran, den Ausgang freizumachen. Mittlerweile fiel um uns herum ein Kamerad nach dem andern zu Boden. Die armen leichtsinnigen Leute, die keine Gasmasken hatten, waren längst tot. Ich entsinne mich, daß ich plötzlich keine Luft mehr bekam. Die zweite Patrone war auch verbraucht. Solange immer mit blauem Auge davongekommen und jetzt auf diese Weise ausgeräuchert zu werden. Ich hatte tatsächlich zum ersten Male bis jetzt, in dem Augenblick, als ich keine Luft mehr bekam, angenommen, daß ich erledigt wäre. Viel habe ich – offen und ehrlich gesagt – mir gar nicht daraus gemacht. Als ich keine Luft mehr bekam, fiel ich selbstverständlich besinnungslos um. Im letzten Augenblick sah ich noch einen kleinen Lichtschein durch die Sandpackung fallen. Als ich wieder zu mir kam, hatte mich ein Infanterist bei dem Kopfe und versuchte, mich unter meinen toten Kameraden wegzuziehen. Ich kroch schleunigst durch ein Loch in der Sandpakkung nach außen, wo ich in der Zeit von einer Minute wieder vollständig bei mir war. Draußen half ich noch bei den Rettungsarbeiten."

(Aus: 1917, Material gegen Menschen, Volksbund Deutsche Kriegsgräberfürsorge e. V.)

Blockade und U-Boot-Krieg

Obwohl unter Wilhelm II. ein großer Lärm um die deutsche Schlachtflotte gemacht worden war, blieb sie der englischen stets unterlegen. Unnütz lagen diese großen Schiffe zumeist in ihren Häfen. So konnte England ungestört die Seewege zu den deutschen Welthäfen absperren, „blokkieren". Es wollte die Deutschen auf diese Weise aushungern und durch Rohstoffmangel zwingen, den Krieg aufzugeben.

Nun setzte die deutsche Führung ihre Hoffnungen auf eine kleine, neu entwickelte Wunderwaffe, die *Unterseeboote* (U-Boote). Mit ihnen wurde eine „Gegenblockade" durchgeführt: alle Schiffe, die sich der englischen Insel und den Küsten der anderen Alliierten näherten, mußten mit ihrer Versenkung rechnen.

Sofort erhoben die neutralen USA Einspruch gegen diese Behinderung ihres Handels. So wurde der U-Boot-Krieg noch einmal unterbrochen. Aber als die Frontlage 1917 kritisch und der Rohstoffmangel in Deutschland immer fühlbarer wurde, setzte er erneut und *uneingeschränkt* ein. Schiff auf Schiff wurde im Sperrgebiet versenkt.

Deutsche Unterseeboote im Ersten Weltkrieg

Der Kriegseintritt der USA 1917

Zwischen den Vereinigten Staaten von Amerika und Europa lag das mehrere tausend Kilometer breite Band des Atlantischen Ozeans. Seit ihrer Gründung hatten sich die USA nicht um Streit und Kriege in der „Alten Welt" gekümmert, und auch der Ausbruch des Ersten Weltkriegs in Europa rief die Politiker zunächst nicht auf den Plan. In der Bevölkerung waren die Sympathien gespalten, soweit man überhaupt Interesse an dem europäischen Konflikt zeigte.

Das änderte sich schlagartig, als die Deutschen 1917 den uneingeschränkten Unterseebootkrieg verkündeten. Damit bedrohte Deutschland die Rechte der neutralen Staaten, und nachdem alle Warnungen vergeblich gewesen waren, traten die USA im April 1917 auf der Seite der Alliierten in den Krieg ein.

Dieses Ereignis entschied seinen weiteren Verlauf. Trotz des U-Boot-Krieges konnten 2 Millionen amerikanischer Soldaten nach Europa gebracht werden, dazu unzählige Mengen an Munition, Waffen, Geräten und Lebensmitteln. Das waren frische Reserven für *eine* Seite der ausgebluteten Westfront.

Plakat für die Werbung von Freiwilligen aus der Zeit nach dem Kriegseintritt der USA. Im Verlauf des Krieges führten die USA dann ebenfalls die allgemeine Wehrpflicht ein.

In endlosen Schlangen mußten die Menschen anstehen. – Unten: Zuteilungskarte aus dem Winter 1916/17

Kohlrüben-Karte

— Stadt Erfurt —

2 Pfund **Kohlrüben** 31. Woche 18.–24. März 1917	2 Pfund **Kohlrüben** 32. Woche 25.–31. März 1917
2 Pfund **Kohlrüben** 29. Woche 4.–10. März 1917	2 Pfund **Kohlrüben** 30. Woche 11.–17. März 1917
2 Pfund **Kohlrüben** 27. Woche 18.–24. Februar 1917	2 Pfund **Kohlrüben** 28. Woche 25. Febr. – 3. März 1917
2 Pfund **Kohlrüben** 25. Woche 4.–10. Februar 1917	2 Pfund **Kohlrüben** 26. Woche 11.–17. Februar 1917

Das Leben in der Heimat

Die deutschen Pläne für den Kriegsfall waren auf einen schnellen Sieg über die Gegner abgestellt gewesen. Für einen langen Krieg waren keine Vorbereitungen getroffen worden. So wurden von Jahr zu Jahr immer weniger Nahrungsmittel ausgegeben. „General Hunger“ regierte Deutschland.

Besonders schlimm wurde der Winter 1916/17. Es gab kaum noch Kartoffeln; statt dessen wurden Kohlrüben verteilt, streng rationiert. Die Menschen lebten von Kohlsuppe, Kohlrübenmarmelade, Kohlrübenkaffee. Wer keine Sonderzuteilungen bekam oder sich nicht heimlich zusätzliche Lebensmittel besorgen konnte, litt bittere Not. Besonders alte und kranke Menschen in den Städten starben in diesem „Kohlrübenwinter“ an Unterernährung.

Immer mehr Raum nahmen auch in den Zeitungen die Todesanzeigen von Gefallenen ein. Kaum eine Familie gab es, in der nicht der Vater oder Bruder gefallen war. Die Lazarette füllten sich mit Verwundeten, von Gas erblindet oder zu Krüppeln geschossen. Immer mehr Männer wurden eingezogen. An ihre Arbeitsplätze in den Fabriken und auf den Äckern rückten die Frauen, die Kinder und die Alten. – Ähnlich wie in Deutschland sah es in den anderen kriegführenden Ländern Europas aus.

Oben links: „Schülerdemo" für die Zeichnung von Kriegsanleihen. Mit diesen Anleihen verschuldete sich der Staat bei seinen Bürgern, um den Krieg zu finanzieren.

Oben rechts: Werbung für einen verstärkten Einsatz der Frauen in der Rüstungsindustrie.

Rechts: Frauen in einem Rüstungsbetrieb; hier sind es Dreherinnen bei der Herstellung von Granaten. – In einem Gedicht dieser Zeit heißt es: „Mir ist der Kopf, das Herz so schwer,/ ich denke, ich fühle, ich hoffe nicht mehr,/ ich drehe Granaten, Granaten!"

Propaganda-Postkarten erschienen in vielen der kriegführenden Staaten. Diese Karte von 1914 ist noch Ausdruck der ersten Kriegsbegeisterung – ganz anders dagegen war die Stimmungslage in der zweiten Kriegshälfte.

Um einen neuen Frieden

Siegfrieden oder Verständigungsfrieden?

Eine schwere Kriegsmüdigkeit lag, vor allem von 1917 an, über den Völkern. In Frankreich meuterten große Truppenteile hinter der Front. In Rußland brach die Revolution aus und stürzte die Herrschaft des Zaren. Im Februar 1918 revoltierte die österreichische Kriegsflotte. In Deutschland kam es zu großen Streiks der Munitionsarbeiter. Im Juli 1918 streikte eine halbe Million Menschen in England.

Jetzt ging es um die Frage: Wer wird zuerst mürbe? Wer gibt als erster den Kampf auf? Wie soll dieser Krieg enden? Alle hatten zur „Verteidigung ihres angegriffenen Vaterlandes" das Gewehr ergriffen. Für welche Ziele focht man nun, da sich der Krieg immer mehr hinzog und ausweitete? Wie sollte ein etwaiger Friede jetzt aussehen?

Durch den schnellen Vormarsch der deutschen Truppen war es gelungen, den Krieg weit vor den Grenzen des Reiches, in Frankreich, in Polen und Rußland, auf dem Balkan und am Südrand der Alpen zu führen. Ein großer Teil des deutschen Bürgertums erwartete, daß diesem „siegreichen Kriege" ein „ehrenvoller" Frieden, ein *„Siegfrieden"* folgen müsse.

Viele Vertreter eines solchen Siegfriedens mochten selbst 1917 noch nicht von ehrgeizigen Kriegszielen lassen. Auf den Stammtischen daheimgebliebener Bürger, aber auch auf den Schreibtischen der Reichsregierung lagen noch immer Pläne und Karten, die zeigten, welche anliegenden Feindgebiete dem Deutschen Reich angegliedert werden sollten. Besonders die gegnerischen Bodenschätze (z. B. Eisenerz und Erdöl) sollten deutscher Besitz werden.

Philipp Scheidemann (1865–1939)

Anders wollte es die deutsche Sozialdemokratie. Sie kämpfte für den Bestand des Vaterlandes, aber nicht für Eroberungen. Das Ziel sollte nicht neuer Haß, sondern Wiederverständigung sein.

In leidenschaftlichen Appellen wandten sich ihre Führer an die Verantwortlichen, mit dem Blutvergießen aufzuhören, darunter der Reichstagsabgeordnete *Philipp Scheidemann.* Die Anhänger einer Siegfriedenspolitik sprachen daraufhin verächtlich von einem „Scheidemann-Frieden". Ihre eigenen Ziele aber bezeichneten sie stolz als einen „Deutschen Frieden".

Je länger der Krieg andauerte, um so schroffer standen sich die Ansichten über das Kriegsende gegenüber. Ein *Siegfrieden* oder ein *Verständigungsfrieden* – das war die entscheidende Frage.

Seit Ende August 1916, seit der ergebnislosen blutigen Schlacht um Verdun, hatten der Generalfeldmarschall von Hindenburg und sein Stabschef, General Ludendorff, die Gesamtleitung des Krieges übernommen. Vor allem *Ludendorff* war für eine rücksichtslose Kriegführung unter Einsatz aller Mittel, um damit einen Siegfrieden zu erkämpfen. Diesem Ziel hatte sich alles unterzuordnen, auch alles Leben daheim.

Ein Flugblatt aus dem Ersten Weltkrieg

Auf der nächsten Seite findest du ein Flugblatt aus dem Ersten Weltkrieg abgedruckt. Lies es zunächst einmal durch!
Versuche dann, mit Hilfe der nachfolgenden Fragen, die Aussagen des Blattes herauszuarbeiten!

Arbeitsvorschläge

1. Welchen Frieden wollen die Verbreiter dieses Flugblatts: „Siegfrieden" oder „Verständigungsfrieden"?
2. Sie haben ihren Forderungen jeweils den Tatbestand bei einem „Scheidemann-Frieden" gegenübergestellt. Ziehe bitte zunächst stichwortartig heraus, welche Sachfragen sie im einzelnen aufgreifen!
3. Fasse die Ergebnisse der Gegenüberstellung in einer Tabelle zusammen!
4. Welche allgemeine Begründung geben sie für ihre Forderungen an?
5. Wie bezeichnen sie geringschätzig den Frieden, den ihre politischen Gegner anstreben?
6. Welche Gebietsforderungen rund um die deutschen Grenzen vor 1914 werden also angemeldet? Womit werden diese begründet? Unterscheide dabei genau die Begründungen zu Belgien, zu Briey und Longwy, zu den „alten deutschen Ostseeprovinzen" (Kurland, Litauen, Livland, Estland), zu Rumänien! Nimm deinen Geschichtsatlas zu Hilfe!
7. Warum erscheint das Erdöl aus Rumänien wohl so besonders wichtig? Denke an die neuen Verkehrsmittel!
8. Wie verstehst du den Satz: Wir wollen „unsere Kolonien in vergrößertem Maße wiederbekommen"?
9. Was soll offensichtlich mit der Handelsflotte des „Zehnverbandes" (der Alliierten) geschehen?
10. Betrachte die beiden Zeichnungen unten auf dem Bild und lies den Text daneben! Wer soll also die deutschen Lasten des Krieges tragen? Wie hoch sind die deutschen Kriegsschulden inzwischen?
11. Was soll mit der rumänischen Ernte geschehen? Wer hat sie bezahlt? Wer ißt zuerst?
12. Wann kann dieses Flugblatt wohl frühestens entstanden sein? Lies den dritten Satz unter den beiden Kästen aufmerksam!

Unabhängiger Ausschuß für einen Deutschen Frieden, Ortsgruppe

Wie gestaltet sich unser Friede?

„Der Scheidemannsche Friede" will:

daß bei Friedensschluß alles bleibt, wie es war, und jeder seine Lasten trägt.

Das würde der Untergang Deutschlands sein. Denn während der Zehnverband mit seinem Ueberschuß an Land und Stützpunkten zur See leicht auf Ausdehnung und Grenzverbesserung verzichten kann, bedeutet es für uns einen faulen Frieden, der mit sich bringt:

daß Belgien das Einfallstor für England und Frankreich bleibt;

daß Deutschland nur mit Englands Erlaubnis das Meer befahren darf und jederzeit von seinen Rohstoff liefernden Kolonien abgeschnitten werden kann;

Handelsflotten bei einem faulen Frieden:

der Mittelmächte: 5,4 Mill. Tonnen

des Zehnverbandes: 23,2 Mill. Tonnen

daß Frankreich feste Einfallspunkte an unserer Grenze behält, unter deren Kanonen ein großer Teil unserer Stahl- und Roheisenerzeugung liegt;

Eisenerzvorräte der Mittelmächte vor dem Kriege: 3892 Mill. Tonnen

daß Rußland jederzeit die ungeschützten deutschen Ostmarken verwüsten kann, daß 2 Millionen Deutsche in Rußland erbarmungslos vernichtet werden und andere Millionen Deutsche, für die das Mutterland keinen Platz hat, im Auslande zu Kulturdünger werden;

In einem Jahrzehnt beschaffbare deutsche Siedlerfamilien aus dem Reich, Rußland, sonstigem Europa und Uebersee 466 000

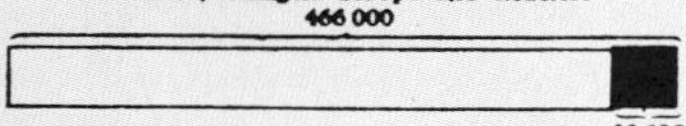

38 680

Bei einem faulen Frieden:

gibt es für diese nur Siedlerland im alten Reichsgebiet 471 500 ha = 38 680 Siedlerstellen

Deutschlands Erdöl-Bedarf: 1 360 000 Tonnen

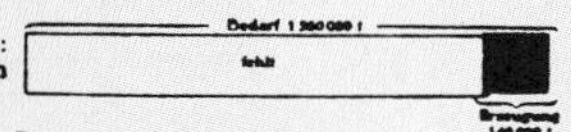

Bei einem faulen Frieden: Deutschlands Erdöl-Erzeugung 140 000 Tonnen

daß Deutschland mit einer Kriegslast von weit mehr als 100 Milliarden und vervielfachten Steuern aus diesem Kriege herausgeht und dadurch vollständig verarmt, arbeitslos und wirtschaftlich vernichtet wird.

Bei einem faulen Frieden: 170 Milliarden Schulden

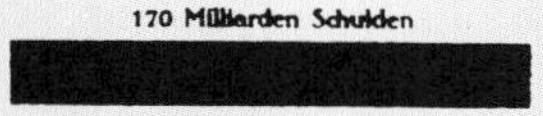

= 2537 Mark auf den Kopf der Bevölkerung

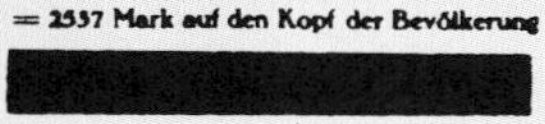

172 Mark Reichssteuern auf den Kopf der Bevölkerung

Volksvermögen = 200 Milliarden Mark

Bei einem faulen Frieden ein Lohnsklave Englands mit 170 Milliarden Schulden

„Der Deutsche Friede" will:

nach den ungeheuren Opfern an Blut und Gut das Mindestmaß fordern, das zu Deutschlands Bestehen und Entwickelung nötig ist,

daß Belgien, insbesondere die Flandrische Küste mit Antwerpen, in Deutschlands militärischer, wirtschaftlicher und politischer Abhängigkeit bleibt;

daß wirkliche Seefreiheit für alle Völker geschaffen wird, und daß wir unsere Kolonien und Flottenstützpunkte in vergrößertem Maßstabe wiederbekommen;

Handelsflotten bei einem Deutschen Frieden:

der Mittelmächte: 17,8 Mill. Tonnen

des Zehnverbandes: 10,9 Mill. Tonnen

das Erzbecken von Briey und Longwy, das Frankreich seine Angriffswaffen lieferte, und Grenzverbesserungen, besonders in den Vogesen, je nach militärischer Lage und Beurteilung;

Eisenerzvorräte der Mittelmächte bei einem Deutschen Frieden: mindestens 6954 Mill. Tonnen

eine leicht zu verteidigende Grenze, will die alten deutschen Ostseeprovinzen und reichen Boden als neues Getreideland für deutsche Bauernansiedelung, um das Reich vor künftiger Aushungerungsgefahr zu schützen; (Einfuhr 1912/13 für 3 Milliarden Nahrungsmittel, 1/4 Milliarde Vieh usw.).

In einem Jahrzehnt beschaffbare deutsche Siedlerfamilien aus dem Reich, Rußland, sonstigem Europa und Uebersee 466 000

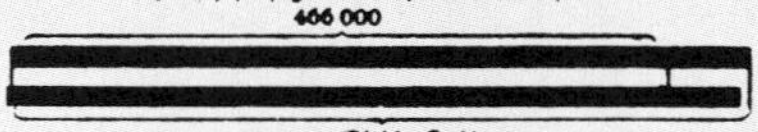

520 300 Siedlerstellen

Bei einem Deutschen Frieden gibt es 7 270 000 ha = 520 300 Siedlerstellen, neues Ansiedelungsland: Kurland, Litauen, russ. Grenzstreifen, Livland, Estland

Deutschlands Erdöl-Bedarf: 1 360 000 Tonnen

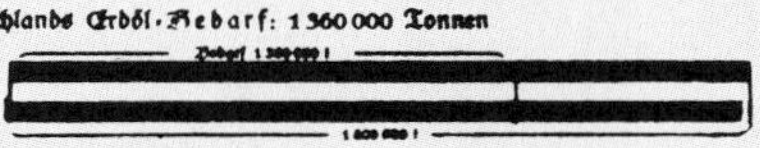

Bei einem Deutschen Frieden: 1 800 000 Tonnen rumänische Erdöl-Erzeugung zur Verfügung

daß die Feinde, die das friedliche Deutschland überfielen, die Lasten des Krieges in Rohstoffen, Schiffen, bar und durch Landabtretung bezahlen.

Bei einem Deutschen Frieden:

5 Milliarden Schulden vor wie nach dem Kriege

=

75 Mark auf den Kopf der Bevölkerung

36 Mark Reichssteuern auf den Kopf der Bevölkerung

Volksvermögen = 400 Milliarden Mark

Bei einem Deutschen Frieden ein freies Volk mit nur 5 Milliarden Schulden

Ein fauler Friede, auch wenn er sofort geschlossen würde, bringt uns kein Pfund Brot mehr und schließt jegliche Zufuhr fremden Getreides für lange Zeit aus. Nur bei einem Deutschen Frieden können wir die rumänischen Ernten, die England bereits bezahlt hat, hereinschaffen. Der Sieger ißt zuerst.

Hindenburg und Ludendorff und unsere braven Unterseeboote geben uns die Sicherheit, daß wir die Sieger sein werden.

Jeder Deutsche, der einen Deutschen Frieden will, trete uns bei

und helfe damit beweisen, daß nicht „9/10 aller Deutschen" einen Scheidemannschen Frieden wünschen.

Das Zahlenwort ist der vorzüglichen Flugschrift „Deutschlands Zukunft bei einem guten und bei einem schlechten Frieden", J. F. Lehmanns Verlag, München (Einzelpreis 1 Mark, in Partien billiger) entnommen. Anschaffung dringend empfohlen!

Ortsgruppe:
Geschäftsstelle:

Anmeldungen, Werbeschriften daselbst. Kein Beitragszwang.

Dieses Aufklärungs- und Werbe-Blatt ist durch die nebenstehende Geschäftsstelle jederzeit zu beziehen

Herausgegeben von [illegible] Schriftführer des Unabhängigen Ausschusses für einen Deutschen Frieden, [illegible] Dresden [illegible]
Druck und Verlag: Lehmannsche Buchdruckerei und Verlagsbuchhandlung, Dresden

Um Weiterverbreitung dieses Blattes wird dringend gebeten. Gegebenenfalls sichtbar aufhängen.

Im Hauptquartier der Obersten Heeresleitung in Spa/Belgien findet die Lagebesprechung am Kartentisch statt. Das Bild zeigt von links: Generalfeldmarschall von Hindenburg, Kaiser Wilhelm II. und General Ludendorff (im Januar 1917).

Bild unten: Der amerikanische Präsident Woodrow Wilson (1856–1924)

Der Frieden von Brest-Litowsk

Die Frage nach einem Siegfrieden oder einem Verständigungsfrieden wurde zuerst im Osten Europas aktuell. In Rußland war 1917 die absolute Herrschaft des Zaren zusammengebrochen, die Regierung des Reiches von den Bolschewiki übernommen worden.

Im März 1918 schlossen die Bolschewiki nach langen Verhandlungen in Brest-Litowsk den Frieden mit Deutschland. Er wurde, trotz des Widerspruchs weiter Teile des deutschen Volkes, ein deutscher „Siegfrieden", wie ihn Ludendorff und seine Anhänger wünschten. Rußland sollte Finnland, Estland, Lettland, Litauen, Polen und die Ukraine abtreten. Sie sollten als Pfand von deutschen Truppen besetzt bleiben, bis ein allgemeiner, umfassender Friedensschluß die endgültige Regelung brachte.

Vergeblich sprach der führende Abgeordnete der SPD, Scheidemann, im Reichstag gegen solche Regelung: „Wir kämpften zur Verteidigung unseres Vaterlandes gegen den Zarismus. Wir kämpfen noch gegen die Eroberungspläne der Entente. Wir kämpfen aber sowenig für die Zerstückelung Rußlands wie für die Unterdrückung der belgischen Unabhängigkeit ..." Um der deutschen Regierung und Heeresleitung nicht in den Rücken zu fallen, enthielt sich die SPD als stärkste Reichstagsfraktion bei der Abstimmung über den Friedensvertrag der Stimme.

Wilsons 14 Punkte

Am 8. Januar 1918 verkündete der amerikanische Präsident *Wilson* in 14 Punkten die Grundzüge eines von ihm geplanten kommenden Friedens. Die wichtigsten Gesichtspunkte waren

a) die *Selbstbestimmung* der Völker über Form und Grenzen ihrer Staaten,

b) die allgemeine *Abrüstung* in der Welt und

c) die Gründung einer Friedensliga, eines allgemeinen *Völkerbundes*, der hinfort alle aufkommenden Streitigkeiten schlichten sollte.

Für die deutsche Regierung, für die Oberste Heeresleitung (Hindenburg und Ludendorff) und die Siegfriedensanhänger hießen seine 14 Punkte aber nur: kein „ehrenvoller" Friede. – So ging der Kampf weiter.

Der deutsche Zusammenbruch

Die Entscheidung freilich, ob sie nicht doch einer Friedensregelung zustimmen sollte, glitt der deutschen militärischen Führung zunehmend aus den Händen. Der U-Boot-Krieg erreichte sein Ziel nicht. Der Sommer 1918 brachte das Scheitern der letzten großen deutschen Offensive in Frankreich, der Herbst den Zusammenbruch der Front gegen Italien und im Südosten Europas.

Am 29. September fand in Spa, dem Sitz des deutschen Hauptquartiers in Belgien, eine Besprechung zwischen Heeresleitung und Regierung statt. General Ludendorff berichtete: Es müßten sofort Waffenstillstandsverhandlungen angeknüpft werden, um einen Zusammenbruch aller Fronten zu vermeiden.

Die Führer der deutschen Parteien erfuhren jetzt – nach Siegesmeldungen bisher – zum ersten Male den ganzen Ernst der Kriegslage.

Prinz Max von Baden (1867–1929), vom 3. Oktober bis 9. November 1918 letzter Kanzler des deutschen Kaiserreichs

Telegramm Hindenburgs an den Reichskanzler Prinz Max von Baden vom 3. Oktober 1918

„Die Oberste Heeresleitung bleibt auf ihrer am Sonntag, dem 29. September d. J. gestellten Forderung der sofortigen Herausgabe des Friedensangebotes an unsere Feinde bestehen.

Infolge des Zusammenbruchs der mazedonischen Front, der dadurch notwendig gewordenen Schwächung unserer Westreserven und infolge der Unmöglichkeit, die in den Schlachten der letzten Tage eingetretenen sehr erheblichen Verluste zu ergänzen, besteht nach menschlichem Ermessen keine Aussicht mehr, dem Feinde den Frieden aufzuzwingen. Der Gegner seinerseits führt ständig neue, frische Reserven in die Schlacht.

Noch steht das deutsche Heer festgefügt und wehrt siegreich alle Angriffe ab. Die Lage verschärft sich aber täglich und kann die Oberste Heeresleitung zu schwerwiegenden Entschlüssen zwingen. Unter diesen Umständen ist es geboten, den Kampf abzubrechen, um dem deutschen Volke und seinen Verbündeten nutzlose Opfer zu ersparen. Jeder versäumte Tag kostet Tausenden von tapferen Soldaten das Leben."

gez. von Hindenburg, Generalfeldmarschall

(Nach: Ursachen und Folgen, Band II, Berlin 1959, S. 331)

Für die politische Führung des Reiches war dies eine böse Überraschung. Bisher hatte die Heeresleitung alle Fehlschläge verschleiert, denn die deutschen Truppen standen ja noch „tief in Feindesland"! So war kaum jemand auf diese sich abzeichnende Niederlage vorbereitet – weder in der Regierung noch im deutschen Volk!

Am 4. Oktober gab die Reichsregierung an die Gegner die Bitte um Waffenstillstand heraus. Sie sei bereit, auf der Grundlage von Wilsons 14 Punkten über den Frieden zu verhandeln.

Am 11. November überreichte der französische Marschall Foch, der Führer der vereinigten Ententetruppen, in einem Eisenbahnwagen mitten im Walde von Compiègne bei Paris den deutschen Unterhändlern die *Waffenstillstandsbedingungen.*

Der Waffenstillstand trat sechs Stunden nach der Unterzeichnung in Kraft. Die Bedingungen lauteten unter anderem:

Sofortige Räumung Frankreichs, Belgiens und Luxemburgs.

Räumung und Übergabe Elsaß-Lothringens innerhalb von 15 Tagen.

Aufhebung des Friedensvertrages mit Rußland.

Soldatenfriedhof des Ersten Weltkriegs in Nordfrankreich

Opfer und Folgen des Krieges

Das war das Ergebnis des vier Jahre währenden Kampfes: Mehr als 8 500 000 Männer aus vielen Ländern der Erde waren an den Fronten gefallen oder in den Lazaretten der Heimat gestorben, darunter 1 800 000 Deutsche, 1 700 000 Russen und 1 400 000 Franzosen. Dazu kamen die auf der Flucht oder vor Entkräftung umgekommenen Menschen – auch mehr als eine Million – und die vielen Millionen Verwundeten, die zu Krüppeln und Invaliden geworden waren.

Der Krieg hatte etwa 200 Milliarden Dollar gekostet – eine unvorstellbare Summe. Man hat ausgerechnet, daß für diese Summe jeder Familie in den kriegführenden Ländern ein neues, voll eingerichtetes Wohnhaus hätte gebaut werden können.

Insbesondere Frankreich und Belgien, aber auch Rußland und weite Gebiete des Balkans waren als Kriegsschauplätze furchtbar verwüstet worden. – Auch die Siegermächte trugen schwer an der Last des Krieges.

Arbeitsvorschläge

1. Fertige nach Text und Karte eine Faustskizze zum Verlauf des Ersten Weltkrieges an!

2. Vielleicht gibt es auch in deiner Familie noch Zeugnisse (Briefe, Bilder, Zeitungen) aus der Zeit des Ersten Weltkrieges. Forsche doch einmal danach!

3. Unterscheide: Waffenstillstandsabkommen – Friedensvertrag!

4. Vergleiche die Zahl der Toten des Ersten Weltkrieges mit der Einwohnerzahl deines Heimatortes, der Bundesrepublik Deutschland!

Wir merken uns

Die zunehmenden Spannungen zwischen den Großmächten in Europa führten im August 1914 zum Ausbruch des Ersten Weltkrieges. Der vier Jahre dauernde Kampf wurde mit allen Mitteln der modernen Technik geführt. Blutige Höhepunkte waren die Materialschlachten im Westen (Verdun). Der Krieg forderte auch von der Zivilbevölkerung Einsatz, Opfer und große Entbehrungen.

Das Jahr 1917 brachte durch den Kriegseintritt der USA die Wende. Der Krieg endete im November 1918 mit der Niederlage Deutschlands und seiner Verbündeten.

3 Die Anfänge der Sowjetunion

Entscheidungsjahr 1917

Die folgenden Kapitel dieses Bandes behandeln die *„Zeitgeschichte"*. Die Geschichtsforscher bezeichnen damit die *Epoche der Mitlebenden:* Es ist die Geschichte unserer Zeit, die die ältesten unserer Mitbürger noch miterlebt und mitgestaltet haben.

Als Beginn der Zeitgeschichte setzt man das Jahr 1917 – warum? Das Jahr 1917 ist ein Entscheidungsjahr der Weltgeschichte in einem doppelten Sinne.

1. Im Jahre 1917 traten die Vereinigten Staaten von Amerika in den Ersten Weltkrieg ein. Damit wurde dieser europäische Konflikt erst wirklich zu einem W e l t krieg. Vor allem aber: Die Vereinigten Staaten machten mit diesem kriegsentscheidenden Schritt unübersehbar deutlich, daß sie inzwischen *zu einer Weltmacht herangewachsen* waren. Seit 1917 wurde es den Zeitgenossen nach und nach bewußt, daß nicht mehr die Europäer die erste Rolle in der Welt spielten.

2. Im Jahre 1917 wurde auch das große zaristische Rußland zum Schauplatz eines weltgeschichtlich bedeutsamen Ereignisses: der Russischen Revolution. Damit begann nicht nur ein neuer Abschnitt in der russischen Geschichte, in dem sich die Sowjetunion zu einer zweiten Weltmacht entwickelte. Der Sieg Lenins und seiner Partei leitete vielmehr die *Teilung der Welt in zwei gegensätzliche politisch-gesellschaftliche Lager* ein, die bis 1990 bestand und deren Folgen auch unsere unmittelbare Gegenwart bestimmen.

Mit den Anfängen der Sowjetunion wollen wir uns in diesem Teil des Geschichtsbuches beschäftigen.

Arbeitsvorschlag

Beantworte bitte in kurzen Sätzen:
a) Wie kann man den Begriff *Zeitgeschichte* bestimmen?
b) Warum greift man das Jahr 1917 als Beginn der Zeitgeschichte heraus?
c) Welche beiden Ereignisse machen das Jahr 1917 zum *Entscheidungsjahr*?
d) Was bedeutet der Kriegseintritt der USA für den Verlauf des Ersten Weltkriegs, für die Rolle der USA im Weltgeschehen, für die Bedeutung der Europäer in der Weltpolitik?
e) Was bedeutete der Ausbruch der Russischen Revolution für die russische Geschichte, für die Geschichte der Welt seither?

◁ *Blick auf den Kreml in Moskau. – Der Kreml ist eine alte, dreieckige Festungsanlage, die einstige Burg der Großfürsten von Moskau, um die herum die Stadt entstand. Bis zur Zeit Peters des Großen war der Kreml Sitz der Zaren von Rußland, seit 1918 ist er wieder Regierungssitz der Sowjetunion. Die Befestigungsmauer wurde im frühen 15. Jahrhundert errichtet, die großen Kreml-Kathedralen mit den goldenen Kuppeln etwa ein Jahrhundert später. Links hinter dem Erlöserturm in der Kremlmauer (mit der großen Uhr) ist ein modernes Regierungsgebäude zu erkennen.*
Im Vordergrund fließt die Moskwa, die der Stadt den Namen gab.
Zwischen der Basilius-Kathedrale (rechts im Bild) und dem Kreml beginnt heute der Rote Platz.

Der Ursprung der Sowjetherrschaft

Zarenadler und rote Fahne

Der Niedergang des Zarenreiches

Vom Zarenadler zur roten Fahne

Im 19. Jahrhundert nahm Rußland unter den Staaten Europas eine Sonderstellung ein. Es war und blieb ein absolutistisch regierter Staat wie in der Zeit Peters des Großen. An seiner Spitze stand der Zar, der als Alleinherrscher regierte. Gleichzeitig war er das geistliche Oberhaupt aller Russen. Seine Macht stützte er vor allem auf die Armee, eine Geheimpolizei und die Beamten, aber auch auf die einflußreiche orthodoxe Kirche. Unter dem Zaren gab es eine kleine Schicht adliger Gutsbesitzer, die riesige Ländereien besaßen.

Im Oktober/November 1917 verschwand überall in Rußland der Zarenadler, das Symbol dieser absolutistischen Herrschaft. An seine Stelle trat die rote Fahne, das Sinnbild der kommunistischen Revolution. Wie kam es dazu?

Die soziale Lage im Zarenreich

So setzte sich die russische Bevölkerung um 1850 zusammen (in Mill.):

Rußland (ohne Polen, Finnland, Sibirien)	50
Adlige Gutsbesitzer	0,5
Geistliche, Beamte, Kaufleute, Handwerker	4,5
Leibeigene auf staatlichen Gütern der Krone	20
Leibeigene auf adligen Gütern	25

Die Not der Bauern

Unter einer dünnen Schicht von Gutsbesitzern lebte die Masse des russischen Volkes als Bauern. Sie waren ihren Grundherren völlig ausgeliefert, *„leibeigen"*: sie konnten gekauft und verkauft, verschenkt und (nach Sibirien) verbannt, gefoltert und geprügelt, ja, getötet werden. Einige Adelsherren hatten mehr als 500 000 „Seelen" zu eigen. Man ließ sie im Sommer 14–16 Stunden auf den Feldern und Höfen des Gutsherrn arbeiten, fünf, sechs und sieben Tage die Woche.

Russische Gutsbesitzer setzen beim Kartenspiel statt Geld ihre Leibeigenen ein. – Mit dieser Karikatur geißelte der französische Künstler Gustave Doré 1854 das Verhalten des russischen Adels. Gleichzeitig machte er auf das Schicksal der Bauern aufmerksam: Menschen, die verkauft werden konnten, konnten auch verspielt werden. – Beschreibe bitte Einzelheiten der Darstellung!

Verbannte Bauern auf dem Wege nach Sibirien (1888). – Unablässig wurde im 19. Jahrhundert der sibirische Riesenraum erschlossen, vor allem durch Verbannte. Die Bevölkerung Sibiriens stieg zwischen 1815 und 1915 von 0,5 auf 8 Millionen Menschen.

In Sibirien, im übrigen asiatischen Rußland und im Kaukasus aber lebten auch die vielen nichtrussischen Völker des Reiches. Das russische Großreich war, wie Österreich-Ungarn, ein Vielvölkerstaat.

Man vermietete sie, wenn möglich, im Winter an Manufakturen und Fabriken. Der Durchschnittspreis zu Anfang des 19. Jahrhunderts betrug 200 Rubel pro Leibeigenen, bei Frauen nur etwa ein Drittel davon.

Das alles hieß für den größten Teil des russischen Volkes: Rechtlosigkeit, Armut, Dahinleben ohne Hoffnung auf eine bessere Zukunft. Der Zar verfügte zwar 1861 die *Aufhebung der Leibeigenschaft.* Die Bauern wurden jetzt persönlich frei und erhielten auch Land zugeteilt. Aber dafür mußten sie so hohe Entschädigungen zahlen, daß die große Masse darüber verelendete. Nur eine kleine Gruppe konnte Äcker und Wiesen dazukaufen und wohlhabend werden.

Die Not der Fabrikarbeiter

Seit der Mitte des 19. Jahrhunderts gab es auch in dem Bauernland Rußland die ersten Vorboten der Industriellen Revolution. Zunächst arbeiteten, wie wir gesehen haben, Leibeigene in den Fabriken. Nach 1861 strömten dann auch viele der „befreiten" Bauern in die ersten Industriegebiete: nach Petersburg und Moskau, in das Donez-Becken und in das Ölgebiet von Baku.

Auch diese Fabrikarbeiter lebten in erbärmlichen Verhältnissen.

Die Karte zeigt Rußland um 1900. – Arbeite dich doch bitte einmal in die Aussagen dieser Karte ein! Wo ballt sich die russische Bevölkerung zusammen, in welchem Gebiet ist die Bevölkerungsdichte besonders gering? Welche Millionenstädte gibt es um 1900 bereits?

Wie verhalten sich Bevölkerungsdichte und Dichte des Eisenbahnnetzes zueinander? Welche Auswirkungen auf die Bevölkerungsdichte hat der Bau der Transsibirischen Eisenbahn offensichtlich gehabt? Wo liegen die wichtigsten, damals bekannten Bodenschätze? Wo wurde um 1900 bereits Erdöl gefördert? Wie wurde es in die Gebiete Westrußlands transportiert?

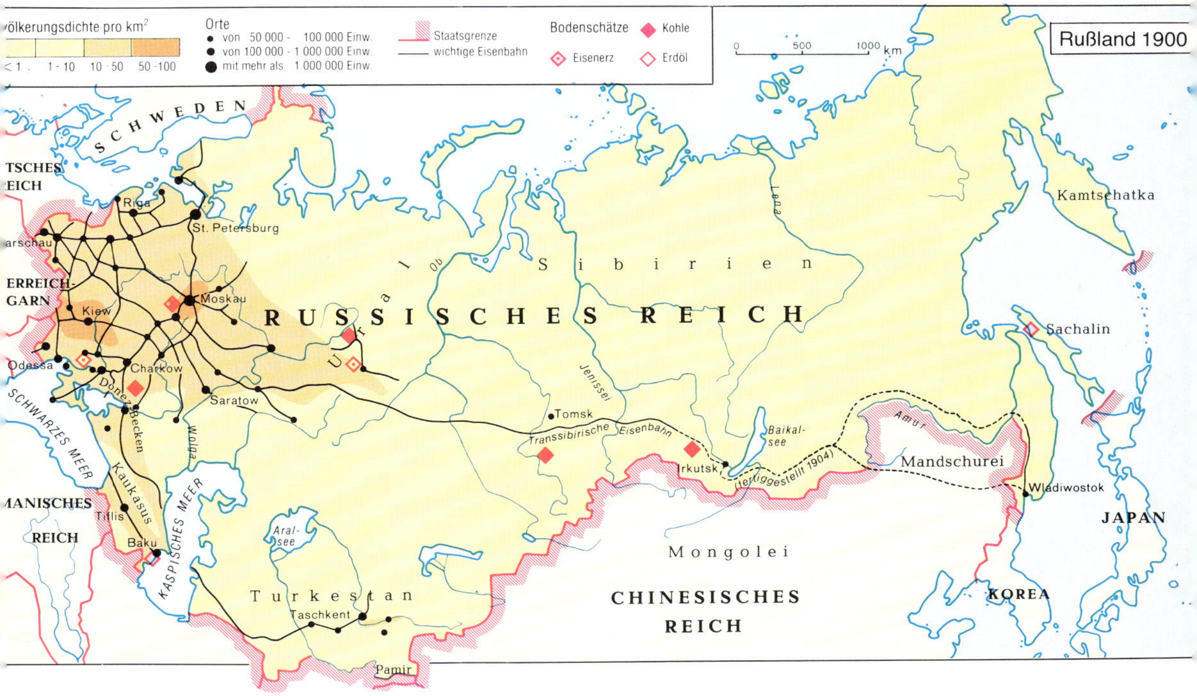

Die Lage der Arbeiter um 1900
„Die Lage der Lohnarbeiterklasse war in Rußland außerordentlich beklagenswert. Alle Formen brutalster Ausbeutung, wie sie in England, Frankreich, Deutschland in der ersten Hälfte des 19. Jahrhunderts beobachtet worden waren, traten nun auch in Rußland nicht minder akut auf. In den 1880er Jahren betrug die tägliche Arbeitsdauer der Textilindustrie $12^1/_2$ bis 15 Stunden. Die meisten Arbeiter verdienten 7 bis 8 Rubel monatlich; die höchstbezahlten Metallarbeiter brachten es auf 35 Rubel ... Für die geringsten Fehlleistungen, Verspätungen usw. zogen die Fabrikanten vom Lohn beträchtliche Bußen ab, die sie bis zum Jahre 1886 in die eigene Tasche durften fließen lassen ... Viele Unternehmer richteten den Lohn nicht in bar aus: sie zwangen die Arbeiter, Lebensmittel oft sehr schlechter Qualität zu weit übersetzten Preisen in Gegenrechnung zu nehmen (Trucksystem). Mancherorten waren die Arbeiter gezwungen, sich für enorm hohen Zins in Häusern einzumieten, die dem Fabrikanten gehörten. Eine Fabrikgesetzgebung existierte nicht. Finanzminister Bunge verbot zwar 1882 die Beschäftigung von Kindern unter zwölf Jahren; 1885 wurde in einigen Industrien die Nachtarbeit für Frauen und für Jugendliche bis zum Alter von 17 Jahren untersagt. Diese Vorschriften wurden aber praktisch kaum eingehalten, da die Fabrikinspektion sehr mangelhaft war ... Die Wohnungsverhältnisse der Proletarier waren fatal. Nur ‚gutsituierte' Arbeiter (meistens solche aus der Metallbranche) besaßen eine Ein- oder Zweizimmerwohnung. Der größte Teil der Arbeiterfamilien bewohnte nur eine ‚Ecke', das heißt den vierten Teil eines Zimmers oder Kellerraumes. In kleinen Kammern hausten oft zehn bis zwölf Menschen. Es schliefen nicht selten drei bis fünf Personen in einem Bett. Nicht gering war die Zahl jener Proletarier, die sich Nacht für Nacht eine Schlafstelle mieteten.

Die Arbeiter besaßen weder das Koalitions- noch das Streikrecht. Arbeitsniederlegung wurde, nahezu wie Meuterei, mit Gefängnis und Deportation bestraft. Dennoch fanden in den Jahren 1878–1880 etwa dreißig aufsehenerregende Streiks statt, an denen sich zeitweise rund 35 000 Arbeiter beteiligten. Ungeachtet aller polizeilichen Verfolgungen wurden auch Arbeitervereine organisiert."

(V. Gitermann, Geschichte Rußlands, 3. Band, Hamburg 1949, S. 316 f.)

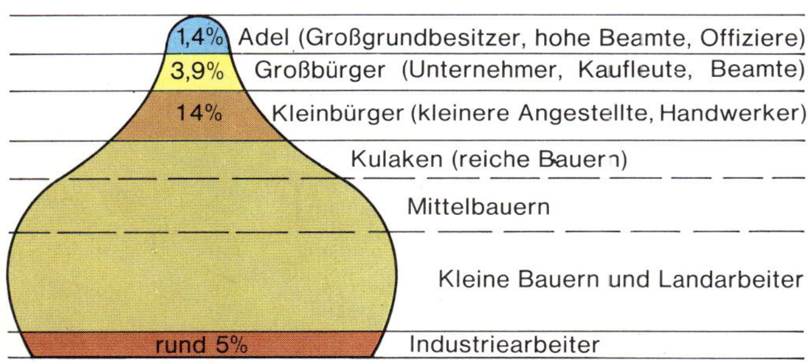

(Nach: Informationen zur politischen Bildung: 178/1978, S. 21)

Die soziale Schichtung in Rußland um 1913. – Bis 1913 hatte sich die Zusammensetzung der Bevölkerung gegenüber 1850 verändert. Das russische Reich zählte jetzt rund 140 Millionen Einwohner, von denen etwa 120 Millionen im europäischen Rußland lebten. Errechne bitte die ungefähre Zahl der Bauern, der Industriearbeiter!

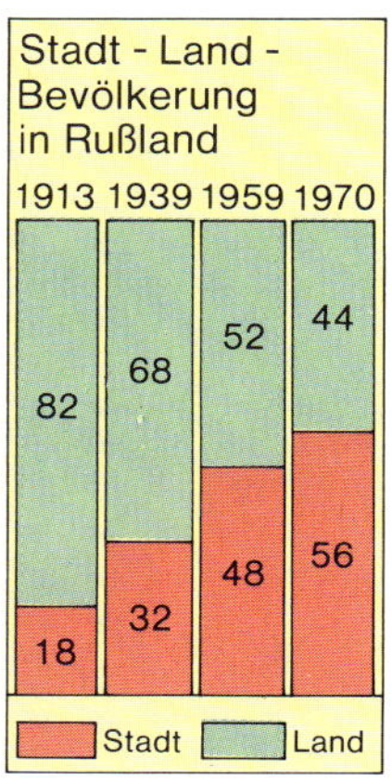

Arbeitsvorschläge

1. Sieh dir bitte die Tabelle auf S. 57 genau an:
   a) Wie ist das durchschnittliche Zahlenverhältnis zwischen adligen Gutsbesitzern und Leibeigenen auf ihren Gütern?
   b) Was kannst du über das zahlenmäßige Verhältnis von Stadt- und Landbevölkerung zu dieser Zeit erschließen?
2. Wie hat sich die soziale Schichtung bis 1913 verändert? Welches für die Landbevölkerung bedeutende Ereignis liegt dazwischen?
3. Vergleiche die Lebensbedingungen der russischen Landbevölkerung mit denen deutscher Bauern oder amerikanischer Farmer im 19. Jahrhundert!
4. Stelle die Lebensbedingungen der russischen Arbeiter um 1900 in einer Tabelle zusammen (Arbeitszeit, Arbeitslohn, Arbeitsbedingungen, Sicherheit am Arbeitsplatz, Frauen- und Kinderarbeit, Interessenvertretung, Wohnverhältnisse, Versorgung mit Lebensmitteln)!
5. Vergleiche diese Lebensbedingungen mit denen der englischen Arbeiter zu Beginn der Industriellen Revolution!

„Gesellschaftspyramide“ des Zarenreichs. – Auf diesem Flugblatt, das um 1900 entstanden ist, sind Herrscher und Beherrschte im zaristischen Rußland dargestellt. Analysiere die einzelnen Schichten der Pyramide! Von wem wird sie getragen? (Das Spruchband auf der Fahne lautet: „Wir arbeiten für Euch, wir ernähren Euch.“) Welche Herrschaftsgruppen werden symbolisch dargestellt? Wie unterscheidet sich diese „Gesellschaftspyramide“ von dem Schaubild der sozialen Schichtung?

Vorboten einer Revolution

Eine Erneuerung ging zunächst vom russischen Adel aus. Junge, aufgeschlossene Offiziere, die den Blick nach „draußen“ hatten, faßten als erste im 19. Jahrhundert den Plan, das Land zu modernisieren und es den westeuropäischen Verhältnissen anzunähern.

Die „Volksfreunde“

Ihnen folgten nach 1860 bürgerliche Studenten. Es muß in unserem Vaterland anders werden, sagten sie. Und da der Zar und die herrschenden Kreise jede Reform ablehnten und unterdrückten, griffen sie zur Verschwörung und Gewalt.

„Land und Freiheit!“ hieß ihre Parole – Land für die Bauern durch Aufteilung des gesamten Großgrundbesitzes; Freiheit für das ganze Volk! Sie gingen auf die Dörfer, um die Bauern über die Ursachen ihrer Not aufzuklären und um das Volk zur Erhebung aufzurufen.

22. Januar 1905: Petersburger Arbeiter auf dem Marsch zum Palast des Zaren. Sie tragen Bilder der Zarenfamilie und die blau-weiß-roten Fahnen Rußlands.

Diese jungen Menschen waren zum letzten entschlossen. Kinder der vornehmsten Familien brachen mit ihren Eltern, um dieser Aufgabe zu dienen. Söhne und Töchter von hohen Beamten und Offizieren schleuderten Bomben auf Minister, Generäle und die Familie des Zaren. Reihenweise standen sie vor Gericht, wurden ausgepeitscht und an den Galgen gehängt. Reihenweise wurden sie nach Sibirien in die Verbannung geschickt.

Im März 1881 fiel Zar Alexander II. dem lange vorbereiteten Bombenanschlag einiger „Volksfreunde", wie sie genannt wurden, zum Opfer. Aber der Umsturz, zu dem die jungen Leute das Zeichen geben wollten, erfolgte nicht. Es bedurfte noch langer, schwerer Erschütterungen, bevor die absolutistische Herrschaft des Zaren fiel. Es waren das vor allem zwei Kriege, die der nachfolgende Zar (Nikolaus II.) verlor: der *Russisch-Japanische Krieg* 1904–05 und der *Erste Weltkrieg.*

Der „Blutsonntag von Petersburg"

Im Krieg 1904–05 geriet die russische Wirtschaft in Unordnung. Die Versorgung der Städte mit Lebensmitteln versagte, und die Unzufriedenheit unter der Bevölkerung wuchs. In Petersburg streikten die Arbeiter und zogen schließlich zum Palast des Zaren, um eine Bittschrift zur Verbesserung ihrer wirtschaftlichen und sozialen Lage zu überreichen.

Als sie auf dem Gelände vor dem Palast zusammenströmten, schossen die zaristischen Soldaten in die Menschenmenge. Über 1000 Menschen – Frauen, Kinder und Arbeiter – wurden getötet, etwa 2000 verwundet.

Nach diesem „Blutsonntag von Petersburg" kam Rußland nicht mehr zur Ruhe. Die Regierung machte jetzt zwar schrittweise Zugeständnisse – so gestattete sie 1906 zum Beispiel die *Einrichtung eines Parlaments* mit geringfügigen Rechten –, doch das Grollen im Volk ließ sich nicht wieder beschwichtigen.

Zar Nikolaus II. und Zarin Alexandra im Krönungsornat. Mit ihnen ging die Zarenherrschaft in Rußland 1917 zu Ende.

Das Ende der Zarenherrschaft

Erinnern wir uns: Das zaristische Rußland gehörte zu den Staaten, die sich im Ersten Weltkrieg zum Kampf gegen die Mittelmächte verbündet hatten. Als 1917 eine allgemeine Kriegsmüdigkeit die Völker Europas ergriff, waren die Friedensrufe in Rußland am lautesten.

Millionen russischer Männer waren gefallen, die deutschen Armeen bis tief ins Land vorgedrungen. In den Städten hungerten die Menschen. In großen Umzügen forderten sie den Frieden.

Schließlich gehorchten im März 1917 auch die Soldaten nicht mehr. Als ihnen wieder einmal befohlen wurde, auf streikende Petersburger Rüstungsarbeiter zu schießen, erschossen sie statt dessen ihre eigenen Offiziere. Arbeiter und Soldaten verbündeten sich, stürmten Waffenlager und besetzten öffentliche Gebäude. Die Beamten des Staates verkrochen sich. Wenige Tage später dankte der Zar ab.
Die jahrhundertelange Zarenherrschaft war beendet.

Die Oktoberrevolution

Die Provisorische Regierung

In dieser Situation bildeten die Abgeordneten des Parlaments aus ihren Reihen eine neue Regierung: die *Provisorische Regierung.* Es waren – wie auch die Mehrheit der Parlamentsmitglieder – sämtlich wohlhabende Bürger: Fabrikherren, Journalisten, Rechtsanwälte, Bankbesitzer. Sie wollten den Krieg gegen Deutschland weiterführen, weil sie glaubten, ihr Vaterland bis zu einem siegreichen Ende verteidigen zu müssen.

Dagegen revoltierten die Arbeiter und Soldaten. Hatten sie dafür die verhaßte Zarenherrschaft gestürzt, um nun doch weiterkämpfen zu müssen? Überall wählten sie jetzt aus ihren eigenen Reihen Vertreter (Deputierte), deren Zusammenschlüsse sie *„Sowjets"* (Räte) nannten. Diese Sowjets stellten sich offen gegen die Provisorische Regierung.

Jetzt war die große Stunde eines Mannes gekommen, den bisher nur wenige kannten: Wladimir Iljitsch Uljanow – mit dem Decknamen *Lenin.*

Arbeitsvorschlag

Ordne die Vorgänge in Rußland in das Gesamtgeschehen des Ersten Weltkrieges ein! Arbeite Gleichzeitigkeiten heraus, indem du eine Tabelle anlegst!

Der Petersburger Sowjet auf einer Sitzung im April 1917

Lenin und die Bolschewiki

Lenin, 1870 geboren, war der Sohn eines Schulrats in einer kleinen Stadt an der Wolga. Schon als Schüler las er die Schriften von *Karl Marx* und wurde sein leidenschaftlicher Anhänger. Er studierte Jura und ließ sich 1893 als Rechtsanwalt in Petersburg nieder. Aber diesen Beruf übte er kaum aus; Lenin wurde *Berufsrevolutionär.*

Er war nicht bereit, den von Marx verkündeten Verlauf der Geschichte abzuwarten; zu warten, bis das „Proletariat" eines Tages von sich aus alle Produktionsmittel in den Besitz der Allgemeinheit überführen würde. Er wollte Geschichte *machen:* eine sozialistische Revolution herbeizwingen.

Bei der Masse der russischen Arbeiter glaubte er, nur wenig Begeisterung für einen solchen radikalen Umsturz zu finden. Zudem hinkte Rußland hinter der industriellen Entwicklung Westeuropas her, war also die Zahl der Arbeiter um 1900, wie wir wissen, verhältnismäßig klein.

Jugendbildnis Lenins (1870–1924)

Um eine solche Revolution herbeizuzwingen, bedurfte es einer Schar entschlossener, unbedingt zuverlässiger Revolutionäre. Sie mußten sich in einer zahlenmäßig kleinen, aber straff organisierten Partei zusammenfinden, die bedingungslos gehorchte. Diese Minderheit aber mußte für die Mehrheit des Proletariats handeln, die *„Diktatur des Proletariats"* für sie errichten.

Lenin war fanatisch besessen von der Wahrheit und Richtigkeit seiner Überzeugungen. Rücksichtslos setzte er sich durch. Wer nicht für ihn war, war sein Feind, mußte bekämpft werden.

Schon 1895 schlossen sich in Petersburg unter seiner Führung verschiedene marxistische Gruppen zu einem *Kampfbund zur Befreiung der Arbeiterklasse* zusammen; 1898 erfolgte die Gründung der *Russischen Sozialdemokratischen Partei* in Minsk. Zu dieser Zeit war Lenin in der Verbannung, aber auch aus Sibirien kamen seine Weisungen, behielt er seinen Einfluß.

Aus der Verbannung zurück, verließ er 1900 Rußland und lebte von nun an fast ständig im Exil. Hier schrieb er seine Bücher und Zeitungen, die nach Rußland geschmuggelt wurden und seine Lehre verbreiteten.

In London versammelten sich 1903 insgesamt 43 Delegierte zum zweiten Parteitag der Russischen Sozialdemokratischen Partei. Vor allem Lenins Auffassung über die Parteistruktur stieß auf bittere Ablehnung. Trotzki, sein damaliger Gegenspieler und späterer Kampfgefährte, fürchtete, daß Lenin eine „Diktatur *über* das Proletariat" anstrebte.

So kam es zur Spaltung der Partei. Nach einer zufälligen Abstimmungsmehrheit nannte sich die Gruppe um Lenin hinfort *Bolschewiki* (Mehrheitsgruppe), während die anderen die Bezeichnung *Menschewiki* (Minderheitsgruppe) hinnahmen. – Die Bolschewiki blieben bis 1917 eine Partei mit wenigen Mitgliedern und nur geringem Einfluß.

Im März 1917, als die Zeitungen von den Ereignissen in Petersburg und dem Ende der Zarenherrschaft berichteten, lebte Lenin in der neutralen Schweiz. Diese „bürgerliche" Regierung aber war alles andere als das, was er und seine Freunde erreichen wollten!

„Lenin raste", wie Trotzki schrieb, „in seinem Züricher Käfig, einen Ausweg suchend umher." Wie kam er heraus aus der Schweiz, um die herum überall der Krieg tobte? Wie kam er zurück nach Petersburg? Schließlich ging er zur Deutschen Botschaft in Bern und erbat für sich und seine Freunde eine Genehmigung zur Durchreise, um auf dem Wege über Stockholm seine Heimat zu erreichen.

Die deutsche Regierung genehmigte diesen Antrag! Und so rollte mitten im Krieg ein Sonderzug mit verhängten Fenstern durch Deutschland, mit 33 Russen besetzt.

Arbeitsvorschlag

Im Verständnis von Marx ist das *Proletariat* die Klasse der Industriearbeiter, die nichts besitzt als ihre Arbeitskraft, die sie gegen Lohn an die Kapitalisten verkauft. Achte bitte im folgenden darauf, mit welcher Klasse sich nach Lenins Vorstellungen das Industrieproletariat verbünden sollte!

Lenins Rückkehr nach Petersburg

Im April 1917 kam Lenin, von Schweden aus, in Petersburg an. Der Bahnhofsplatz und die angrenzenden Straßen waren mit Tausenden von Menschen gefüllt. Lenin kletterte auf ein Panzerauto und rief der versammelten Menge zu: „Es lebe die sozialistische Weltrevolution!"

Denn das, was in den letzten acht Wochen in Rußland geschehen war, erschien ihm nur als Vorspiel, als der „bürgerliche Auftakt" zur eigentlichen Musik, die er nun spielen würde: Zur revolutionären Umgestaltung Rußlands und später der ganzen Welt, im Sinne seiner Lehre und der von Marx.

Aus Lenins Programmrede vom 17. April 1917 („April-Thesen")

„1. In unserer Stellung zum Krieg, der auch unter der neuen Regierung ein räuberischer, imperialistischer Krieg bleibt, sind auch *die geringsten Zugeständnisse an die ‚revolutionäre Vaterlandsverteidigung'* unzulässig.

2. Die gegenwärtige Lage in Rußland besteht im Übergang von der *ersten Etappe der Revolution,* in der das Besitzbürgertum auf Grund eines ungenügend entwickelten Klassenbewußtseins und der ungenügenden Organisiertheit des Proletariats die Macht gewonnen hat, zur *zweiten Etappe der Revolution,* die die Macht in die Hände des Proletariats und der ärmsten Schichten der Bauernschaft legen muß.

3. Keinerlei Unterstützung der Provisorischen Regierung.

4. Aufklärung der Massen darüber, daß die Sowjets der Arbeiterdeputierten die einzig mögliche Form der revolutionären Regierung sind.

5. Keine parlamentarische Republik – von den Sowjets der Arbeiterdeputierten zu dieser zurückzukehren, wäre ein Schritt rückwärts. Wir brauchen eine *Republik der Sowjets der Arbeiter-, Landarbeiter- und Bauerndeputierten* im ganzen Lande, von unten bis oben.

6. Beschlagnahme der gesamten Ländereien der Gutsbesitzer. *Nationalisierung des gesamten Bodens im Lande.* Die Verfügungsgewalt über den Boden steht den örtlichen Sowjets der Landarbeiter- und Bauerndeputierten zu. Schaffung besonderer Sowjets von Deputierten der armen Bauern. Errichtung von Musterwirtschaften aus allen großen Gütern."

(Nach: H. J. Lieber/K.-H. Ruffmann, Der Sowjetkommunismus, Dokumente Band I, Köln 1963, S. 130ff. – Stark gekürzt)

Arbeitsvorschläge

1. Stelle die Entstehung der Partei der Bolschewiki in einem Schaubild dar!
2. Überlege bitte, aus welchen Gründen die deutsche Reichsregierung Lenin die Rückkehr nach Rußland ermöglicht haben mag!
3. Warum spielt Petersburg 1917 eine so bedeutende Rolle?
4. Arbeite bitte die „April-Thesen" durch:
   These 1: Welche Haltung nimmt Lenin in der Frage einer Weiterführung des Krieges ein? Welche Wirkung konnte er sich davon versprechen?
   These 2: Wie charakterisiert er die erste Etappe der Revolution? In wessen Hände soll die Macht in der zweiten Etappe fallen? (Welche Gruppe stellt er also gleichberechtigt neben das Proletariat?)
   These 4: Welches ist nach Lenin die einzig mögliche Form einer revolutionären Regierung?
   These 5: Welches politische System lehnt Lenin ab? (Vergleiche hierzu das Schaubild S. 83!) – Wer soll sich außer den Industriearbeitern in „Sowjets" zusammenschließen?
   These 6: Was soll mit den enteigneten Ländereien geschehen?
5. Stelle alle Textstellen zusammen, die auf Lenins Ziel verweisen, einen *Arbeiter- und Bauernstaat* zu errichten!

Bolschewisten erstürmen den Winterpalast in Petersburg (7. November 1917). – Die Erstürmung des Winterpalasts hat in der Geschichte Sowjetrußlands eine ähnliche symbolische Bedeutung wie die Erstürmung der Bastille 1789. (Das Bild entstand, als eine Theatergruppe 1920 die Szene bei Tage nachspielte.)

Der „Rote Oktober"

Planmäßig durchsetzte Lenin jetzt in Petersburg den „Sowjet", den Arbeiter- und Soldatenrat, mit seinen Anhängern. Immer heftiger kämpfte er mit seiner Hilfe gegen die Provisorische Regierung. Immer größer wurde die Zahl der Gefolgsleute, die er unermüdlich durch seine Reden warb. Und er versprach vor allem, den Krieg zu beenden!

Am 7. November 1917 (der damalige russische Kalender zeigte den 25. Oktober) besetzten die ihm ergebenen Soldaten alle wichtigen Straßenzüge in Petersburg. Der Winterpalast des Zaren, Sitz der Provisorischen Regierung, wurde umstellt und mit Geschützen beschossen. Nach Mitternacht stürmten die Soldaten den Palast. Die Minister wurden verhaftet. Nach wenigen Tagen war die Herrschaft in Rußland weitgehend in der Hand der Bolschewiki. Mit dem „Roten Oktober" hatte Lenin *seine* Revolution eingeleitet.

Die siegreichen Bolschewiki bildeten eine neue Regierung. Freilich, „Minister" sollte es nicht mehr geben – sie nannten sich *„Rat der Volksbeauftragten"*. Ihr Vorsitzender war Lenin. – Als erste Maßnahmen wurden die russischen Gutsbesitzer entschädigungslos enteignet und der Grund und Boden an die kleinen Bauern verteilt; Trotzki reiste um die Jahreswende 1917/18 im Auftrag des „Rates der Volksbeauftragten" nach Brest-Litowsk, um mit den Deutschen über einen Friedensvertrag zu verhandeln.

Arbeitsvorschläge

1. Fertige ein Schaubild: „Von der Zarenregierung zum Rat der Volksbeauftragten!"
2. Stelle noch einmal heraus: Welche Forderung hatte das russische Volk 1917 erhoben? Wie hatte sich die Provisorische Regierung dazu gestellt, wie Lenin?
3. Lenin verteilte das Land der Großgrundbesitzer an die armen Bauern und gewann unter ihnen damit viele Anhänger. Die gleiche Politik ließ Stalin 1945 in der sowjetischen Besatzungszone Deutschlands durchführen. Informiere dich!
4. Was hat Lenin mit dem Friedensschluß erreicht, was die deutsche Reichsregierung?

Die Verteidigung der Revolution

Lenins Revolution war eingeleitet, gewonnen war sie noch nicht. Auf drei Seiten erhoben sich sofort die Gegner der Revolution.

1. Die Alliierten wollten das Ausscheiden ihres großen Bundesgenossen aus dem Kriege nicht dulden und die Revolution rückgängig machen. So rückten sie ihrerseits in das Riesenreich ein. Vor allem von Osten her, von Wladiwostok aus, drangen sie tief in Sibirien vor.

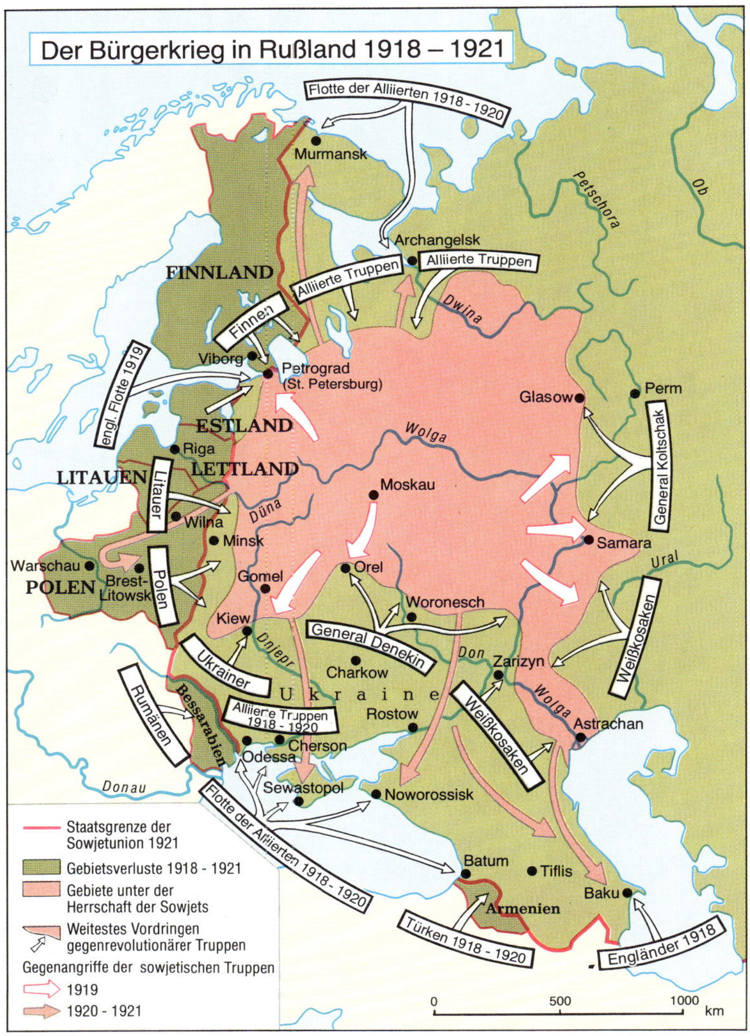

Die Karte gibt wesentliche Elemente des Bürgerkriegs wieder. Die Namen „General Koltschak" und „General Denekin" bezeichnen die stärksten Verbände der innenpolitischen Gegner nach ihren Anführern.

2. Dazu kamen die Gegner des neuen Regimes, die Generäle, die Grundbesitzer, die bürgerlichen Schichten, die jetzt in dem Umsturz enteignet und entrechtet wurden.

Leo Trotzki, Organisator der Roten Armee

3. Dazu kamen die Freiheitsbestrebungen der westlichen Völker des Reiches, der Polen, Litauer, Letten, Esten, Finnen sowie der Ukrainer, die jetzt die erwünschte Gelegenheit sahen, von dem verhaßten Rußland loszukommen. Hatte nicht der amerikanische Präsident *Wilson* als neue Parole das Selbstbestimmungsrecht aller Völker verkündet?

Dazu kamen aber auch viele Millionen russischer Arbeiter und Bauern, die gegen diese alleinige Parteiherrschaft der Bolschewiki waren.

Ein fürchterlicher Bürgerkrieg entbrannte und tobte fast drei Jahre lang (1918–21). Er hat etwa fünf Millionen Menschen das Leben gekostet. Aber mit grausamer Härte setzten sich Lenin und die Bolschewiki gegen ihre Gegner durch. Nur die Freiheitsbestrebungen der meisten westlichen Völker des Zarenreiches waren erfolgreich.

In diesem Bürgerkrieg entstand die „Rote Armee", die neue Wehrmacht der Sowjetunion. Ihr Aufbau war vor allem Trotzkis Verdienst.

Terror und Gewalt

Nach dem Sieg ihrer Revolution nannten sich die Bolschewiki *Kommunistische Partei der Sowjetunion* (KPdSU). „Sowjetunion" war der neue Name Rußlands (genau: „Union der Sozialistischen Sowjet-Republiken", UdSSR) und Moskau, die alte Hauptstadt, der Regierungssitz.

Auch nach Beendigung des Bürgerkrieges begegnete der neue Staatsführer allen Widerständen mit Terror und Gewalt.

Wie in der Zeit des Zaren bespitzelte und terrorisierte eine Geheimpolizei die Russen. Verfolgt wurde jeder, der von der „Parteilinie" abwich, die Lenin vorschrieb.

Lenin spricht vor revolutionären Arbeitern und Soldaten (1920). An der Rednertribüne rechts lehnt Trotzki.

Das Lenin-Mausoleum vor dem Kreml auf dem Roten Platz in Moskau

Die Sozialisierung

Aufruf zur Hilfe für die verhungernden Bauern des Wolgagebietes (Plakat aus dem Jahre 1921)

In ganz Rußland wurde nunmehr die *Sozialisierung* durchgeführt: die „Überführung des Privateigentums an Produktionsmitteln in das Volkseigentum". Industrielle und handwerkliche Betriebe, Bergwerke und Banken, Transport- und Handelsunternehmen wurden enteignet, überall „Sowjets" als Träger der neuen Herrschaft eingesetzt. Sie vollzogen die Weisungen des „Rates der Volksbeauftragten" in Moskau.

Auch der gesamte Grund und Boden, das eben erst gewonnene Eigentum der kleinen Bauern, wurde zum „Volkseigentum" erklärt. Die Regierung ließ die Ernte rücksichtslos beschlagnahmen, so daß den Bauern kaum das Notwendigste zum Leben blieb.

Kompromißlos führte Lenin diese Maßnahmen durch. In den Jahren 1921 und 1922 aber brach als Folge von Krieg, Zwangseintreibung und Mißernte eine große Hungersnot aus. Sie zwang den Staatsführer, die Sozialisierung etwas zu stoppen.

Mit der „neuen Wirschaftspolitik" (NEP) wurde den Bauern erlaubt, gewisse Überschüsse nicht mehr abzuliefern, sondern für den eigenen Vorteil zu verkaufen. Das gab der tief darniederliegenden Landwirtschaft einigen Auftrieb. Langsam führte der Weg des russischen Volkes wieder bergan.

Aber mitten in der Arbeit starb Lenin, knapp 54 Jahre alt. Sein Grabmal wurde zum Wallfahrtsort für Millionen Menschen. Ihm zu Ehren benannte man Petersburg, seit Peter dem Großen die Hauptstadt des Zarenreiches, in „Leningrad" um. Diesen Namen trug sie bis 1991.

Wir merken uns

Das zaristische Rußland war im wesentlichen ein Bauernland. Der Zusammenbruch dieser absolutistischen Herrschaft erfolgte während des Ersten Weltkrieges.

Auf den Trümmern des Zarenreichs errichtete Lenin (1870–1924) mit Terror und Gewalt die Herrschaft der Bolschewiki („Oktober-Revolution" 1917). Gegen vielfachen Widerstand von innen und außen verteidigte er die Revolution und leitete die Umwandlung Rußlands in eine sozialistische Republik ein (UdSSR).

Der Ausbau der Sowjetherrschaft

Die Terrorherrschaft Stalins 1924–1953

Der Nachfolger Lenins

In Rußland diktierte nun die bolschewistische Partei, herrschten die Sowjets. Aber wer würde unter den Kampfgenossen Lenins die Nachfolge antreten? Die fähigsten unter ihnen waren *Leo Trotzki* und *Josef* Dschugaschwili, genannt *Stalin.*

Stalin stammte aus ärmlichsten Verhältnissen. Er war der Sohn eines kleinstädtischen Schusters in Tiflis und sollte zunächst Priester werden. Wegen seiner sozialistischen Einstellung geriet er, wie Lenin, früh in Konflikt mit den zaristischen Behörden und brachte insgesamt fast sieben Jahre in Gefängnissen, in der sibirischen Verbannung oder auf der Flucht zu.

Nach Lenins Tod gelang es ihm mehr und mehr, die Oberhand in der Partei und in der Staatsführung zu gewinnen. Vor allem drängte er seinen Nebenbuhler aus seinen Ämtern hinaus. Im Januar 1929 erreichte er dessen Ausweisung und Verbannung aus Rußland. (Trotzki wurde schließlich 1940 in Mexiko ermordet.)

Die Gewaltherrschaft

Auch alle anderen Mitglieder in der ersten Sowjetregierung beseitigte er, zum Teil durch große „Schauprozesse“. So stieg er schließlich zum Alleinherrscher in der Sowjetunion auf. Kein Zar war so mächtig und gefürchtet gewesen wie er. Unter ihm erreichten der Terror und die diktatorische Gewalt von Partei und Staat über die einzelnen Bürger ihren schrecklichen Höhepunkt. Allein zwischen 1936 und 1938 wanderten mindestens 8 Millionen sowjetische Bürger – Angehörige aller Berufe, aller politischen Richtungen – in die Untersuchungsgefängnisse und die sibirischen Straflager der Geheimpolizei.

29 Jahre lang, bis zu seinem Tode 1953, lastete die Gewaltherrschaft Stalins schwer auf dem russischen Volk.

Stalin (1879–1953, rechts im Bild) bald nach Lenins Tod

Der russische Schriftsteller *Alexander Solschenizyn* (geb. 1918) war selbst als Häftling in einem der sibirischen Straflager Stalins. In seiner Erzählung „Ein Tag im Leben des Iwan Denissowitsch" hat er seine Erlebnisse verarbeitet. Er schildert den Tageslauf des Sträflings Iwan Denissowitsch Schuchow mit der Lagernummer S-854, hier den Ausmarsch zur Baustelle und eine Arbeitspause.

„Hier, hinter dem Lager, biß der Frost bei dem sich versteifenden Wind kräftig in Schuchows an alles gewöhntes Gesicht. Da ihm geschwant hatte, daß es einem auf dem ganzen Weg zum Kraftwerk ins Gesicht pfeifen würde, zog er das Läppchen über. Diesen Lappen trug er – wie auch viele andere – für den Fall bei sich, daß es windig wurde. Die Sträflinge hatten erprobt, daß ein solcher Lappen hilft. Schuchow umhüllte das Gesicht bis zu den Augen, führte die Streifen unter den Ohren durch und band sie am Nacken fest. Dann bedeckte er den Nacken mit dem Umschlag der Mütze und krempelte den Kragen der Wattejacke hoch. Außerdem zog er noch die vordere Klappe der ollen Mütze in die Stirn. Und so blieben nur noch seine Augen unbedeckt. Die Wattejacke zog er mit einem dünnen Strick fest an. Jetzt ist alles in Ordnung, aber die Fäustlinge taugen nichts, die Hände sind bereits erstarrt. Er rieb sie aneinander und schlug sie sich um den Körper, weil er wußte, daß man sie gleich auf den Rücken nehmen und sie den ganzen Marsch über dort behalten mußte.

Der Begleitkommandoführer leierte das tägliche Häftlings-‚Gebet' herunter, das allen zum Hals heraushing: ‚Achtung, Strafgefangene! Während des Marsches ist in der Kolonne auf Ordnung zu achten! Keine zu großen Abstände, nicht zu nahe aufrücken, nicht von einer Fünferreihe zur anderen überwechseln, sich nicht unterhalten, nicht zur Seite blicken, Hände stets auf dem Rücken! Ein Schritt nach links oder rechts gilt als Fluchtversuch; die Wachmannschaft eröffnet ohne Warnung das Feuer! Kolonnenführer, marsch!'

Und wie's sein mußte, marschierten zwei Begleitposten die Straße voraus. Die Marschkolonne schaukelte vorwärts, mit den Schultern auf und ab wippend, während die Begleitposten rechts und links im Abstand von etwa zwanzig Schritt von der Kolonne, gegenseitig etwa zehn Schritt Abstand haltend, marschierten, die Maschinenpistolen im Anschlag. Schon eine Woche hatte es nicht geschneit, der Weg war fest ausgetreten. Sie bogen um das Lager, und der Wind pfiff ihnen jetzt von der Seite ins Gesicht. Die Hände auf den Rücken verschränkt, die Köpfe gesenkt, marschierte die Kolonne wie zur Beerdigung. Zu sehen bekam man die Beine von zwei, drei Vordermännern und noch ein Fleckchen festgetrampelten Bodens, wohin man seine Füße setzte. Dann und wann schrie ein Posten laut:

‚Ju-Achtundvierzig! Hände auf den Rücken!', B-Zweiundfünfzig! Aufrichten!' Dann werden die Schreie seltener, denn der Wind zwackte auch die Posten und behinderte die Sicht. Ihnen war es nicht erlaubt, Lappen umzubinden. Auch kein angenehmer Dienst...

...

Mit dem Hinterteil seiner bereits überall durchgesessenen Wattehose richtete sich Schuchow auf der Kante einer Verschalung ein und lehnt den Rücken an die Wand. Als er ein wenig abrutscht, spannen sich Wattejacke und Weste und er spürt, wie ihn irgend etwas Hartes an der linken Brustseite, am Herzen, drückt. Dieses Harte ist die Ecke des Brotkantens, der halben Morgenportion im Innentäschchen, die er sich für den Mittag mitnahm. Es war immer die gleiche Menge, die er zur Arbeit mitnahm, ohne sich vor Mittag daran zu vergreifen ... Jetzt packte ihn die Gier, die Portion hier ... auf der Stelle zu verzehren. Bis zum Mittag waren es noch fünf lange Stunden.

Schuchow legte die Fäustlinge auf die Knie, knöpfte die Jacke auf, band seinen vereisten Gesichtsschutz vom Nacken los, knickte ihn ein paarmal und steckte ihn in die Tasche. Dann zog er den armseligen Brotkanten aus dem weißen Lappen hervor und begann, das Läppchen im Brusttäschchen haltend, damit kein Krümelchen neben den Lappen falle, kleine Bissen abzubeißen und ganz langsam zu kauen. Er hatte das Brot unter zwei Kleidungsstücken getragen, es mit seiner eigenen Körperwärme gewärmt, und so war es nicht gefroren.

In den Lagern hatte Schuchow so manches Mal daran gedacht, wie man früher im Dorf gegessen hatte: Kartoffeln – ganze Bratpfannen voll; Brei – Eisentöpfe voll, und noch früher Fleisch – anständige Batzen. Sich obendrein mit Milch vollgepumpt – mochte der Bauch ruhig platzen. In den Lagern hatte Schuchow begriffen, daß man es so nicht hätte tun sollen. Essen muß man so, daß die Gedanken ausschließlich beim Essen sind. Gerade so, wie du jetzt diese kleinen Bissen abbeißt, sie mit der Zunge ausquetschst und in den Backen aussaugst, und wie duftig dir dann dieses schwarze, nasse Brot erscheint. Das Schuchow nun [1951] schon acht Jahre ißt..."

(Nach: Alexander Solschenizyn, Ein Tag im Leben des Iwan Denissowitsch, München 1969, S. 47ff.)

Die Formung des Sowjetmenschen

Stalin regierte nicht allein durch Terror und Gewalt. Mit großem Geschick brachte er es dahin, daß auch viele Russen ihn fast so wie Lenin verehrten.

In unablässiger *Propaganda* wurde ihnen das Bild vom treusorgenden „Väterchen Stalin" eingehämmert: auf riesigen Spruchbändern an Häuserfronten und Wänden, bei Aufmärschen und Versammlungen, durch Kino, Theater, Rundfunk, Zeitungen, Illustrierte und Bücher, durch Schulungen und Aufklärungsvorträge, im Unterricht der Schulen, Betriebe und Verbände. Sorgfältig wurde alles abgeschirmt, was diese Arbeit stören konnte. Ein *„Eiserner Vorhang"* senkte sich zwischen die Menschen der Sowjetunion und die übrige Welt.

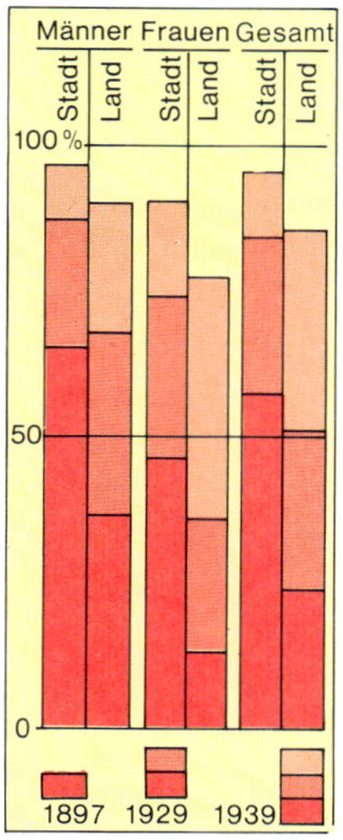

Schreib-Lesekundige in Prozenten zur Gesamtbevölkerung.

Erziehung und Volksbildung bekamen jetzt eine ganz neue Bedeutung. Unter dem letzten Zaren hatte die größere Zahl der Russen nicht lesen und schreiben können. Jetzt besuchten alle Kinder die Schule, und der Besuch der höheren Schule und der Universität war nicht mehr abhängig vom Geldbeutel des Vaters, sondern von der Intelligenz, dem Eifer – und der Einsatzbereitschaft des jungen Menschen für die Partei.

Nur durch eine breite Volksbildung konnte Stalin auch einen fähigen Nachwuchs heranziehen: vor allem Facharbeiter und Techniker, um die Industrialisierung des Landes voranzutreiben, und „Funktionäre", die bedingungslos und gehorsam die Befehle der Partei ausführten.

So erreichte Stalin die umfassende Macht der Partei – und das war letztlich seine eigene Macht – über alle Bereiche des Lebens. Diese umfassende Diktatur der Partei bzw. der Parteiführung bezeichnen wir als *Stalinismus*.

Als 1945 ein Teil Deutschlands unter stalinistische Herrschaft kam, wurde der „Stalin-Kult" auch hier zur Pflicht. – Bei einem großen Aufmarsch trägt die „Freie Deutsche Jugend" Fahnen mit seinem Bild.

Bäuerinnen und Bauern gründen „freiwillig" einen Kolchos. Beachte ihre Gesichter!

Kollektivierung und Industrialisierung

Die Kollektivierung der Landwirtschaft

Der sozialisierte Grund und Boden Rußlands wurde seit der Revolution durch etwa 25 Millionen Bauernhöfe bewirtschaftet. Diese selbständigen Bauernwirtschaften ließ Stalin seit 1927 nach und nach zerschlagen und an ihrer Stelle *Kolchosen* errichten. Das waren landwirtschaftliche Großbetriebe, von denen aus die nunmehr zusammengeschlossenen Felder bestellt wurden. Auch das Vieh der Bauern wurde in den großen Stallungen der Kolchosen zusammengefaßt.

So sollten aus den gerade selbständig gewordenen Bauern wieder abhängige Landarbeiter werden. Sie wehrten sich verzweifelt gegen das ihnen zugedachte Schicksal. Hundertausende mußte dafür büßen, indem sie zwangsweise nach Sibirien umgesiedelt wurden, wo die meisten von ihnen umkamen. Die übrigen traten schließlich „freiwillig" in die Kolchosen ein. Bis 1937 war die zwangsweise Kollektivierung der Landwirtschaft praktisch abgeschlossen.

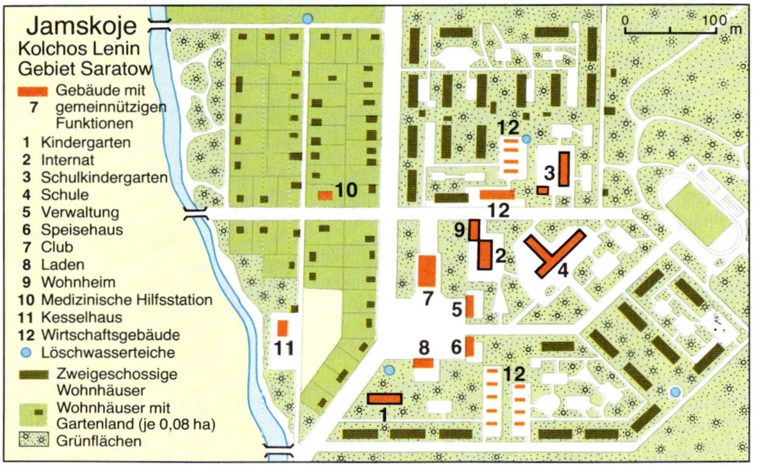

Der Musterkolchos „Lenin" bei Saratow (an der Wolga) um 1975

Traktorenwerk in Stalingrad (heute Wolgograd)

Der Aufbau der Industrie

Lenin auf dem 8. Gesamtrussischen Sowjetkongreß 1920

„Kommunismus – das ist Sowjetmacht plus Elektrifizierung des ganzen Landes. Sonst wird das Land ein kleinbäuerliches Land bleiben, und das müssen wir klar erkennen. Wir sind schwächer als der Kapitalismus, nicht nur im Weltmaßstab, sondern auch im Innern unseres Landes ... Wir werden es dahin bringen, daß die wirtschaftliche Grundlage aus einer kleinbäuerlichen zu einer großindustriellen wird. Erst dann, wenn das Land elektrifiziert ist, wenn die Industrie, die Landwirtschaft und das Verkehrswesen eine moderne großindustrielle technische Grundlage erhalten, erst dann werden wir endgültig gesiegt haben."

(Nach: H. Raupach, Geschichte der Sowjetwirtschaft, Hamburg 1964, S. 177)

Karikatur aus einem sowjetischen Schulbuch. Die Unterschrift lautet: „Das sozialistische Pferd und der kapitalistische Klepper".

Die westliche, kapitalistische Welt, Westeuropa und Nordamerika, waren hochindustrialisiert. Darin lag ihre Kraft und Stärke, dadurch beherrschten sie bisher die Welt. Nun galt es, ihren Vorsprung einzuholen, ihre Leistungen zu überholen. „Elektrifizierung", das hieß: Industrialisierung, Technisierung, Maschinisierung.

Aber durch Bürgerkrieg, Hungersnot, den unablässigen Kampf im Innern hatte Lenin nicht die Zeit gefunden, der sozialistischen Revolution die Industrielle Revolution folgen zu lassen. Sie wurde das Werk Stalins.

Was in Westeuropa in jahrhundertelanger Entwicklung gewachsen war, was sich in den USA in einem Jahrhundert vollzogen hatte, das sollte jetzt in Rußland in wenigen Jahren nachgeholt und übertroffen werden.

Arbeitsvorschläge

1. Stelle in einem Schaubild dar: Vom Leibeigenen zum Kolchosbauern! – Weise durch die „April-Thesen" nach, daß Stalin nur die ursprünglichen Absichten Lenins in die Tat umsetzte!
2. Überlege bitte: Vor welchen konkreten Aufgaben stand das sowjetische Großreich, um aus einem Bauernland einen Industriestaat zu machen?

Fünfjahrespläne

1928 begann der erste *„Fünfjahresplan"* Stalins zur Industrialisierung Rußlands. Mit ihm begann die ungeheuerlichste Aufgabe, die einem Volk von einer Regierung bis dahin gestellt worden war. Rücksichtslos ging Stalin an diese Aufgabe heran.

Kolchosbäuerin und Industriearbeiter – auf überlebensgroßen Denkmälern werden die Träger des „Arbeiter- und Bauernstaats" zu siegreich vorwärtsstürmenden Übermenschen. Beachte Hammer und Sichel, die Symbole des Sowjetstaats!

Was hieß Industrialisierung der Sowjetunion? Das hieß:
Neue Bodenschätze mußten aufgespürt und erschlossen werden – selbst im Eisboden der Tundra, in den unzugänglichen Gebirgen, den Steppen und Wäldern Sibiriens.

Es mußten Autostraßen, Eisenbahnen und Kanäle zu diesen Gebieten gebaut werden. Die riesigen Ströme mußten für eine geordnete moderne Schiffahrt reguliert werden.

Man brauchte Kraftstrom: riesige Kraftwerke waren in den Bergen und an den aufgestauten Strömen zu bauen. Hochspannungsleitungen mußten durch ganz Rußland und Sibirien gezogen und unterhalten werden.

Die alten, schon vorhandenen Industriegebiete und -werke mußten ausgebaut, erweitert und mit den neuen – sich ergänzend – verbunden werden. So entstanden die großen *Kombinate,* die verschiedene Industriezweige über Tausende von Kilometern hinweg zu einer neuartigen, riesigen Produktionseinheit zusammenschlossen.

Große Industriegebiete und Städte entstanden binnen weniger Jahre und Jahrzehnte an Orten, wo bisher niemand gewohnt hatte. Mitten im Zweiten Weltkrieg vollzog sich eine mächtige industrielle Erschließung Innerasiens.

Welch ein Unterfangen, das alles von einer einzigen zentralen Stelle aus zu planen und zu lenken! Und wer sollte, an den unwirtlichsten Stellen der Erde, unter fast unerträglichen Daseinsbedingungen, solche Aufbauarbeit leisten?

Wie viele Bauernsöhne, Fabrikarbeiter aus Moskau, Leningrad, Kiew oder Charkow, wie viele Techniker und Ingenieure gingen freiwillig etwa in die Tundra Nordsibiriens oder die Steppengebiete Zentralasiens, wo es zunächst fast nichts gab, was man zum Leben brauchte? Zur Durchsetzung solcher Pläne bedurfte es des Zwanges, des rücksichtslosen Einsatzes von Menschen – ganzer *Zwangsarbeiterheere.* Millionen von Menschen mußten mit Gewalt umgesiedelt und verpflanzt werden. Riesige Völkerwanderungen wurden erzwungen, Millionenheere von Gefangenen – politischen Gegnern und Kriegsgefangenen des Zweiten Weltkrieges – zum Aufbau dieser Industrien verbraucht.

Wir merken uns

Unter Stalin (Herrschaftszeit 1924–1953) bestand in der Sowjetunion eine Gewaltherrschaft. Terror und Zwangsarbeit lasteten schwer auf dem russischen Volk. Unter ihm wurden die russischen Bauern enteignet (Kollektivierung der Landwirtschaft), gleichzeitig aber Rußland industrialisiert (Fünfjahrespläne).

Bilder der Terrorherrschaft Stalins. – „Laßt uns die Spione und Abweichler ausrotten!" – so lautet der Aufruf auf dem Plakat aus dem Jahre 1938 (links). Als „Spion" oder „Abweichler" angezeigt zu werden, das war die ständige Angst der Menschen in der Sowjetunion. Ein entsprechender Urteilsspruch bedeutete Hinrichtung oder Deportation in ein Straf- und Arbeitslager. – Das Bild rechts zeigt eines der vielen Millionen Opfer der Terrorherrschaft. Es entstand um 1930. – Bild unten: Strafgefangene beim Ausheben eines Kanalbettes in Turkestan 1939. Ein ganzes Zwangsarbeiterheer war hier eingesetzt, um den 270 km langen Fergana-Kanal zu bauen – ohne Maschinen, nur in Handarbeit, unter dem ständigen Druck der Antreiber.

28

4 Die Weimarer Republik 1918–1933

Plakat der Deutschen Demokratischen Partei zu den Reichstagswahlen 1928

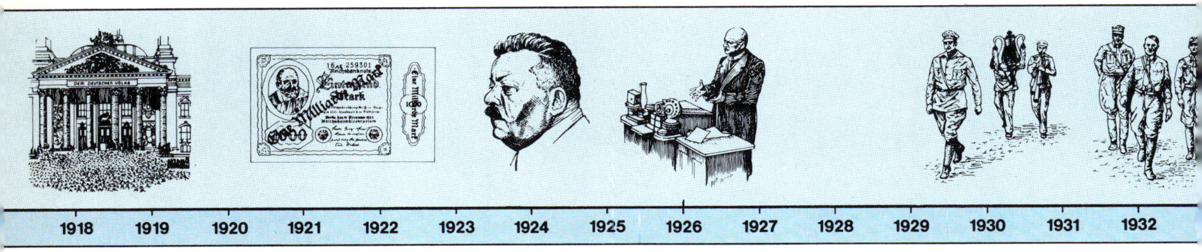

Der Weg einer Demokratie

In den Jahren 1918 und 1919 betrat das deutsche Volk den Weg einer *demokratischen* Neuordnung Deutschlands. Dieser Weg war außerordentlich schwer. Auf ihm lagen die *Belastungen,* die ein *Erbe des Kaiserreiches* waren: Hunger und Elend als Folge der vorausgegangenen Kriegsjahre, Einbußen und Verpflichtungen aufgrund eines harten Friedensvertrages. Auf ihm lagen aber auch die *Gefährdungen,* denen diese junge demokratische Ordnung durch ihre *inneren Feinde* immer wieder ausgesetzt war. Schließlich ist sie zugrunde gegangen, weil die Mehrheit unseres Volkes sich in Jahren neuer schwerer Not enttäuscht von ihr abwandte.

Über diesen Weg berichtet der vierte Teil des Geschichtsbuches.

Versuchte Neuordnungen in Europa

Die deutsche Revolution 1918/19

Arbeitsvorschlag

Lege dir eine Tabelle über das Ende des Ersten Weltkriegs an, in die du fortlaufend alle Geschehnisse einträgst, die sich nach dem Ersuchen der deutschen Regierung um Waffenstillstand ereigneten (S. 52)!

Revolution in Deutschland

Blenden wir noch einmal in den Herbst des Jahres 1918 zurück: Der Erste Weltkrieg ging auch im Westen auf das Ende zu; die deutsche Reichsregierung hatte am 4. Oktober 1918 um Waffenstillstand nachgesucht. Seit diesem Tage mußte nun jeder wissen, daß der Krieg verloren war. Schon zogen sich die deutschen Truppen in Richtung auf die deutsche Grenze zurück, gefolgt von den alliierten Soldaten. Noch immer gab es Kämpfe, Verluste.

Die deutsche Hochseeflotte aber lag in der Nordsee zum Einsatz gegen England bereit. Ruhmreich sollte sie ihren letzten Kampf bestehen – so wollten es die Offiziere. Doch die Matrosen, die Heizer, die Kanoniere murrten: Die Offiziere wollen uns jetzt, da es zu Ende geht, nur opfern. Löscht das Feuer unter den Kesseln! Macht mit dem Wahnsinn Schluß! Auf einigen Kreuzern kam es zur offenen Auflehnung. Die Schiffe kehrten in die Häfen zurück.

In den Morgenstunden des 3. November stiegen in Kiel die roten Fahnen der Revolution über den Kriegsschiffen, dem Stolz des Kaiserreichs, auf. Demonstrationszüge in den Straßen Kiels – Matrosen und Heeressoldaten verbündeten sich, Arbeiter schlossen sich an, Schüsse fielen. Am 4. November war Kiel in der Hand der Aufständischen. Die spontane revolutionäre Welle erfaßte andere Hafenstädte: Lübeck und Brunsbüttel, Hamburg und Cuxhaven, Bremen und Wilhelmshaven.

Meuternde Matrosen in Wilhelmshaven (Anfang November 1918)

Die Aufstände griffen zwischen dem 6. und 9. November auf das Reich über. Auf großen Kundgebungen trugen die Redner ihre Forderungen vor: „Wir wollen Frieden! Kein Blutvergießen mehr! Weg mit dem Kaiser! Nieder mit der Monarchie! Wir wollen Demokratie! Es lebe die Republik! Wir wollen eine Räteregierung wie in Rußland! Alle Macht den Arbeiter- und Soldatenräten!"

Arbeitsvorschläge

1. Mache dir bitte ganz klar: Das revolutionäre Geschehen vollzog sich *nach* dem Ersuchen um Waffenstillstand, aber noch *vor* dessen Abschluß!
2. Versuche bitte, Argumente für die Handlungsweise der Seeoffiziere und der Matrosen zu sammeln und gegenüberzustellen!
3. Untersuche bitte die Forderungen der Redner! Sie haben unterschiedliche Ziele. Welche Forderungen gehören dabei wohl zusammen?

Die Abdankung des Kaisers

In einem waren sich die Revolutionäre einig: der Kaiser sollte auf seinen Thron verzichten, damit es Frieden geben konnte. Politiker und Generäle legten ihm diesen Schritt nahe. Aber er zögerte und zögerte.

Schließlich verkündete *Prinz Max von Baden,* der letzte Kanzler des Kaiserreichs, eigenmächtig am 9. November 1918 die Abdankung des Kaisers und aller Hohenzollern. Die Entwicklung war inzwischen über Wilhelm II. hinweggegangen. Mit seiner Familie setzte er sich nach Holland ab, wo ihm ein Schloß als Aufenthaltsort zur Verfügung gestellt wurde. Hier starb er 1941.

Das deutsche Kaiserreich von 1871 hatte aufgehört zu bestehen.

Die „Revolution von oben"

Wie aber sollte es weitergehen? Zwei wichtige Entscheidungen waren bereits gefallen:

1. Schon im Oktober 1918 war die Verfassung in einem wesentlichen Punkt geändert worden: *Die Regierung wurde vom Vertrauen des Reichstags abhängig gemacht!* Das Parlament konnte von nun an den Reichskanzler stürzen sowie über Krieg und Frieden mitbestimmen.

2. Der letzte Kanzler des Kaiserreichs hatte am Morgen des 9. November 1918 sein Amt an den Vorsitzenden der stärksten Partei im Reichstag übergeben, an den Sozialdemokraten *Friedrich Ebert.*

Das waren Entscheidungen weniger Menschen gewesen, eine „Revolution von oben". Wie würden sich jedoch die revolutionären Massen auf den Straßen dazu stellen? An den Forderungen der Redner in den ersten Novembertagen haben wir schon erkannt, daß sie unterschiedliche Ziele verfolgten.

Seit 1916 hatte sich die SPD gespalten: in eine größere, gemäßigte Gruppe unter der Führung von Ebert und Scheidemann – die eigentliche *Sozialdemokratische Partei;* in eine radikalere Gruppe – die *Unabhängige Sozialdemokratische Partei* (USPD) und in eine Minderheit der Radikalsten – den *Spartakus-Bund* (nach dem Führer eines Sklavenaufstands im alten Rom).

Die Spartakisten wurden von dem Berliner Rechtsanwalt *Karl Liebknecht* und von einer Frau, *Rosa Luxemburg,* geführt. Mit allen Kräften drängte diese Gruppe auf einen ähnlichen Umsturz wie in Rußland hin.

Arbeitsvorschlag

Ziehe bereits jetzt einmal das Schaubild zur Entwicklung der Arbeiterparteien auf Seite 86 heran!

Rätestaat oder parlamentarische Demokratie?

Wie aber sollte die neue Republik aussehen? Führer und Anhänger der USPD setzten sich in ihrer Mehrheit dafür ein, künftig die politische Willensbildung auf der Grundlage der Arbeiter- und Soldatenräte aufzubauen. Ihnen ging es um den Ausbau eines *Rätesystems.*

Für Ebert und seine Partei aber waren diese Arbeiter- und Soldatenräte etwas Provisorisches. Seit Jahrzehnten hatte die Sozialdemokratie den Übergang zu einem vollen *parlamentarischen System* angestrebt, in dem alle Bürger ein Parlament wählen sollten und dieses Parlament – nach dem Mehrheitswillen des Volkes – eine Regierung stellte. Sie drängten darum auf die Wahl einer konstituierenden (verfassunggebenden) Nationalversammlung.

Die Diskussion wurde 1918 leidenschaftlich geführt.

Ernst Däumig (USPD) vor dem Vollzugsrat der Berliner Arbeiter- und Soldatenräte (November 1918)

„Mit dem 9. 11. ist das alte Regierungssystem zusammengebrochen ... An die Stelle dieses Systems muß das System der Arbeiter- und Soldatenräte treten. Hier muß die Macht liegen, die wir uns erobert haben. Gehen wir von dieser Voraussetzung aus, so kann sich die Neuordnung Deutschlands aufbauen auf die durch die Revolution geschaffene Regierungsgewalt, auf die Arbeiter- und Bauernräte. Wir nennen es eine sozialistische Republik, das ist vorläufig nur dekorativ. Wir haben keine Monarchie mehr, aber noch keine Republik. Die sozialistische Staatsform muß erst geschaffen werden. Auch darüber müssen wir uns klar sein. Was wir bis jetzt zurückgelegt haben, ist nur der erste Schritt. Die Klassenkämpfe bleiben nicht aus. Wir müssen heute unbedingt zur Klarheit kommen, welche Stellung wir in der ersten und wichtigsten Frage einnehmen. Es handelt sich darum, ob das, was wir erkämpft haben, eine bürgerlich-demokratische oder eine sozialistische Republik werden soll ...

Wir können uns auch nicht auf den Standpunkt einer konstituierenden Nationalversammlung stellen. Die Institution der Arbeiter- und Soldatenräte muß die gesetzgebende und gewalthabende Körperschaft bleiben."

(Nach: Jens Flemming (Hrsg.), Die Republik von Weimar, Bd. 1, Düsseldorf 1979, S. 16f.)

Max Cohen (SPD) auf dem Allgemeinen Kongreß der Arbeiter- und Soldatenräte in Berlin (Dezember 1918)

„Der Volkswille kann nur festgestellt werden durch die Nationalversammlung, zu der jeder Deutsche mit gleichem Rechte wählen kann. Die Arbeiter- und Soldatenräte drücken immer nur einen Teilwillen aus, niemals aber den Willen des ganzen Volkes. Diesen festzustellen, darauf kommt es an ...

Es sollte eigentlich für jeden Sozialisten selbstverständlich sein, und das war es auch bisher, daß der Volkswille so schnell wie möglich zur Geltung kommt ... Erst den Bolschewisten war es vorbehalten, hierin eine Änderung eintreten zu lassen ... Was hat der Bolschewismus, die Diktatur des Proletariats, in Rußland erreicht? Nach meiner Überzeugung nichts, was zur Förderung des Sozialismus, sondern nur, was dazu dienen kann, den Sozialismus auf Jahrzehnte hinaus zu diskreditieren. Rußland friert und hungert ... Man kann eben Sozialismus durch Gewalt und Dekrete nicht einführen; das hat uns das russische Beispiel gezeigt. Sozialismus ist ein organischer Entwicklungs- und Umbildungsprozeß, bei dem neue Wirtschaftsformen neben werdenden und auch alten Formen zusammen existieren werden ... Es wird nicht mehr Sozialismus durchführbar sein, als die Mehrheit des Volkes will."

(Nach: Dokumente der deutschen Politik und Geschichte ..., Band II, S. 423f.)

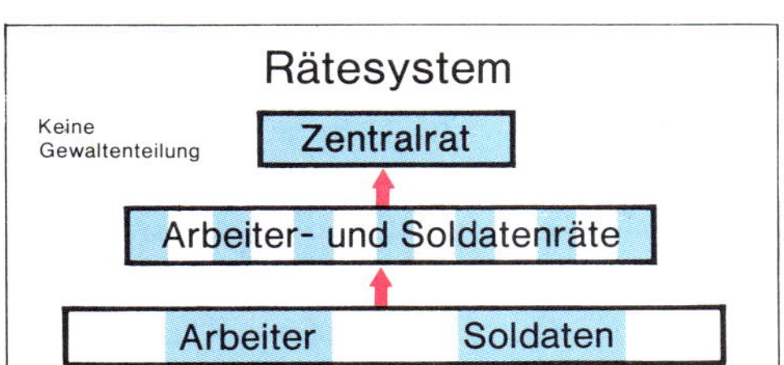

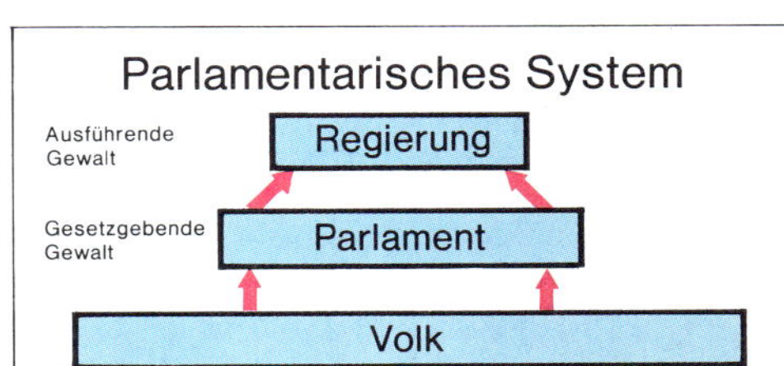

Philipp Scheidemann (SPD) ruft die Republik aus. (Das Bilddokument zeigt, daß sich Scheidemann in seinen Erinnerungen hinsichtlich des Ortes seiner Aktion geirrt hat.)

Die Ausrufung der deutschen Republik

Am 9. November 1918 waren in Berlin Tausende von Arbeitern und Soldaten unterwegs. Sie strömten zum Berliner Schloß und zum Gebäude des Reichstags.

Im Speiseraum des Reichstagsgebäudes saßen Scheidemann und Ebert – der soeben die Regierungsgewalt übertragen bekommen hatte – mit den Männern des SPD-Vorstandes beim Mittagessen. Was sich dann ereignete, berichtet uns *Philipp Scheidemann* in seinen Erinnerungen.

Mit Scheidemanns Ausrufung der deutschen Republik war die Entscheidung gegen eine Räterepublik gefallen. Als zwei Stunden später Karl Liebknecht tatsächlich „seine" Republik verkündete, blieb er erfolglos.

Wir löffelten gerade unsere Wassersuppe, da stürmte ein Haufe von Arbeitern und Soldaten in den Saal. Fünf Menschen schrien zugleich: „Scheidemann, kommen Sie gleich mit!" – Ich wehrte ab. „Du mußt, wenn Unheil verhütet werden soll!" – „Draußen stehen Zehntausende, die verlangen, daß Sie reden." – „Komm schnell, vom Schloßbalkon aus redet Liebknecht. . .!" – „Na, wenn schon!" – „Nein,, nein, kommen Sie mit!" – „Du mußt reden!" . . . „Liebknecht will die Sowjetrepublik ausrufen!" – Nun sah ich die Situation klar vor Augen. Ich kannte Liebknechts Forderungen: „Alle Macht den Arbeiter- und Soldatenräten!" – Deutschland also eine russische Provinz, eine Sowjetfiliale? Nein! Nein! Nur nicht auch das noch in Deutschland nach all dem Elend! . . . Ich trat auf den Balkon des Reichstags und sprach nur wenige Sätze:

„Arbeiter und Soldaten!

Das deutsche Volk hat auf der ganzen Linie gesiegt. Das Alte, Morsche ist zusammengebrochen; der Militarismus ist erledigt. Die Hohenzollern haben abgedankt! Es lebe die deutsche Republik!

Der Abgeordnete Ebert ist zum Reichskanzler ausgerufen worden. Ebert ist damit beauftragt worden, einen neue Regierung zusammenstellen. Dieser Regierung werden alle sozialistischen Parteien angehören. Jetzt besteht unsere Aufgabe darin, diesen glänzenden Sieg, diesen vollen Sieg des deutschen Volkes nicht beschmutzen zu lassen, und deshalb bitte ich Sie, sorgen Sie dafür, daß keine Störung der Sicherheit eintrete! Wir müssen stolz sein können, in alle Zukunft auf diesen Tag! . . . Ruhe, Ordnung und Sicherheit, das ist das, was wir jetzt brauchen! . . . Sorgen Sie dafür, daß die neue deutsche Republik, die wir errichten werden, nicht durch irgend etwas gefährdet werde! Es lebe die deutsche Republik!"

Schier endloser Jubel ertönte. Die deutsche Republik war in den Köpfen und Herzen der Massen lebendig geworden.

(Nach: Philipp Scheidemann, Memoiren eines Sozialdemokraten, Dresden 1928, S. 309f.)

Demonstration in Berlin gegen die Nationalversammlung (wohl Dezember 1918) Welche Forderungen erheben die Demonstranten?

Arbeitsvorschläge

1. Arbeite die unterschiedlichen politischen Absichten von Spartakus, USPD und SPD heraus!
2. Welche Argumente werden von den beiden Rednern jeweils für ihre Position genannt? – („Bauernräte" gab es kurzzeitig in Bayern.)
3. Benenne die Unterschiede von Rätestaat und parlamentarischer Demokratie – nach den Ausführungen von Max Cohen, nach den Schaubildern! Nimm Stellung!
4. Diskutiere die Forderung: Nicht „alle Macht den Räten", sondern „die ganze Macht dem ganzen Volk"! Sie stand 1918 in der sozialdemokratischen Zeitung „Vorwärts".

Die großen Probleme

Unterdessen hatte Friedrich Ebert am 10. November aus Vertretern der SPD und der USPD eine vorläufige Regierung gebildet. Sie stand vor schwierigen Aufgaben des Augenblicks.

Es galt vor allem, die wirtschaftliche Not nicht zu groß werden zu lassen. Die Arbeit in den lebenswichtigen Betrieben mußte weitergehen, die Versorgung der Stadtbevölkerung mit Lebensmitteln sichergestellt werden. Die Blockade der deutschen Seehäfen war trotz des Waffenstillstands von den Alliierten noch nicht aufgehoben worden; vielerorts herrschte größerer Hunger als im Kriege.

Unmittelbar zu lösen war auch die Rückführung der Fronttruppen und die Beschaffung von Arbeitsplätzen für die entlassenen Soldaten. Mehr als fünf Millionen Männer marschierten von Westen über die Rheinbrükken, kamen aus dem Osten zurück. Die Industrie hatte bis zuletzt fast ausschließlich für den Krieg gearbeitet, Frauen standen an den Werkbänken. Die Umstellung auf die Friedenswirtschaft aber konnte nicht von heute auf morgen erfolgen.

Für die Regierung stand fest, daß sie diese fast unlösbaren Probleme nur mit Hilfe der bestehenden Verwaltungen und des bestehenden Offizierskorps bewältigen konnte. So wurden die kaiserlichen Beamten und Offiziere mit Aufgaben für einen Staat betraut, dem sie eher ablehnend gegenüberstanden.

Hinzu kam die Entscheidung über die künftige Gestalt der Republik. Sie fiel im Sinne der SPD-Führer um Friedrich Ebert, als auch ein Reichskongreß der Arbeiter- und Soldatenräte in Berlin (16.–21. Dezember 1918) sich für die *parlamentarische Demokratie* aussprach.

Im nun beginnenden Wahlkampf formierten sich auch die außerhalb der Arbeiterparteien stehenden Kräfte wieder. – Der Spartakus-Bund ging am 30. Dezember 1918 in der neu gegründeten *Kommunistischen Partei Deutschlands* (KPD) auf.

Oben: Wahl-Demonstration in Frankfurt am 18. Januar 1919. Für welche Partei wird demonstriert? Welche Ziele werden herausgestellt?
Rechts: Die Spaltung der SPD. Die USPD löste sich Ende 1922 praktisch auf, wobei die Mehrheit zur SPD, eine starke Minderheit zur KPD überging.

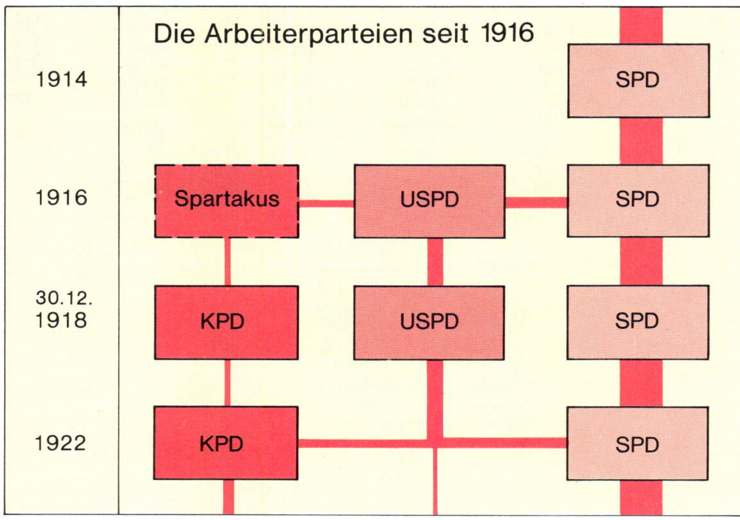

Die Wahlen zur Nationalversammlung

Die Wahlen zur Nationalversammlung fanden am 19. Januar 1919 statt. Sie ergaben einen eindrucksvollen Sieg derjenigen Parteien, die sich eindeutig zu dieser Republik bekannten: Die Sozialdemokratische Partei (SPD) erhielt 38 %, die Deutsche Demokratische Partei (DDP) 19 %, das Zentrum (Z) 20 % der Stimmen.

„Links“ von diesen Parteien stand die USPD, die nur knapp 8 % der Stimmen erreichte. Die KPD auf der äußersten Linken hatte sich an den Wahlen nicht beteiligt.

Auf der „Rechten“ standen die *Deutsche Volkspartei* (DVP), die damals noch die Republik ablehnte, mit 4 % der Stimmen und die *Deutschnationale Volkspartei* (DNVP), die den Kaiser wiederhaben wollte, mit 10 %.

Die Wahlen zur Nationalversammlung zeigten, daß die große Mehrheit des Volkes bereit war, den Weg einer demokratischen Neuordnung Deutschlands zu gehen.

Plakate vom Ende des Jahres 1918. – Betrachte und untersuche bitte zunächst die linke Darstellung: Welcher Sachverhalt hat wohl zu solchen Appellen an die Bauern geführt? – Welcher sozialen Schicht gehören die dargestellten Personen an? Welches Familienmitglied fehlt, wo ist es zu vermuten? Wie viele Kinder zeigt das Plakat, wie alt sind sie etwa? Ist diese Kinderzahl typisch für die damalige Zeit? Mit welchen Einzelheiten der Bilddarstellung wird an das „soziale Gewissen" der Bauern gerührt? Untersuche in ähnlicher Weise das rechte Plakat, das für die bevorstehenden Wahlen zur Nationalversammlung werben soll: Wer ist wohl mit dem Bombenwerfer gemeint, was mag die „Lichtgestalt" darstellen sollen?

Arbeitsvorschläge

1. Vergleiche Oktoberrevolution in Rußland und Novemberrevolution in Deutschland! Wie weit gibt es Übereinstimmungen?
   Kann man eigentlich die Vorgänge in Deutschland nach deiner Meinung als *Revolution* bezeichnen?
2. Erläutere bitte das Schaubild der Vorseite nach dem Text dieses Geschichtsbuches!
3. Setze das Ergebnis der Wahlen vom 19. Januar 1919 in ein Schaubild um! Ordne die Parteien „von links nach rechts": USPD, SPD, DDP, Z, DVP, DNVP!
   (Die Bezeichnungen „linke" und „rechte" Parteien haben ihren Ursprung in der Sitzordnung des Deutschen Reichstags von 1871 und auch bereits früherer Parlamente. Dort saßen die „fortschrittlichen" Parteien links vom Rednerpodium und die Parteien, die das Bestehende bewahren wollten, rechts.)
4. Wie entwickelte sich das Stärkeverhältnis innerhalb der Arbeiterparteien? Untersuche das Schaubild auf S. 114/115 zunächst für das Jahr 1920!
   Welche Rückschlüsse auf die Veränderung der politischen Haltung kannst du aus der Wählerwanderung ziehen?
   Was kannst du über das Verhältnis SPD–KPD im gesamten Verlauf der Weimarer Republik aussagen?

Versailles und der Völkerbund

Der Vertrag von Versailles

Am 7. Mai 1919, sechs Monate nach Beginn des Waffenstillstandes, wurden die Vertreter der neuen deutschen Republik in Versailles empfangen. Versailles – das war das Schloß Ludwigs XIV., der Ort der größten Prachtentfaltung Frankreichs. Das war das Schloß, in dem achtundvierzig Jahre zuvor unter Bismarck das deutsche Kaiserreich gegründet worden war. Dort hatten sich jetzt die Vertreter der westlichen Alliierten zu Friedensverhandlungen versammelt.

Die Bestimmungen des Friedensvertrages

Am 28. Juni 1919 – es war der fünfte Jahrestag des Mordes von Sarajewo – wurde der *Friedensvertrag von Versailles* unterzeichnet. Die wichtigsten Bestimmungen waren:

Errichtung eines Völkerbundes.

Festsetzung der neuen Grenzen der deutschen Republik und Regelung der europäischen Besitzverhältnisse. Im einzelnen hieß das:
Abtretung Elsaß-Lothringens.
Besetzung und Ausnützung des Saargebietes durch Frankreich auf 15 Jahre; nach Ablauf dieser Frist Volksabstimmung über die politische Zugehörigkeit. Abtretung der Provinzen Posen und Westpreußen an einen neuen, unabhängigen Staat Polen; unter Umständen – je nach dem Ausfall einer Volksabstimmung – auch Oberschlesiens.
Abtretung des Memellandes.
Errichtung eines Freistaates Danzig. (Ostpreußen wurde somit völlig vom Reich abgetrennt, es wurde eine „Insel" im Ausland.)
Abtretung Nordschleswigs an Dänemark (nach Volksabstimmung).

Verbot der Vereinigung Österreichs mit dem Deutschen Reich.

Verlust der Kolonien, die unter die Siegermächte verteilt wurden.

Deutschlands Einbußen durch den Versailler Vertrag

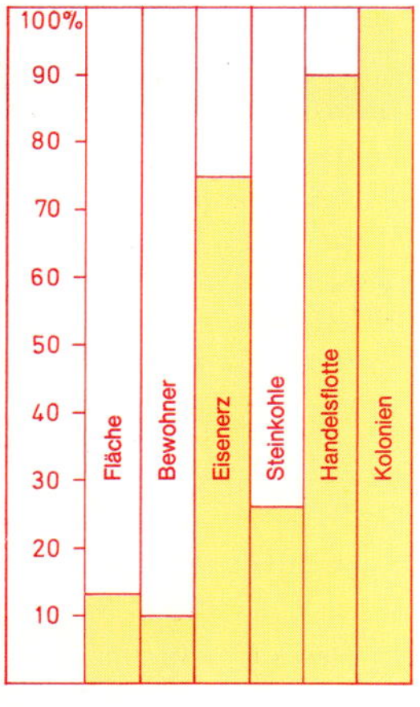

Entwaffnung Deutschlands:
Abschaffung der allgemeinen Wehrpflicht, Beschränkung der Heeresstärke auf 100 000 Berufssoldaten, Verbot aller schweren Waffen und der Luftstreitkräfte, starke Beschränkung der Marine.
Überwachung der Abrüstung durch alliierte Kontrollkommissionen.
Entmilitarisierung des gesamten linken Rheinufers und einer 50 km breiten Zone rechts des Rheins.
Besetzung des linken Rheinufers und rechtsrheinischer Brückenköpfe um Köln (5 Jahre), Koblenz (10 Jahre) und Mainz (15 Jahre).

Internationalisierung der Ströme Rhein, Elbe, Oder, Memel, Donau und des Nord-Ostsee-Kanals.

Der Kriegsschuldparagraph

Der grundlegende Paragraph des Versailler Vertrages war der § 231, der die *Kriegsschuld* einseitig auf Deutschland und die Mittelmächte legte. Deutschland mußte damit anerkennen, daß es für alle Schäden verantwortlich zeichnete, die durch den Krieg entstanden waren. Es wurde zur *Wiedergutmachung* verpflichtet, zu *Reparationen* in Form von Geldzahlungen und Warenlieferungen.

Nach einem Beschluß der Siegermächte von 1921 sollten 132 Mrd. Goldmark in 42 Jahresraten aufgebracht werden. Eine Neuregelung 1924 sah Jahresraten von etwa 2,5 Mrd. RM vor. Davon wurden bis zum Ende der Reparationen 1931/32 etwa 11 Mrd. tatsächlich bezahlt.

Die Verträge mit den übrigen Mittelmächten

Auch mit den ehemaligen Verbündeten Deutschlands wurden Friedensverträge abgeschlossen und aufgrund des Selbstbestimmungsrechts der Völker das bisherige Österreich-Ungarn in selbständige Einzelstaaten aufgeteilt. Neu entstanden jetzt die Tschechoslowakei, Ungarn und Jugoslawien.

Von dem ehemals österreich-ungarischen Staatsgebiet fielen an Polen: Galizien und das Gebiet um Teschen; an Italien: Südtirol bis zum Brenner und das Gebiet von Triest; an Rumänien: Siebenbürgen und die Bukowina (dazu Bessarabien als ehemals russisches Staatsgebiet).

Bulgarien mußte ebenfalls Gebietsverluste hinnehmen; die Türkei verlor den größten Teil ihrer bisherigen asiatischen Besitzungen.

Die Karte zeigt die Gebietsveränderungen, die durch die Friedensverträge mit den Mittelmächten festgelegt wurden.

Ebenfalls aufgrund des Selbstbestimmungsrechts der Völker erhielten Polen, Litauen, Lettland, Estland und Finnland ihre Selbständigkeit. Eine völlig neue Gebietsverteilung war damit im östlichen Europa, von der Ostsee bis zu den Dardanellen, durchgeführt. *Ein Gürtel von Klein- und Mittelstaaten war zwischen der kommunistischen Sowjetunion und den Großmächten des europäischen Westens eingeschoben.* Statt 26 europäischer Staaten zuvor gab es jetzt 33, statt 37 000 km Grenzen jetzt 53 000 km.

Arbeitsvorschläge

1. Ziehe bei einer Untersuchung des Versailler Vertrages die Karte Seite 80 heran! Ordne die Vertragsbestimmungen tabellarisch (Gebietsabtretungen, Rüstungsbeschränkungen, Sonstiges)!

2. Zwei Meinungen zum Vertrag von Versailles:
A: „Das ist nun einmal so, wer den Krieg verliert, muß zahlen! Wie ein Friedensvertrag bei einem Sieg der Deutschen ausgesehen hätte, haben wir ja bereits gesehen!"
B: „Aber man kann doch nicht von der *alleinigen Kriegsschuld* einer Seite sprechen. Aufgerüstet, und damit den Krieg geplant, haben doch schließlich alle!"
Wie stehst du dazu?

3. Untersuche und werte mit Hilfe von Informationen in Teil 5 dieses Buches (S. 148–149) die nebenstehende Tabelle!

Fläche des Deutschen Reiches (in 1000 km²)

1910	540
1920	469
1938 (Okt.)	583

Der Völkerbund

Das entsetzliche Elend, das der Weltkrieg 1914–1918 mit sich gebracht hatte, ließ vielen Menschen den Frieden als das höchste Gut erscheinen. Der Vorschlag, einen Bund aller Völker zu schaffen, der Frieden und Freiheit in der Welt garantieren sollte, fand breite Zustimmung. *Verhandlungen statt Krieg* – so lautete die Parole.

Im Januar 1920 trat in Genf der *Völkerbund* erstmals zusammen, von dreißig Nationen begründet. Jedes Jahr sollte eine Vollversammlung der Vertreter aller Mitgliedstaaten stattfinden; daneben gab es den ständigen Völkerbundsrat und eine Reihe von Ausschüssen und Einrichtungen. – Die besiegten Mittelmächte freilich durften vorerst nicht beitreten.

Manches Segensreiche hat dieser Völkerbund geleistet – in der internationalen Hilfe für Flüchtlinge zum Beispiel, die es auch nach dem Ersten Weltkrieg schon gab. Auf seinem eigentlichen Gebiet, der Friedenssicherung, aber war er nicht erfolgreich. Einige große Staaten traten ihm gar nicht oder erst sehr spät bei, zum Beispiel die USA (1934) und die Sowjetunion (1934). Und auch bei den Mitgliedstaaten siegten immer wieder der Eigennutz und das „nationale Interesse" über alle Bemühungen friedlichen Ausgleichs. Im Zweiten Weltkrieg (1939–1945) stellte der Völkerbund seine Tätigkeit schließlich ein und wurde 1946 auch formal aufgelöst.

Und dennoch war er nicht vergeblich gewesen. Der französische Außenminister Briand hat es einmal so ausgedrückt: „Jeder kleine Schritt in die Richtung des Friedens bedeutet schon einen großen Erfolg für die Völker. Mag der Schritt auch noch so klein sein, wenn man nur gewillt ist, morgen wieder einen zu tun und übermorgen noch einen und so fort, jeden Tag seines Lebens."

Wir merken uns

In der Revolution 1918/19 fiel die Entscheidung über den künftigen Weg Deutschlands zugunsten einer parlamentarischen Demokratie.

Im Juni 1919 wurde der Friedensvertrag von Versailles abgeschlossen. Er bedeutete für Deutschland neben hohen Reparationszahlungen Gebietsabtretungen an Frankreich und Polen sowie den Verlust seiner Kolonien. Gleichzeitig entstand der Völkerbund (1919–1946) als ein erster vergeblicher Versuch, alle Staaten der Erde zu einer friedlichen Gemeinschaft zusammenzufassen.

Die Weimarer Republik

Der schwere Anfang (1919–1923)

Die Nationalversammlung in Weimar

Am 19. Januar 1919 hatte das deutsche Volk seine Abgeordneten zur Nationalversammlung gewählt. Nun rief der amtierende Reichskanzler Ebert sie zu Verfassungsberatungen nach *Weimar.* In Berlin war es zu unruhig. Von den radikalen Linken war ein Generalstreik ausgerufen worden; immer wieder gab es Krawalle und bewaffnete Zusammenstöße in der Reichshauptstadt.

Am 11. Februar wählte die Nationalversammlung mit 277 (von 421) Stimmen Friedrich Ebert zum *ersten Präsidenten* der ersten deutschen Republik. Die Ansprache des neuen Staatsoberhauptes ist nachfolgend wiedergegeben:

Ansprache des Reichspräsidenten Ebert am 11. Februar 1919

„... Der Ruf, den Sie soeben an mich richten, ist ein Ruf zur Pflicht. Ich folge ihm in dem Bewußtsein, daß heute mehr denn jemals jeder Deutsche auf dem Platz, auf den er gestellt wird, seine Schuldigkeit zu tun hat. Mit allen meinen Kräften und mit voller Hingabe werde ich mich bemühen, mein Amt gerecht und unparteiisch zu führen, niemand zuliebe und niemand zuleide.

Ich gelobe, daß ich die Verfassung der Deutschen Republik getreulich beachten und schützen werde. Ich gelobe und werde als der Beauftragte des ganzen Volkes handeln, nicht als Vormann einer einzigen Partei.

Ich bekenne aber auch, daß ich ein Sohn des Arbeiterstandes bin, aufgewachsen in der Gedankenwelt des Sozialismus, und daß ich weder meinen Ursprung noch meine Überzeugung jemals zu verleugnen gesonnen bin. Indem Sie das höchste Amt des deutschen Freistaates mir anvertrauen, haben Sie – ich weiß es – keine einseitige Parteiherrschaft aufrichten wollen. Sie haben aber damit den ungeheuren Wandel anerkannt, der sich in unserem Staatswesen vollzogen hat, und zugleich auch die gewaltige Bedeutung der Arbeiterklasse für die Aufgaben der Zukunft ...

Freiheit und Recht sind Zwillingsschwestern. Die Freiheit kann sich nur in fester staatlicher Ordnung gestalten. Sie zu schützen und wiederherzustellen, wo sie angetastet wird, das ist das erste Gebot derer, die die Freiheit lieben. Jede Gewaltherrschaft, von wem sie auch komme, werden wir bekämpfen bis zum Äußersten.

Dem Gewaltprinzip zwischen den Völkern haben wir feierlich abgesagt; auch dort wollen wir, daß das Recht und die Freiheit zur Geltung kommen. Niemand soll in den Verband der Deutschen Republik gezwungen werden, aber es soll auch niemand mit Gewalt von ihr getrennt werden, den es zu ihr zieht und drängt. Nur auf das freie Selbstbestimmungsrecht wollen wir unseren Staat gründen, nach innen und außen. Wir können aber um des Rechts willen nicht dulden, daß man unseren Brüdern die Freiheit der Wahl raubt.

Die Freiheit aller Deutschen zu schützen, mit dem äußersten Aufgebot von Kraft und Hingabe, dessen ich fähig bin, das ist der Schwur, den ich in dieser Stunde in die Hände der Nationalversammlung lege. Den Frieden zu erringen, der der deutschen Nation das Selbstbestimmungsrecht sichert, die Verfassung auszubauen und zu behüten, die allen deutschen Männern und Frauen die politische Gleichberechtigung unbedingt verbürgt, dem deutschen Volke Arbeit und Brot zu schaffen, sein ganzes Wirtschaftsleben so zu gestalten, daß die Freiheit nicht Bettlerfreiheit, sondern Kulturfreiheit werde, das sei unser Streben und Ziel ...“

(Nach G. Haschke / N. Tönnies, Friedrich Ebert, Hamburg 1961, S. 128ff.)

Arbeitsvorschläge

1. Wiederhole bitte: Welche Aufgabe hatte die Nationalversammlung? (Sie blieb anschließend bis zur Wahl des ersten Reichstags 1920 das Parlament der Republik.)

2. Wo sind dir schon einmal „Nationalversammlungen“ in der Geschichte begegnet? (Denke an 1789, 1848!)

3. Welche Parteien mögen Ebert zum Reichspräsidenten gewählt haben, welche nicht? Vergleiche S. 86!

4. Erkläre bitte, wie die *Weimarer* Republik zu ihrem Namen kam!

5. Arbeite die Antrittsrede Friedrich Eberts doch einmal durch! Beantworte dabei bitte folgende Fragen:
   a) Warum nimmt Ebert den Ruf der Nationalversammlung an?
   b) Wie will er sein Amt führen?
   c) Als wessen Beauftragter fühlt er sich?
   d) Wie stellt er sich zu seiner Herkunft?
   e) Wie will er die Freiheit im Staat schützen?
   f) Wen mag Ebert meinen, wenn er davon spricht, „daß man unseren Brüdern die Freiheit der Wahl raubt“? (Du kannst auf S. 88 über das Vereinigungsverbot nachlesen.)
   g) Wie umreißt er abschließend seine Ziele?

Der Adler – Symbol auch der Weimarer Republik

Die Verfassung

Am 31. Juli beendete die Nationalversammlung in Weimar die langen, mühseligen Verhandlungen über die neue, demokratische *Verfassung* des Deutschen Reiches. Ein feierlicher Vorspruch (Präambel) leitete diese ein:

> „Das deutsche Volk, einig in seinen Stämmen und von dem Willen beseelt, sein Reich in Freiheit und Gerechtigkeit zu erneuern und zu festigen, dem inneren und dem äußeren Frieden zu dienen und den gesellschaftlichen Fortschritt zu fördern, hat sich diese Verfassung gegeben.“

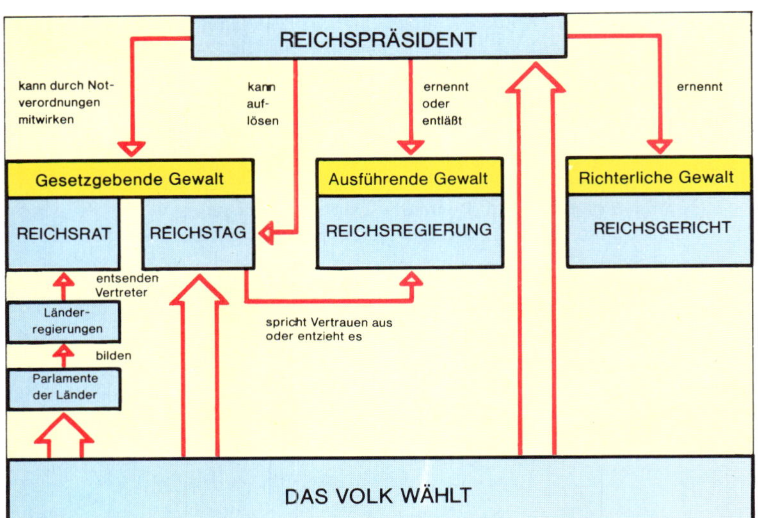

Die Verfassung der Weimarer Republik. Für den Reichspräsidenten sah die Verfassung eine besonders starke Stellung vor. In Notzeiten hatte er das Recht, unabhängig vom Reichstag sogenannte Notverordnungen zu erlassen.

„*Friedrich Ebert,* am 4. Februar 1871 in Heidelberg geboren, wächst als Sohn eines Schneidermeisters in bescheidenen Lebensverhältnissen heran. Den Wunsch zu studieren, muß sich der Junge aus dem Kopf schlagen. Er lernt das Handwerk eines Sattlers. Als Geselle geht er nach alter Sitte auf Wanderschaft und lernt in Mannheim das Elend des Industrieproletariats kennen (1889). Seit dieser Zeit beschäftigt er sich, tief bewegt von der sozialen Not, mit den Ideen von Marx und Engels. Der Wille, sich in den Dienst notleidender Menschen zu stellen, bestimmt von nun an sein Handeln. Er widmet sich der Gewerkschaftsarbeit und wird Mitglied der SPD. 1905 beruft die SPD ihn in die zentrale Parteileitung nach Berlin. Nach dem Tode Bebels (1913) wird Ebert mit großer Mehrheit zum Vorsitzenden der SPD gewählt. Gegen den radikalen Flügel der Partei erklärt die SPD unter Eberts Führung 1914, daß ‚die sozialistische Arbeiterschaft das Vaterland in der Stunde der Gefahr nicht im Stich lasse'. Zwei Söhne Eberts sind im Ersten Weltkrieg gefallen" *(Cäsar Hagener).*

Arbeitsvorschläge

1. Was bedeuten die einzelnen Formulierungen in der Präambel der Verfassung?
2. Erkläre nach dem Schaubild der Vorseite die Verfassung der Weimarer Republik!
3. Die Wahl des Reichspräsidenten durch das Volk war ein Element direkter Demokratie. Ebenso konnte das Volk durch „Volksbegehren" und „Volksentscheid" unter Umständen ein Gesetz auch gegen den Willen des Reichstags erzwingen. – Was spricht für, was evtl. gegen solche Elemente einer direkten Demokratie?
4. Wie heute die Bundesrepublik Deutschland, so bestand auch die Weimarer Republik aus einzelnen „Ländern". Stelle sie nach der Karte S. 80 zusammen! (Die drei freien Reichsstädte sind ebenfalls „Länder".)
5. Worin unterscheidet sich die Stellung eines Reichspräsidenten von der eines Kaisers?

Umsturzversuche und Gewalttaten

Kaum war die junge Republik geboren, da erhoben sich auch schon ihre Gegner.

Auf der einen Seite standen die *Anhänger des alten Kaiserstaates,* die nicht einsehen wollten, daß das Kaiserreich den Krieg verloren hatte. Nun sprachen sie vom „Verrat der Heimat an einem unbesiegten Feldheer" und nannten alle, die sich am 9. November 1918 für eine Republik ausgesprochen hatten, „Novemberverbrecher". Zu ihnen gesellten sich die *Anhänger eines „Führerstaates",* die zwar keinen Kaiser, aber einen starken Mann an der Spitze sehen wollten und die „feigen Demokraten" verachteten.

Auf der anderen Seite arbeiteten diejenigen am Sturz dieser Republik, denen die deutsche Revolution von 1918 nicht weit genug gegangen war.

Bürgerkrieg in Berlin: Spartakisten im Berliner Zeitungsviertel (Januar 1919)

Rosa Luxemburg (1871–1919)

Bereits um die Jahreswende 1918/19 erhoben sich die Spartakisten in Berlin zum bewaffneten Kampf, um die Wahlen zur Nationalversammlung zu verhindern (Bild oben). Sie wurden von nationalistisch-monarchistischen Freiwilligenverbänden (Freikorps) im Auftrag der Regierung niedergeworfen. Dabei ermordeten Angehörige von Freikorps Rosa Luxemburg und Karl Liebknecht (15. Januar 1919). Diese Vorgänge verbitterten viele Arbeiter, auch solche, die keine Kommunisten waren. Aufstände in den Industriegebieten an der Ruhr und in Mitteldeutschland waren die Folge.

Zu besonders schweren Unruhen kam es im März 1919 bei einem Generalstreik in Berlin. Wieder griffen Regierungstruppen ein. Das Ergebnis waren 1200 Tote. – Der Versuch, eine Räterepublik in Bayern zu errichten, wurde ebenfalls schnell erstickt (April/Mai 1919).

Im März 1920 fand der *Kapp-Putsch* statt: der Versuch militärischer Verbände unter Führung von monarchistischen Offizieren und Beamten, die Regierungsgewalt in ihre Hände zu bekommen. Die Antwort der Arbeiterschaft war ein Generalstreik in ganz Deutschland, nachdem die Reichswehr ihrer Verpflichtung zur Niederwerfung des Putsches nicht nachgekommen war. Der Putsch scheiterte nach vier Tagen. In Westdeutschland aber ging der Generalstreik in den bewaffneten Aufstand einer „Roten Armee“ über, die das ganze Ruhrgebiet besetzte und die Reichswehr in heftige Kämpfe verwickelte. Auch in Sachsen und Thüringen kam es zu ähnlichen Aufständen. Die Aufstände wurden niedergeschlagen.

Regierungstruppen gehen gegen sie vor.

Berliner Gedenkmarke zu Ehren Walther Rathenaus (1867–1922)

Morde an führenden Politikern der neuen Republik kennzeichnen die Jahre 1921 und 1922. Im Juni 1922 fiel einer der fähigsten Staatsmänner dieser Zeit, der Außenminister *Walther Rathenau*, rechtsradikalen Terroristen zum Opfer.

Das Jahr 1923 brachte – wiederum in Sachsen und Thüringen – den Versuch der KPD, in einer militärischen Aktion den „deutschen Oktober" zu erreichen – den Umsturz in Deutschland nach dem Vorbild der russischen Oktoberrevolution. Bewaffnete „Proletarische Hundertschaften" wurden für den Kampf gegen die Reichswehr gebildet, Vorbereitungen für die Übernahme der Regierungsgewalt getroffen. Der Einmarsch starker Reichswehrverbände verhinderte diesen Bürgerkrieg.

Im folgenden Monat war München der Schauplatz eines erneuten rechtsradikalen Putsches, zu dem sich der aus dem Ersten Weltkrieg überall bekannte General Ludendorff mit einem bis dahin in Deutschland kaum bekannten Politiker und seiner Partei zusammengetan hatte. Dieser Politiker hieß Adolf Hitler, und diese letzte größere Aktion gegen die Weimarer Republik trägt seinen Namen (vgl. S. 119).

Arbeitsvorschläge

1. Ordne die Umsturzversuche und Gewalttaten tabellarisch! Arbeite Zusammenhänge heraus!
2. Auch in unserer Gegenwart gibt es immer wieder Beispiele für die Anwendung von Mord und Gewalt in der Auseinandersetzung mit politischen Gegnern. Berichte bitte und nimm Stellung!

Geld der Inflationszeit

Die Inflation 1923

Aus einer Zeitungsanzeige 1923: „Der Bezugspreis des ‚Berliner Tageblattes' beträgt für die Woche vom 11. bis 17. November 500 Milliarden Mark bei freier Zustellung durch die Botenfrau. Wir bitten, den Betrag mit möglichst großen Scheinen zu bezahlen."

„Banknoten waren vor dem Ersten Weltkrieg durch Goldreserven gedeckt. Diese Reserven wurden im Krieg verbraucht. Trotzdem druckte die Notenpresse weiterhin Geldscheine. Das vermehrte Papiergeld besaß keine Deckung mehr. Die ‚Kaufkraft' der deutschen Mark sank. Seit 1918 wurde das Geld mit jedem Jahr, dann mit jedem Monat wertloser. Denn die Wirtschaftsgüter des Reiches waren verzehrt, aufgebraucht, oder sie mußten als Reparationen abgeliefert werden. Die ständigen Unruhen und Streiks lähmten überdies die beschränkte Wirtschaft, so daß dem Staat geringere Steuern zuflossen. Mit diesem schmalen Steueraufkommen mußte das Reich die hohen Kriegsfolgelasten begleichen. Der Staat hatte für die Kriegerwaisen und -witwen, die Kriegsversehrten, für die Alten und die Erwerbslosen zu sorgen. Die Reichsregierungen hatten einen vorläufigen Ausweg darin gesucht, einfach mehr Papiergeld zu drucken. Aber dieses Papiergeld hatte im internationalen Zahlungsverkehr längst seine Kaufkraft verloren. Ein Dollar, der 1913 einen Wert von 4,20 Mark gehabt hatte, kostete im November 1923 4 200 000 000 Mark ...

Die Geldentwertung stieg im Jahre 1923 so rasch, daß jede Woche, und schließlich sogar jeden Tag, Löhne und Preise neu festgesetzt werden mußten. Die Notenpresse konnte mit der Geschwindigkeit der Entwertung nicht mehr Schritt halten und half sich, indem sie durch einen Aufdruck Tausenderscheine in Millionen-Mark-Scheine, dann Millionen-Mark-Scheine in Milliarden-Mark-Scheine umwertete ...

Die Teuerung traf die Armen besonders hart (Zeichnung von Heinrich Zille, 1858–1929).

Im Herbst 1923 wurde in jedem Betrieb und an den Fürsorgestellen jeden Nachmittag Geld ausgezahlt. Kinder und Mütter standen schon an der Straßenecke bereit, den ‚Ernährer' zu empfangen und nach einem genauen Einkaufsplan alles Geld sofort in Ware umzusetzen. Schon am nächsten Morgen waren die Scheine, die man nicht ausgegeben hatte, so gut wie wertlos. – Wenn ein Betrieb hundert Leuten den Tageslohn auszahlen mußte, brauchte er einen großen Waschkorb voll Geld. Einmal ließen die beiden Kassenboten einer Fabrik einen solchen Waschkorb voll Geld einige Minuten unbewacht im Fabrikhof stehen. Als sie zurückkamen, war der Waschkorb gestohlen, das Papiergeld hatten die Diebe zurückgelassen. Der Korb war ihnen wertvoller als sein Inhalt.

Die Inflation verschärfte die Spannungen zwischen arm und reich. Denn die Gruppen im Volk, die Sachwerte besaßen, die Gutsbesitzer, die Großbauern, die Besitzer von Werkstätten und Betrieben, wurden durch die Inflation kaum geschädigt. Im Gegenteil! Grundbesitz, Fabrikgelände, Maschinen und Wohnhäuser blieben wertbeständig, und die Eigentümer konnten 1923 mit fast wertlosem Geld ihre Schulden leicht bezahlen. *‚So wurden die Reichen reicher, während die Armen noch ärmer wurden'* (Golo Mann) – eine Entwicklung, die den radikalen Parteien von links und rechts einen Massenzulauf von enttäuschten und verzweifelten Menschen brachte" *(Cäsar Hagener).*

Preise aus der Inflationszeit

Preise für 1 kg Brot

im Dezember 1913	26 Pfennig
im Dezember 1914	32 Pfennig
im Dezember 1915	40 Pfennig
im Dezember 1916	34 Pfennig
im Dezember 1917	45 Pfennig
im Dezember 1918	53 Pfennig
im Dezember 1919	80 Pfennig
im Dezember 1920	2,37 Mark
im Dezember 1921	3,90 Mark
im Dezember 1922	163 Mark
im Januar 1923	250 Mark
im Februar 1923	389 Mark
im März 1923	463 Mark
im April 1923	474 Mark
im Mai 1923	482 Mark
im Juni 1923	1 428 Mark
im Juli 1923	3 465 Mark
im August 1923	69 000 Mark
im September 1923	1 512 000 Mark
im Oktober 1923	1 743 000 000 Mark
im Nov. 1923	201 000 000 000 Mark

Lebensmittel- und andere Preise in Berlin (Juni 1923)

1 Pfund Rindfleisch	8 500–12 000 Mark	
1 Pfund Kalbfleisch	6 800–10 000 Mark	
1 Pfund Hammelfleisch	7 000– 9 000 Mark	
1 Pfund Schweinefleisch	9 000–10 500 Mark	
1 Pfund Molkereibutter	13 000–15 000 Mark	
1 Pfund Margarine	7 600– 9 600 Mark	
1 Pfund Schmalz	12 000–12 400 Mark	
1 Pfund Rindertalg, ausg.	9 200–10 000 Mark	
1 Pfund Pflanzenfett, lose	9 000– 9 500 Mark	
1 Pfund Speisekartoffeln	112– 130 Mark	
1 Pfund Kaffee, geröstet	26 000–36 000 Mark	
1 Pfund Tee	30 000–48 000 Mark	
1 Pfund Kakao	7 500–14 000 Mark	
1 Pfund Zucker	1 400– 1 550 Mark	
1 Pfund Weizenmehl	1 900– 2 600 Mark	
Markenbrot (1900 g)	2 500 Mark	
Markenschrippe	80 Mark	
Milch, 1 Liter	1 440 Mark	
Briketts, 1 Zentner	11 430 Mark	(frei Keller)
Gas, 1 cbm	1 200 Mark	
Strom (Licht und Kraft)	2 000 Mark	

Straßenbahn: 600, Kind 300 Mark
Hochbahn: III. Kl. 250 und 350 Mark
II. Kl. 350 und 450 Mark
Omnibus: 600 und 800 Mark (ab Montag)
Droschken: Kraftdroschke 7000 Mark,
Pferd 4000 Mark Taxe
Brief (Porto): Berlin 40 Mark, außerhalb 100 Mark
Automatengespräch: 60 Mark

Nach: Hans Ebeling (oben); Ursachen und Folgen, Band V, München 1960, S. 532 f. (rechts)

Geldtransport in Waschkörben

Bild oben: Französische Truppen bei der Besetzung Duisburgs, hier der Einmarsch auf dem Rathausplatz. Darunter ein Plakat mit dem Aufruf zum passiven Widerstand

Der Ruhrkampf

Die wirtschaftliche Not und besonders die Inflation hingen eng mit der äußeren Bedrängung der deutschen Republik durch die Siegermächte zusammen.

Am 26. Dezember 1922 stellte die „Internationale Reparationskommission" Rückstände in der Holzablieferung fest, desgleichen am 7. Januar 1923 in der Kohlenablieferung. Am 10. Januar rückten daraufhin französische Truppen in das Ruhrgebiet ein. Nun wollten die Franzosen selbst die Abfuhr der Ruhrkohle übernehmen. Die Reichsregierung rief zum *passiven Widerstand* aller Deutschen des Ruhrgebietes gegen die Gewalt auf.

Der *„Ruhrkampf"* entbrannte. Die Franzosen antworteten mit harten Maßnahmen: Es gab Verhaftungen und Standgerichtsurteile; es kam zu Schießereien und Todesopfern. Tausende „widerspenstiger" Beamter und Angestellter wurden ausgewiesen. Aber die zerrüttete deutsche Währung zwang die Reichsregierung, den Ruhrkampf am 26. September 1923 erfolglos abzubrechen; alle Streikenden und Ausgewiesenen mußten ja vom Reich unterhalten werden.

Arbeitsvorschläge

1. Arbeite bitte die Preistabellen auf der Vorseite durch!
   a) Wie entwickelte sich der Brotpreis in der Kriegszeit? Wann begann die Inflation zu „galoppieren"?
   b) Welche Preise der Berliner Markthallen erscheinen dir im Vergleich besonders niedrig, welche besonders hoch? Welche zusätzlichen Informationen über Berliner Verkehrsverhältnisse kannst du der Tabelle entnehmen?

2. Auch heute wird das Wort *Inflation* häufig gebraucht, manchmal in der Formulierung „schleichende Inflation". Was mag damit gemeint sein? Wie unterscheidet sich unsere Zeit aber von der Inflationszeit 1923?

Der französische Außenminister Briand und der deutsche Außenminister Stresemann. Beide Staatsmänner setzten sich leidenschaftlich für die Verständigung ihrer Völker ein und erhielten 1926 gemeinsam den Friedensnobelpreis.

Die Jahre der Stabilisierung (1924–1929)

Verständigungspolitik

Die Jahre von 1919 bis 1923 waren die *Krisenzeit,* in der es immer wieder um die Frage ging: wird die junge deutsche Republik diese Notzeit durchstehen? Dann begann die Zeit des Aufstiegs.

Unter *Gustav Stresemann* vollzog sich die Wende. Er übernahm im August 1923, in der schwersten Zeit des Ruhrkampfes, als Reichskanzler und Außenminister die Hauptlast der Regierung. Er beendete den vergeblichen Widerstand gegen die Ruhrbesetzung und leitete eine Neuordnung der Finanzen ein.

Stresemann wußte, daß ihm und seiner Regierung das Aufgeben des Ruhrkampfes schwere Angriffe eintragen würde: „Der Mut, die Aufgabe ... verantwortlich auf sich zu nehmen, ist vielleicht mehr national als die Phrasen, mit denen dagegen angekämpft wurde ... Aber was fehlt uns im deutschen Volke? Es fehlt der Mut zur Verantwortlichkeit.“ Wenig später wurde seine Regierung gestürzt; Stresemann konnte jedoch als Außenminister in der neuen Koalition weiterarbeiten.

Der ungedeckte Fehlbetrag des Reiches betrug 589 Trillionen Mark. Ende November 1923 erfolgte eine *Währungsreform:* eine neue Mark, die sogenannte „Rentenmark“ (später „Reichsmark“), wurde eingeführt. Sie ersetzte jeweils 1 Billion Papiermark. Mit dem *„Wunder der Rentenmark“* begann die allmähliche wirtschaftliche Erholung Deutschlands.

Der „Simplicissimus“, eine satirische Zeitschrift, feierte auf seiner Titelseite den „Retter Stresemann“.

Nach dem Ruhrkonflikt ging Stresemann einen anderen Weg, den der *Verständigungspolitik.* In unablässigen, mühsamen Verhandlungen mit den Staatsmännern der Alliierten erreichte er langsam ein besseres Verständnis für die Notlage der Republik. In zahllosen Konferenzen wurden die Reparationen gesenkt. Neue Handels- und Wirtschaftsverträge wurden abgeschlossen: mit England, der Sowjetunion, Italien, schließlich auch mit Frankreich. Die vorzeitige Räumung der besetzten Gebiete des Rheinlandes wurde durchgesetzt. 1926 erreichte Stresemann als seinen größten Erfolg die Aufnahme Deutschlands in den Völkerbund. Seine Verständigungspolitik wurde freilich nicht von allen Deutschen anerkannt; auch Schmähungen und Beschimpfungen waren das Echo.

Stresemann spricht auf einer Vollversammlung des Völkerbundes in Genf.

Reim der politischen Gegner Stresemanns um 1925:

„Stresemann – verwese man!“

Bericht des Chefdolmetschers Schmidt über die Aufnahme Deutschlands in den Völkerbund

Die Vollversammlung tagte bereits seit einer halben Stunde. Soeben war von dem Präsidenten der formelle Beschluß dieses Weltparlamentes verkündet worden, daß Deutschland (in den Völkerbund) aufgenommen worden sei. – „Ich bitte die deutschen Delegierten, nunmehr ihre Plätze einzunehmen“, tönte seine Stimme aus dem Lautsprecher in der engen Wandelhalle, wo wir, die deutsche Delegation, warteten. Der große Augenblick war gekommen. Eine kleine Tür öffnete sich, die den Blick in einen großen, dunkel getönten Saal mit mehreren übereinanderliegenden Rängen freigab ... Die Tribünen waren überfüllt. Die hellen Sommerkleider der Frauen und einige weiße Turbane aus Indien oder Arabien leuchteten als bunte Flecken in der Menge auf, die fast regungslos und schweigend dasaß.

Ich sah noch, wie Stresemann sich plötzlich aufrichtete und dann als erster Deutscher – im wahrsten Sinne des Wortes – über die Schwelle der kleinen Tür hinweg in den Völkerbund eintrat. Bei seinem Erscheinen setzte im ganzen Saal ein wahrer Beifallssturm ein. Von allen Seiten wurde geklatscht und Bravo gerufen. Nur mit Mühe konnten sich die drei deutschen Delegierten durch die Masse der ausländischen Völkerbundsvertreter den Weg zu ihren Plätzen bahnen. Alle wollten ihnen die Hände schütteln und ihnen persönlich zu diesem großen Ereignis Glück wünschen. Inzwischen tobte das Publikum auf den Tribünen, Tücherwinken, Hüteschwenken, „Bravo, Stresemann!“ – Zurufe mit fremdländischen Akzentuierungen. Eine Szene, wie sie sich im Völkerbund noch nie abgespielt hatte ...

Atemlose Spannung herrschte, als Stresemann auf die Rednertribüne zuschritt. Verhalten, fast scheu begann er zu sprechen, doch nach wenigen Sätzen bekam seine Stimme einen warmen Ton ... „Es kann nicht der Sinn einer göttlichen Weltordnung sein, daß die Menschen ihre nationalen Höchstleistungen gegeneinander kehren und damit die allgemeine Kulturentwicklung immer wieder zurückwerfen ... Deutschland wünscht, mit allen Nationen, die im Rate des Völkerbundes vertreten sind, auf der Grundlage gegenseitigen Vertauens zusammenzuarbeiten ...“

Dann betrat der französische Außenminister Briand die Rednertribüne, leicht gebeugt, mit etwas struppigem Haar und herabhängendem Schnauzbart. Ein kleiner unscheinbarer Mann. Aber schon nach den ersten Worten wurde er ein anderer. Er kannte keine Rednerpose, jeder im Saal hatte zunächst das Gefühl, als wenn sich Briand mit ihm persönlich unterhielte. „Was bedeutet nun dieser heutige Tag für Deutschland und für Frankreich? Das will ich Ihnen sagen:
Es ist jetzt Schluß mit jener langen Reihe schmerzlicher und blutiger Auseinandersetzungen, die die Seiten unserer Geschichte beflecken, es ist Schluß mit dem Krieg zwischen uns, Schluß mit den langen Trauerschleiern, keine Kriege, keine brutalen Gewaltlösungen soll es von jetzt ab mehr geben. Ich weiß, daß Meinungsverschiedenheiten zwischen unseren Ländern auch heute noch bestehen, aber in Zukunft werden wir sie genauso wie die Einzelpersonen vor dem Richterstuhl in Ordnung bringen. Deshalb sage ich: fort mit den Gewehren ..., den Kanonen! Freie Bahn für die Versöhnung, die Schiedsgerichtsbarkeit und den Frieden!“

(Nach: Paul Schmidt, Statist auf diplomatischer Bühne 1923–1945, Bonn 1954, S. 115ff.)

Dieses Plakat druckte die Deutschnationale Volkspartei Ende 1924.

Der Tod Friedrich Eberts

Ein anderer großer Politiker der Weimarer Republik war inzwischen durch die Angriffe seiner Gegner von rechts und links förmlich zu Tode gehetzt worden: Reichspräsident Friedrich Ebert. Hier ist eine Auswahl der Schimpfwörter, mit denen haßerfüllte Deutsche in Zeitungen und Flugblättern, an ihren Arbeitsplätzen und Stammtischen über ihn herzogen: „Schusterjunge", „versoffener Sattlergeselle", „Dolchstoßmörder", „Landesverräter", „vollgefressener Lump", „roter Hund", „Arbeiterverräter", „Judas der Arbeiter". Am härtesten traf es ihn, daß er in einer sächsischen Zeitung als „Landesverräter" beschimpft wurde, weil er sich 1918 an einem Munitionsarbeiterstreik in Berlin beteiligt hatte. Er hätte, so hieß es, damit zum „Dolchstoß" in den Rücken der kämpfenden Front und so zur deutschen Niederlage im Ersten Weltkrieg beigetragen. Daß Ebert in Wahrheit der Streikleitung nur beigetreten war, um den Streik zu beenden, wurde verschwiegen. Ebert stellte Strafantrag. Der Prozeß fand in Magdeburg statt und dauerte vom 9. bis zum 23. Dezember 1924. Das Gericht vertrat in seinem Urteilsspruch die Auffassung, daß Friedrich Ebert mit seinem Eintritt in die Streikleitung tatsächlich Landesverrat begangen hätte! Jetzt durfte jeder den deutschen Reichspräsidenten als „Verräter" bezeichnen. Eine Flut hetzerischer Schmähungen ergoß sich seit Weihnachten 1924 – seit der Verkündung des Gerichtsurteils – über ihn. Ebert legte Berufung ein und kämpfte ohne Rücksicht auf die angegriffene Gesundheit um seine Ehre. Ehe jedoch erneut verhandelt werden konnte, starb der erste Präsident der Weimarer Republik am 28. Februar 1925 an einer verschleppten Krankheit.

Arbeitsvorschläge

1. Gib die Ausführungen Stresemanns und Briands vor dem Völkerbund mit deinen Worten wieder!
2. Seit 1973 gehört die Bundesrepublik Deutschland dem heutigen „Bund der Völker" an. Welchen Namen hat dieser?
3. Versuche die aufgeführten Schmähungen Eberts zu ordnen! Welche mögen von rechts, welche von links gekommen sein?

Zwei Aufnahmen aus dem Jahre 1928. – Den Personenwagen links brachte die Hannoversche Maschinenbau Aktiengesellschaft (Hanomag) in Hannover-Linden heraus. Auch dieses kleine billige Auto (Spitzname: Kommißbrot) trug zur Motorisierung in Deutschland bei. Rechts der Flughafen Tempelhof in Berlin mit einer Ganzmetall-Verkehrsmaschine der Fa. Junkers. Zur „Lufthansa" hatten sich 1926 mehrere private Gesellschaften zusammengeschlossen. – Bild auf der rechten Seite oben: Liebenswerter Humor der Zeit. George Grosz, sonst ein bissiger Gesellschaftskritiker, entwarf diesen „Schutzmann" 1922 als Vorlage für die Figur eines Theaterstücks.

Der wirtschaftliche Aufstieg

Die Stabilisierung der Mark brachte die deutsche Wirtschaft in einen deutlichen Aufwind. Das Vertrauen in die Währung förderte die Bereitschaft zur Investition.

Die Industriewerke wurden mit neuen Maschinen ausgestattet und „rationalisiert", die Verkehrsverbindungen ausgebaut, der Mittellandkanal quer durch Deutschland gezogen. Der Autoverkehr entwickelte sich, die Luftfahrt nahm einen Aufschwung (Ganzmetall-Flugzeuge, Zeppelinflüge nach Amerika und um den Erdball).

In der Elektrotechnik und der Chemie wurde Deutschland wieder führend auf dem Weltmarkt. 1929 hatte die Ausrüstung der Landwirtschaft mit Maschinen den zehnfachen Stand der Vorkriegszeit erreicht.

Der soziale Fortschritt

Neben diesem wirtschaftlichen Wiederaufstieg waren die *Sicherung des Arbeitsfriedens* und der *Ausbau der sozialen Fürsorge* beachtenswerte Leistungen dieser Zeit.

In den Betrieben wurde jetzt grundsätzlich die tägliche Arbeitszeit auf 8 Stunden verkürzt. Die Gewerkschaften wurden als berufene Vertreter der Arbeitnehmer anerkannt. Die Löhne wurden nicht mehr vom Fabrikherrn festgesetzt, sondern in allgemeinen *Tarifverträgen* ausgehandelt. Schlichtungsstellen und Arbeitsgerichte sorgten für friedliche und gerechte Beilegung von Konflikten. 1927 wurde schließlich eine gesetzliche *Arbeitslosenversicherung* eingeführt.

Alles das erscheint uns heute als selbstverständlich. Aber es war, gegenüber der Zeit vor dem Weltkriege, ein wahrhaft revolutionärer Fortschritt. Jetzt fanden auch Bismarcks Arbeiterschutzgesetze ihre entscheidende Fortführung. Für viele Arme und Hilflose war zu sorgen: für 1,4 Millionen

Kriegsverletzte, die nur zum Teil noch arbeitsfähig waren, für 2,5 Millionen Witwen und Waisen, für die Deutschen aus dem Ausland und den verlorengegangenen Kolonien, für über 300 000 Kleinrentner, deren mühsam gespartes Alterskapital in der Inflation zerflossen war!

Ein sehr großer Teil der Einnahmen des Reiches floß jetzt in die Fürsorge hinein. Die Sozialversicherung, die Krankenversicherung, die Hilfe für werdende Mütter, für Säuglinge, Krüppel und andere Hilfsbedürftige wurden durch neue Gesetze von Staats wegen festgelegt und ausgebaut. Bald hob sich die Volksgesundheit, die in den Kriegs- und ersten Nachkriegsjahren so gelitten hatte, wieder auf den Vorkriegsstand. Die Sterblichkeit der Säuglinge und der Tbc-Kranken sank durch diese Maßnahmen auf die Hälfte der Vorkriegsziffer.

Die Jugendfürsorge und Jugendpflege wurden ausgebaut. Überall baute man jetzt Jugendherbergen. 1930 besaß Deutschland die fünffache Zahl von Sport- und Spielplätzen gegenüber 1914.

Gegen den Preiswucher wurden Mieterschutzgesetze erlassen, die die Mietpreise und die Unkündbarkeit der Wohnung sicherten. Wichtiger aber war die unablässige Schaffung neuen Wohnraumes. Viele Wohnviertel in unseren Städten stammen aus dieser Zeit; man erkennt sie meist schon an ihrer (damals neuartigen) „aufgelockerten“ Bauweise.

Arbeitsvorschlag

Versuche bitte festzustellen, ob es auch in deinem Heimatort Wohnviertel aus der Zeit der Weimarer Republik gibt!

Sozialer Wohnungsbau in der Weimarer Republik: Die Hufeisensiedlung Berlin-Britz, 1925–1931 erbaut

Die Vergessenen des sozialen Fortschritts: die Heimarbeiter

Nicht alle konnten freilich an diesem sozialen Fortschritt teilhaben. Mitten durch Deutschland zog sich ein Gürtel alter Gewerbezonen, in dem die Vergessenen des wirtschaftlichen Aufstiegs lebten: etwa 700 000 Heimarbeiter mit ihren Familien. – Im Sommer 1930 wanderte ein Schriftsteller durch dieses Gebiet, um in Wort und Bild zu berichten.

Spielzeugschnitzer und Holzarbeiter im sächsischen Erzgebirge

Ich wandere auf dem Kamm des sächsischen Erzgebirges, hart an der böhmischen Grenze. Hier liegen die Dörfer der Spielzeugschnitzer, wie Seiffen und Heidelberg. Aus jeder Hütte klingt das Singen der Sägen und Dreheisen. Es riecht nach frischem Fichtenholz, nach Lack, nach Farben und Leim. In den Wohnstuben sitzen die Alten und Jungen, Männer, Frauen und Kinder über die Holzsachen gebückt; sie schnitzen, leimen, malen, drechseln. Auf den Brettern vor den kleinen Fenstern stehen schon die halbfertigen Spielwaren. Für diese kleinen Holzkunstwerke erhalten die Arbeiter 1 bis 10 Pfennig, je nach Größe. Der wöchentliche Durchschnittsverdienst während der Zeit der Arbeitsaufträge liegt um 16 Mark herum [S. 105, oben links].

Der gelbe Omnibus führt mich weiter. In Dorf Rübenau, auf hohem tannenbedecktem Gebirgsstreifen dicht an der tschechischen Grenze, mache ich Station. Ich trete in die Hütte eines Holzarbeiters ein. Um den Tisch sitzt die ganze Familie, Mann, Frau und 5 Kinder von 3 bis 10 Jahren. Die Arbeitsstelle des Holzarbeiters liegt 15 Kilometer von der Wohnung entfernt. Täglich wandert er diese Strecke zu Fuß über die Berge. Sechs Stunden Fußweg und 9 bis 10 Stunden Arbeit jeden Tag. In der Woche bringt er es auf 25 Mark.
Die Schlafkammer ist gleichzeitig Holzspeicher, *ein* Bett Schlafstelle für 4 Kinder, die sich im Winter nie auskleiden. Ungeziefer. In der Dämmerung erscheinen Ratten [S. 105, oben rechts].

Korbflechter im Frankenwald

Ich durchwandere die Berglandschaft des Frankenwaldes, zwischen dem Thüringer Wald und dem Fichtelgebirge. Mein Begleiter ist ein arbeitsloser Heimarbeiter, blaß und verkümmert wie alle Bewohner dieses Landes, die sich mühsam von Waldarbeit, Handweberei, Korbflechterei, Handstickerei und Schuhmacherei ernähren. Die kleinen Häuser des Dorfes Schwarzenstein liegen romantisch verstreut auf den Höhen eines Berges. Aber die Bewohner der Häuser müssen ohne Romantik ihr Brot verdienen. Von den etwa 600 Einwohnern sind fast alle „Schanzenbinder", Korbflechter.

Wir kommen in ein uraltes baufälliges Haus. In 7 dunklen Räumen wohnen 6 Familien in drückender Enge. Im oberen Stock treten wir in ein kleines schmales Zimmer. Ein Bett nimmt fast die Hälfte des Raumes in Besitz. Im Bett liegt eine Frau. Im ersten Augenblick glaube ich: eine Leiche. Aber die Frau, die 35jährige Frau eines Schanzenbinders, hat die Lungentuberkulose. Seit einem Jahr liegt sie. Sie ist völlig ausgezehrt, die gelben Wangen eingefallen, ihre Augen, tief in den Höhlen, haben einen erschütternden Ausdruck von Verzweiflung und Müdigkeit. Die schwindsüchtige Frau muß das Bett mit ihrem Manne teilen. Das einzige Kind, ein 7½ Jahre altes Mädchen, schläft auf zwei Stühlen.

In dem Raum arbeitet der Mann vom frühen Morgen bis in die Nacht. Die Frau ist in keiner Krankenkasse und erhält nicht einen Pfennig Unterstützung. Der Mann verdient in der Woche 4 bis 5 Mark! Am Boden liegen Äste und Reifen. Die kleine Tochter steht vor uns, die Hände gefaltet, den Kopf verlegen gesenkt, hinter ihr Nachbarskinder. Die Luft in diesem Zimmer ist zum Erbrechen. Vom Flur kommt der Klosettgestank. Es riecht nach Krankenschweiß, nach Suppe und Rauch [S. 105, unten links].

Glasbläser und Christbaumschmuckhersteller im Thüringer Wald

Ich fahre nach Lauscha und in die Gegend der Glasbläser, der Christbaumschmuckindustrie. In Lauscha sind 4 Glashütten, sie liefern den Heimarbeitern die dünnen Glasröhren, aus denen die Christbaumschmuckkugeln und Augen geblasen werden. Der Christbaumschmuck wird hauptsächlich nach Amerika versendet. Amerika liebt bunten Baumschmuck. Täglich werden 15 Stunden gearbeitet, auch der Sonntag muß herhalten. Bis spät in die Nacht zischen in allen Häusern die Gasflammen. Die alten Frauen schleppen täglich die Lieferkörbe mit den Christbaumschmuckschachteln zu den Verlegern, vier Stunden über die Berge. Verdienst pro Korb 1,80 Mark [S. 105, unten rechts].

(Nach: Alexander Stenbock-Fermor, Deutschland von unten, Stuttgart 1931, S. 19–21, 65–67, 74–76, 98. – Gekürzt)

Die ersten weiblichen deutschen Volksvertreterinnen (Weimar 1919)

Die Gleichberechtigung der Frauen

Die neue Republik sicherte den Frauen die politische Gleichberechtigung. Wie die Männer durften sie hinfort bei politischen Wahlen und Entscheidungen ihre Stimme abgeben. Sie konnten auch selbst gewählt werden – und gleich in der „Nationalversammlung" zu Weimar 1919 saßen 41 (im Bundestag 1980: 44) Frauen als Abgeordnete. Die politische Gleichberechtigung der Frauen war das Ergebnis eines langen Bemühens der *Frauenrechtlerinnen,* die seit Jahrzehnten sich dafür eingesetzt hatten. Besonders in England hatte es regelrechte „Kämpfe" darum gegeben.

Während des Krieges hatten die Frauen in fast allen kriegführenden Ländern ihren „Mann" stehen müssen. Sie hatten die Männerarbeit mit übernehmen müssen. Nun drängten in der Zeit der Weimarer Republik immer mehr Mädchen und Frauen in das Erwerbsleben hinein. Sie erlernten einen Beruf, um selbständig zu sein. 1925 betrug ihre Zahl schon 11,5 Millionen – das waren mehr als ein Drittel aller Berufstätigen. – Im Schulalltag freilich gab es noch keine Gleichberechtigung.

Eine Abiturientin des Jahrgangs 1927 erinnert sich an ihre Schulzeit in Pommern:

Für Mädchen gab es nur (die Töchterschule), die ein schlechtes Bildungsniveau hatte. Als wir zum Beispiel einmal einen Lehrer fragten, was Fensterbrett auf französisch heiße, antwortete der „Fenêtre bret". Eines Tages bekamen wir eine richtige Studienrätin, bei der wir Geschichte hatten. Dieser Unterricht war für uns eine Offenbarung. Wirklich. Wir haben diese Lehrerin geliebt. Und mir wurde zum erstenmal klar, daß Frauen auch etwas werden können. Da beschloß ich, die Töchterschule nicht länger zu besuchen, sondern aufs Knabengymnasium zu gehen, das gleich nebenan lag. Mein Bruder war dort, obwohl er zum Lernen keine Lust hatte. Mein Wunsch nach Schulwechsel wurde dann ein richtiges Politikum. Zwar waren meine Eltern auf meiner Seite, doch mußte der Stadtrat zu dieser unerhörten Sache seine Einwilligung geben. Es war ein städtisches Gymnasium. Die deutsch-nationalen Freunde meines Vaters waren ganz dagegen. Sie malten sich die schlimmsten Situationen aus. Ein Mädchen unter lauter Jungen. Die Sozialdemokraten, die in der Mehrheit waren, dachten fortschrittlicher. Sie erlaubten mir, obwohl ich die Tochter eines Bürgerlichen war, den Übertritt ins Knabengymnasium.

(Aus: A. Scheib, Die Dolmetscherin des schrägen Vogels, in: Süddeutsche Zeitung, 13./14. Dezember 1986).

Mit der Zahl der Frauen, die in das Berufsleben hineingehen, wächst ihre Beteiligung an sozialen Konflikten. Das Bild in der Mitte zeigt Verkäuferinnen als Streikposten vor einem Schuhgeschäft in Berlin 1931. – In diesen Jahren beginnen die Frauen auch, Sportarten auszuüben, die sich bisher die Männer vorbehalten hatten. Das Bild rechts zeigt eine Florettfechterin. – In der Mode vollzieht sich ebenfalls ein Wandel (Bild links). Hochgeschlossene Blusen und bodenlange Röcke werden zumindest von den jüngeren Frauen ebenso abgelehnt wie die einschnürenden Korsetts. Der progressive Haarschnitt der Zeit ist der „Bubikopf".

Arbeitsvorschläge

1. Die tariflichen Wochenlöhne von Facharbeitern in der Industrie betrugen 1930 knapp 50 Mark – bei geregelter Arbeitszeit von durchschnittlich 46 Stunden. Vergleiche damit den Verdienst der Heimarbeiter!
2. In der Nationalversammlung saßen 1919 insgesamt 421 Abgeordnete beiderlei Geschlechts, im Bundestag 1980 waren es 497. – In welchem Parlament war der Frauenanteil höher?

Volksbildung und Wissenschaft

Schon 1925/26 gab die Republik für die Förderung der Volksbildung, für Kunst und Wissenschaften doppelt soviel aus wie das Kaiserreich 1913/14. In den Jahren 1929/30 waren diese Ausgaben dreieinhalbmal so hoch.

Für alle deutschen Kinder wurde 1920 eine gemeinsame *Grundschule* eingerichtet. Bisher hatten die Gymnasien eigene Vorschulen. Jetzt sollte jeder gleiche Aufstiegsmöglichkeiten haben.

Von den 28 wissenschaftlichen Nobelpreisen zwischen 1919 und 1927 fielen neun auf deutsche Gelehrte, darunter so bekannte Namen wie *Max Planck* und *Albert Einstein*. Das war der größte Anteil, den eine Nation stellte. Viele deutsche Dichter, Musiker, Maler und Bildhauer jener Zeit waren in der ganzen Welt hoch angesehen.

Man strebte danach, jetzt das ganze Volk an Künste und Wissenschaften heranzuführen. So wurden Volkshochschulen und Volksbühnen gegründet, Führungen durch Museen und Ausstellungen veranstaltet.

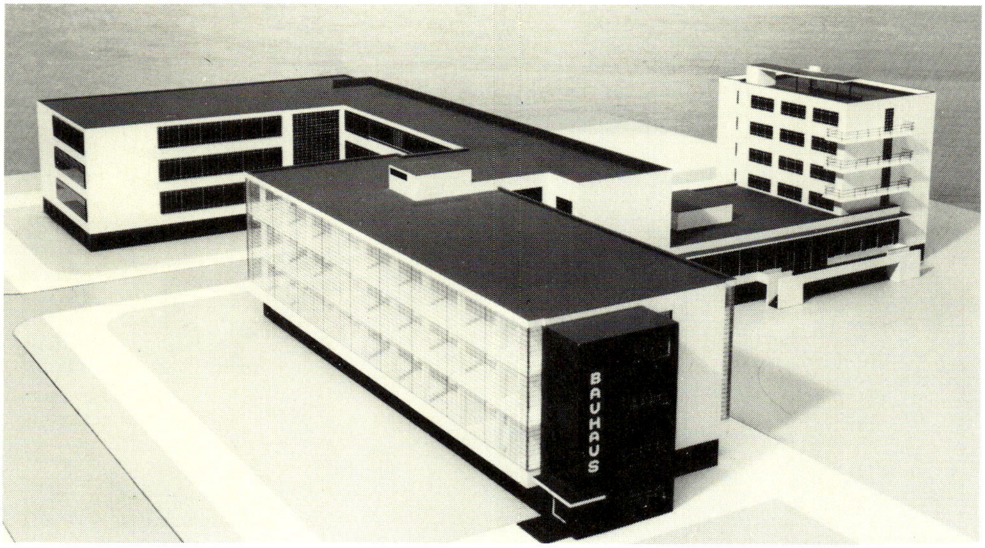

Modell des Bauhauses in Dessau aus der Zeit des Baubeginns (um 1925). – Uns fällt es heute schwer, an diesem Baukörper etwas Besonderes zu finden, sehen doch Schulen, Krankenhäuser und auch Wohnhausbauten unserer Zeit ähnlich aus. Für die damalige Zeit aber war diese Bauweise eine Sensation. Neu war fast alles: der Grundriß, das Flachdach, die völlig in Glas aufgelöste Wand des Gebäudeflügels im Vordergrund, die Fensterbänder in den übrigen Flügeln, das Skelett aus Stahlbeton. – Links: Bauhaus-Stuhl aus dem Jahre 1926.

Die bildenden Künste: das Bauhaus in Dessau und die Malerei

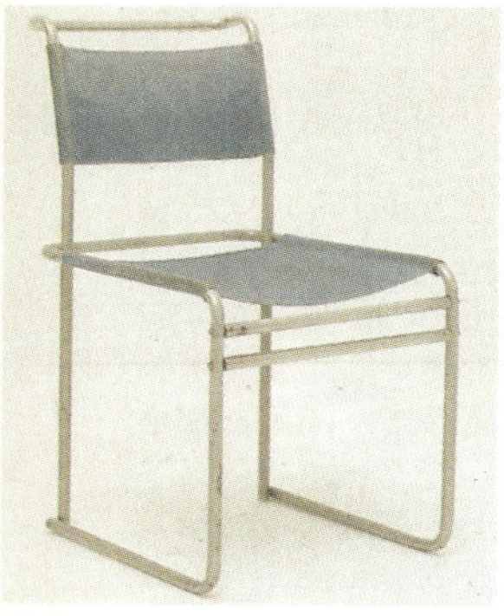

Die zwanziger Jahre waren die Zeit einer großen Vielfalt des künstlerischen Schaffens. In der Baukunst wurde Dessau zu einem Zentrum von internationaler Bedeutung. Das *Bauhaus*, eine Hochschule für Gestaltung, war 1919 von *Walter Gropius* (1889–1963) in Weimar gegründet worden. Sie wurde 1926 nach Dessau verlegt, und hier erst konnte sie im neuen Gebäude ihre volle Wirksamkeit entfalten. Die Professoren lehrten eine klare, ehrliche Formgebung, frei von den Schnörkeln und dem Stilmischmasch der Kaiserzeit. Und sie befaßten sich auch mit der Gestaltung von Objekten des täglichen Lebens – von Möbeln, Lampen und Gebrauchsgegenständen. Einfachheit und Zweckmäßigkeit, Schönheit und Formenstrenge sollten sich in ihnen verbinden.

In der *Malerei* setzten sich neue künstlerische Stilmittel durch. Mit radikal vereinfachten Formen und kräftigen Farben stellten sich die modernen Künstler gegen die herkömmliche Malerei. Einige von ihnen lehrten auch am Bauhaus, vor allem *Wassily Kandinsky*. Kandinsky, ein gebürtiger Russe, hatte sich in seiner künstlerischen Entwicklung immer stärker vom naturgegebenen Gegenstand entfernt und war so als erster zur *abstrakten* (gegenstandslosen) Malerei vorgestoßen.

„Der rote Fleck" von Wassily Kandinsky (1866–1944) aus dem Jahre 1921. Man kann sich in seine Komposition hineinfühlen, sich fragen, welche Formelemente er wie spielerisch zusammengefügt hat, welche Farben er vor allem verwendet. – Andere Künstler wurden von der modernen Technik herausgefordert. Sie versuchten, das Problem Maschine – Mensch umzusetzen. In seinem Gemälde „Die Arbeitsmänner" stellt Franz Wilhelm Seiwert (1894–1933) Mensch und Maschine in gleichartigen Grundformen dar, verwandelt er die Menschen in roboterhafte Typen. ▷

DIE ARBEITSMÄNNER

Skulpturen von Rudolf Belling („Dreiklang“) und Ernst Barlach („Mutter und Kind“) – Zeugnisse der expressionistischen Kunst (Ausdruckskunst), die sich in dieser Zeit durchsetzte

Die Entfaltung der „Massenkultur“

1923 begann der Siegeszug des Radios. Die Illustrierte setzte sich durch. Revue und Varieté erlebten einen Höhepunkt. In der Filmindustrie kam der Tonfilm auf. Fast zwei Millionen Deutsche strömten um 1925 täglich in die Lichtspielhäuser. Es waren erste Anzeichen der modernen *Massenkultur.* Und die Metropole dieses schillernden und pulsierenden Lebens der „Goldenen Zwanziger“ war Berlin.

Vorboten einer Krise

Stabilisierung der wirtschaftlichen Verhältnisse hieß zugleich: Stabilisierung der politischen Verhältnisse. Die Reichstagswahlen 1928 brachten den Parteien der Mitte Gewinne zu Lasten der Radikalen. Freilich zeigten sich auch dunkle Flecken in dem Bild der „Goldenen Zwanziger“. Es gab Arbeitslosigkeit und Elend. Nicht immer konnten soziale Konflikte friedlich beigelegt werden: es gab Streiks und Aussperrungen.

Nach der Währungsreform Ende 1923 war Deutschland für ausländisches Kapital wieder interessant geworden, flossen Kredite besonders aus den reichen USA in das Land. Diese Kredite vor allem erfüllten die verantwortlichen Politiker mit großer Sorge.

Stresemann auf einer Pressekonferenz am 14. 11. 1928

... Ich möchte Sie bitten, bei Ihren Beurteilungen der wirtschaftlichen Lage Deutschlands und auch der anderen hiermit zusammenhängenden Fragen den Gedanken zugrunde zu legen, daß wir in Deutschland in den letzten Jahren von gepumptem Gelde gelebt haben. Wenn einmal eine Krise bei uns kommt und die Amerikaner ihre kurzfristigen Kredite abrufen, dann ist der Bankerott da. Was wir an Steuern erheben, geht bis an die Grenzen dessen, was ein Staat überhaupt tun kann. Ich weiß nicht, woher neue Steuern geholt werden können. Die Statistiken zeigen, wieviel die Städte gebraucht haben, wieviel die Industrie gebraucht hat, wieviel fremdes Geld wir überhaupt aufgenommen haben, um uns aufrecht zu erhalten. Wir sind nicht nur militärisch entwaffnet, wir sind auch finanziell entwaffnet. Wir haben keinerlei eigene Mittel mehr ...

(Gustav Stresemann, Vermächtnis, Band III, Berlin 1932, S. 385)

Der Kreislauf des Geldes 1924 bis 1932: Deutschland zahlte Reparationen an seine Kriegsgegner, vor allem an Frankreich. Frankreich bezahlte damit die Waren- und Waffenlieferungen, die es während des Krieges von den USA erhalten hatte. Ein Teil dieser Gelder floß als Kredit nach Deutschland zurück.

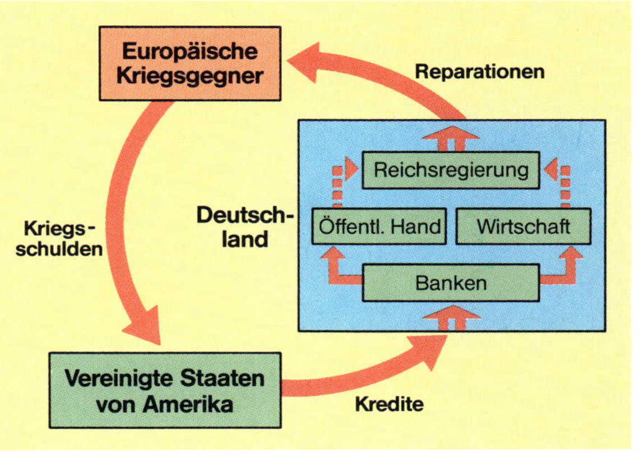

Zahlen zur deutschen Sozial- und Wirtschaftsgeschichte

Arbeitslose in Großstädten Deutschlands

Städte	Anzahl der Arbeitslosen 1928	1932	je 1000 Einw. 1932	Städte	Anzahl der Arbeitslosen 1928	1932	je 1000 Einw. 1932
Bochum	7 100	36 200	115	Berlin	132 700	596 400	141
Dortmund	12 000	73 600	136	Chemnitz	3 300	59 200	169
Düsseldorf	9 800	56 100	112	Dresden	17 200	87 900	137
Duisburg	11 000	63 805	145	Leipzig	12 700	99 600	140
Essen	16 600	76 801	117	Magdeburg	8 600	34 700	113
Münster	1 500	6 100	50	Plauen	4 600	20 100	176

Nach: Statistisches Handbuch von Deutschland, München 1949, S. 485

Beschäftigte und Arbeitslose (in Tausend)

(Jahresdurchschnitt)	1919	1920	1921	1922	1923	1924	1925
Erwerbspersonen	16 950	18 367	19 126	20 184	20 000	19 122	20 176
davon							
Arbeitslose (1000)	–	–	346	215	818	927	682
Arbeitslose (%)	–	–	1,8	1,1	4,1	4,9	3,4
(Jahresdurchschnitt)	1926	1927	1928	1929	1930	1931	1932
Erwerbspersonen	20 287	21 207	21 995	22 418	21 916	20 616	18 711
davon							
Arbeitslose (1000)	2 025	1 302	1 391	1 899	3 076	4 520	5 603
Arbeitslose (%)	10,0	6,2	6,3	8,5	14,0	21,9	29,9

Soziale Konflikte in der Weimarer Republik

	1920	1922	1924	1926	1928	1930	1932
Anzahl der Streiks	3 693	4 348	1 581	316	687	342	643
Höchstzahl der Streikenden (1000)	1 418	1 638	666	57	327	208	129
Anzahl der Aussperrungen	114	437	392	40	72	29	16
Höchstzahl der Ausgesperrten (1000)	91	213	981	39	451	16	2

Zahlen aus dem staatlichen Schulwesen

Jahr	Volksschulen: Schüler (1000)	Schüler pro Klasse	Schüler pro Lehrer	Mittelschulen: Schüler (1000)	Schüler pro Klasse	Schüler pro Lehrer	Höhere Schulen: Schüler (1000)	Schüler pro Klasse	Schüler pro Lehrer
1921/22	8 894	43	45	329	26	27	799	30	19
1926/27	6 662	35	37	259	–	21	844	–	19
1931/32	7 590	39	40	230	25	20[1])	787	–	16
1938	7 596	40	42	259	32	30[2])	662	26	15

Nach: D. Petzina, Sozialgeschichtliches Arbeitsbuch III, München 1978, S. 114, 119 u. 165ff.
[1]) Zahlen Mittelschulen: 1930/31 [2]) Zahlen Mittelschulen: 1939

Arbeitsvorschläge

1. Betrachte bitte noch einmal das Demonstrations-Plakat auf Seite 86! Die Forderungen nach Enteignung von Grund und Boden, Gruben und Bergwerken kann man als *sozialistische,* die nach guten Schulen, Wohnungen und Renten als *sozialpolitische* bezeichnen.
   Zur Geschichte der Weimarer Republik wurde festgestellt: „Sozialpolitik siegte über Sozialismus!" Wie urteilst du über diese Aussage?

2. Untersuche nun bitte die Ausführungen Stresemanns!
   a) Wer war vor allem Kreditnehmer?
   b) Warum lösten die kurzfristig gegebenen Kredite Stresemanns besondere Sorge aus?

3. Arbeite die Aussagen der vorstehenden Tabellen sorgfältig durch! Übernimm auch folgende Auswertungshilfen:
   a) Worauf führst du die unterschiedliche Stärke der Arbeitslosigkeit in Städten wie z. B. Münster und Chemnitz zurück?
   b) Bringe die Häufigkeit der sozialen Konflikte in Beziehung zu den einzelnen Abschnitten der Weimarer Republik!
   c) Prüfe in den Tabellen S. 152, in welchen Jahren der Weimarer Republik die deutsche Arbeiterschaft die Spitze der Löhne erreichte!

4. Vergleiche die Zahlen zum Stand der Motorisierung in Deutschland und den USA! Deutschland hatte 1930 eine Bevölkerung von 65 Millionen Menschen, die USA von 123 Millionen.

Bestand an Personenwagen in Deutschland

1914	60 800
1922	82 700
1925	175 600
1927	268 000
1930	501 200
in den USA	
1925	*15,6 Mill.*
1929	*23,1 Mill.*

Der Niedergang (1930–1933)

Die Weltwirtschaftskrise

Im Oktober 1929 trat ein, was Stresemann befürchtet hatte. Ein „Börsenkrach" in New York, ausgelöst durch eine Überproduktion der amerikanischen Industrie, führte zu einer schweren Wirtschaftskrise in den USA. Wie kam es dazu?

Der Erste Weltkrieg hatte den USA große Gewinne beschert. Auch hier wurde investiert, modernisiert, rationalisiert. Wer auch immer Geld hatte, Hausfrau oder Millionär, legte es an, kaufte Aktien und Wertpapiere, um an den zu erwartenden Gewinnen teilzuhaben. Entsprechend stiegen die Kurse. Die Fabriken konnten viel mehr produzieren als bisher, und die Waren konnten auch lange Zeit gut verkauft werden. Es war eine Zeit der *Hochkonjunktur.*

Plötzlich ließ die Nachfrage nach. Allein 1929 waren 5,4 Millionen Autos produziert worden – sie fanden nur zum Teil Käufer. Unternehmen gerieten in Schwierigkeiten. Und jetzt brach eine große Krise aus: Jeder wollte sein Geld wiederhaben, seine Aktien verkaufen – um jeden Preis. Die Kurse sanken. Auch die Banken verloren Millionen am Sturz der Kurse.

Jetzt forderten die Banken kurzfristig ihr Geld samt Zinsen zurück: Deutschland geriet in den Sog der großen *Depression* in den USA.

In der Folge wurde das Geld knapp. Die Unternehmer und Handwerker erhielten von den Banken keine Betriebsdarlehen mehr, um Maschinen und Rohstoffe zu kaufen. Sie mußten ihre Produktion verringern und zum Teil ganz einstellen, zumal nun auch der Absatz der Waren überall im Ausland stockte. Sie mußten ihren Arbeitern kündigen. Die Krise weitete sich zu einer *Weltwirtschaftskrise.*

Szene auf einem Berliner Hinterhof: Eine alte Frau näht Säcke – junge Arbeitslose stehen herum

So setzte 1930 in Deutschland, wie auch in den USA und anderen Ländern, eine große *Arbeitslosigkeit* ein. Immer mehr Erwerbslose mußten bei den Arbeitsämtern und Fürsorgestellen „stempeln gehen“. Das bedeutete erneut unproduktive Ausgaben für die Republik.

Die politischen Folgen

Jetzt hatten es diejenigen leicht, die sich von Anfang an gegen diese Republik gestellt hatten. Die Wirtschaftskrise war weltweit – auch in den USA gab es Millionen Arbeitslose –, aber wer jetzt erklärte, die Arbeitslosigkeit in Deutschland sei das Ergebnis der Demokratie, der fand offene Ohren und gläubige Zuhörer!

Not und Hoffnung trieben Millionen Menschen seit 1930 dazu, die Parteien zu wählen, die Feinde der Republik waren, aber allen „Arbeit und Brot“ versprachen.

Über der Weltwirtschaftskrise zerfiel 1930 die Regierung, die seit den Reichstagswahlen 1928 aus Mitgliedern der SPD, DDP, DVP und des Zentrums gebildet worden war. Eine neue *Koalition* – ein Zusammenschluß mehrerer Parteien zur Bildung einer Regierung – kam nicht wieder zustande: Die im Reichstag vertretenen Parteien fanden kein Programm, auf das sich eine Mehrheit hätte einigen können. Fortan setzte der Reichspräsident Regierungen von sich aus ein. Gesetze wurden kaum noch vom Reichstag verabschiedet. An ihre Stelle traten *„Notverordnungen“* mit Gesetzeskraft, die der Reichspräsident – seit dem Tode Eberts der ehemalige Generalfeldmarschall von Hindenburg – unterschrieb. So wurde die Stellung des Reichspräsidenten immer stärker, die Stellung des Reichstags aber immer schwächer.

Vier Wahlplakate aus den Jahren 1930 und 1932. – In der „Mitte" warnen die demokratischen Parteien – Sozialdemokraten und Zentrum – verzweifelt vor den Zerstörern der Republik. Aber von „links" wie von „rechts" werden diese immer stärker.

Die einen kämpfen gegen den „Klassenfeind" und das parlamentarische „System". Die ande-

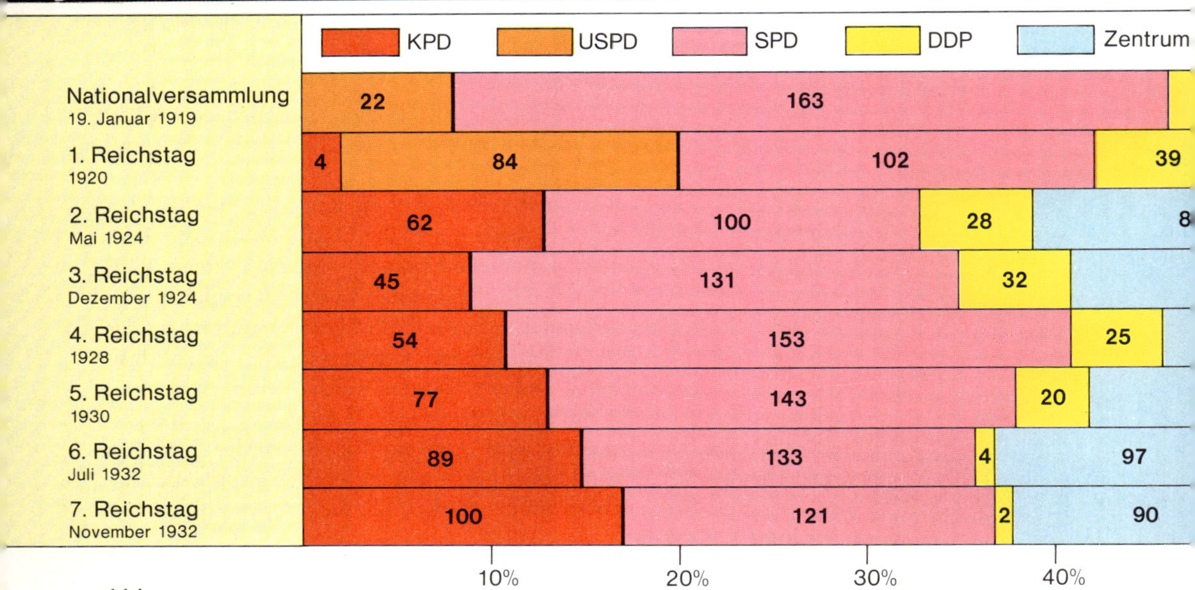

ren aber appellieren geschickt an die Not und das Elend der Menschen in dieser Zeit. Sie stellen ihren „starken Mann“ heraus, der alles zum Besseren wenden wird.

Das Schaubild *unten* zeigt die Wahlergebnisse zur Nationalversammlung und zum Deutschen Reichstag 1919–1932. Dargetellt ist der Anteil der abgegebenen Stimmen in Prozent.

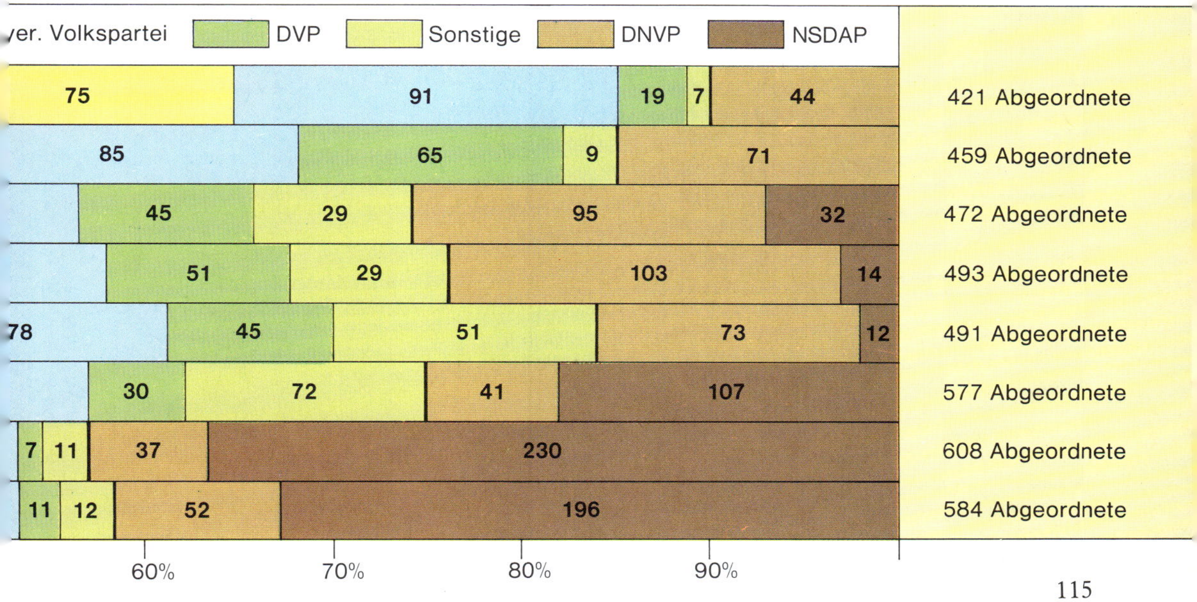

Reichstagswahl
Wahlkreis 12 (Thüringen)

1	Nationalsozialistische Deutsche Arbeiter-Partei (Hitler-Bewegung) Dr. Frick — Dr. Zunkel — Trübenbach — Triebel	1
2	Sozialdemokratische Partei Deutschlands (S.P.D.) Frölich — Dietrich — Frau Wurm — Petrich	2
3	Kommunistische Partei Deutschlands Thälmann — Schiek — Creutzburg — Schumann	3
4	Deutsche Zentrumspartei Dr. Brüning — Pradel — Wand — Hülsmann	4
5	Deutschnationale Volkspartei Graef — von Goldacker — Popp — Frau von Porembsky	5
5a	Radikaler Mittelstand Mylius — Dr. Wörbelauer	5a
7	Deutsche Volkspartei Dr. Pfeffer — Brauckhoff — Klump — Abbaß	7
8	Deutsche Staatspartei Lemmer — Dr. Ehlers — Frau Hild — Boxberger	8
9	Christlich-sozialer Volksdienst (Evangelische Bewegung) Behrens — Küfner — Dr. Winne — Frau Lehmann	9
9a	Deutsch-hannoversche Partei Prelle — Meyer	9a
10	Reichspartei des deutschen Mittelstandes Bredt — Köster — Dr. Wilhelm — Mollath	10
13	Thüringer Landbund Abicht — Breitenstein — Etzold — Frhr. von Seebach	13
14	Volksrecht-Partei Bauser — Frau Teuffert — Brink	14
17	Sozial-Republikanische Partei Deutschlands (Hörsing-Bewegung für Arbeitsbeschaffung) Hörsing — Pape — Hesse — Müller	17
18	Sozialistische Arbeiter-Partei Deutschlands Dr. Rosenfeld — Dr. Siemsen — Frau Lücke — Schwarzbold	18
20a	Großdeutsche Volkspartei (Liste Schmalix) Schmalix — Dr. Massig — Kellotat — Rommel	20a
20b	Nationalsoziale Partei der Mitte (Handel, Handwerk, Gewerbe, Landwirte, Haus- und Grundbesitzer) Rast — Klinz — Wilke — Borchert	20b
21	Freiwirtschaftliche Partei Deutschlands F.P.D. (Partei für krisenfreie Volkswirtschaft) Sterzing — Leder — Thierfelder — Rennecke	21
25	Kampfgemeinschaft der Arbeiter und Bauern Schmidt — Fienold — Henke — Gebhardt	25
26	Radikaldemokratische Partei Enke — Becker — Müller — Frau Strasser	26
27	Kleinrentner, Inflationsgeschädigte und Vorkriegsgeldbesitzer Beer — Sielmann — Huhn — Bungert	27
28	Für Hindenburg und Papen (Nationalistische Kampfbewegung) Preukschat — Frau Langermann — Buja	28
29	Enteigneter Mittelstand Krämer — Hellwig — Herfort	29
30	Nationalistische Partei Schmidt — Albold — Krapohl — Schorcht	30

In der Weimarer Republik hatten auch die kleinsten Parteien die Möglichkeit, in den Reichstag einzuziehen. Die „Väter der Verfassung" wollten damit erreichen, daß jede Meinung im Volk auch im Parlament zu Wort kommen konnte. So kam es zu ständigen Partei-Neugründungen. Die Zersplitterung aber machte Regierungsbildungen schwer und setzte das Ansehen des Parlaments im Volk herab.

Arbeitsvorschläge

1. Unterscheide Ursachen und Erscheinungsformen der Wirtschaftskrise von 1930 in Deutschland!

2. Betrachte jedes einzelne der vier Wahlplakate auf den Vorseiten genau! Suche die folgenden Fragen zu beantworten:
   a) Welche Parteien stellen sich selbst durch Sinnbilder dar? Welche Sinnbilder wählen sie dafür?
   b) Welche Gegner stellen die Parteien auf ihren Plakaten heraus? Welche Sinnbilder wählen sie für diese?
   c) Welche Farben werden bevorzugt? Warum wohl?
   d) Welches Plakat mag damals am stärksten gewirkt haben? Begründe bitte!

3. Untersuche mit Hilfe der vorstehenden Fragen auch das Wahlplakat der DDP auf S. 78/79!
   Informiere dich außerdem auf der Karte S. 80, welche Grenzen des Deutschen Reiches dargestellt sind!
   Welches Verhältnis der DDP zur Weimarer Republik würdest du aus diesem Plakat erschließen?

4. Werte das Schaubild auf den Vorseiten ebenfalls aus! Folgende Fragen werden dir dabei helfen:
   a) Eine normale „Sitzungsperiode" umfaßte vier Jahre. Welche Perioden kannst du ablesen? Was mögen abgekürzte Zeiten bedeuten?
   b) Wann zogen neue Parteien in das Parlament ein? Welche?
   c) Verfolge die Entwicklung jeder Partei nach ihrer prozentualen Stärke!
      Welche Parteien wuchsen, sanken oder stürzten sogar ab?
      Welche Erklärungen hast du dafür?
   d) Zeichne Kurvenbilder für die Entwicklung jeder einzelnen Partei!
   e) Prüfe und überlege, zu welchen Parteien die Wähler der absinkenden Parteien übergegangen sein mögen! Welche Gründe siehst du?

5. Zeichne auch ein Kurvenbild für die Entwicklung der Arbeitslosenzahlen nach der Tabelle auf S. 111!
   Vergleiche es mit den Kurvenbildern der rechten und linken Parteien!

6. Durch die uneingeschränkte Zulassung aller Parteien kam es zu solchen Wahlzetteln, wie ihn die nebenstehende Abbildung zeigt. Ziehe die 24 Parteien und Interessengruppen heraus, die 1932 in Thüringen für den Reichstag kandidierten!

7. Heute verhindert die Fünf-Prozent-Klausel eine solche Parteienzersplitterung. Ist das nur vorteilhaft oder siehst du auch Nachteile?
   Überlege bitte, vor welchen Schwierigkeiten neue, noch nicht etablierte Parteien stehen!

Links ein Aufmarsch des kommunistischen „Rotfront-Kämpferbundes" in Berlin 1930. An der Spitze marschiert Ernst Thälmann (links). Die rechte Abbildung zeigt Adolf Hitler und einige Führer seines Kampfbundes SA (Sturm-Abteilung) in Bad Harzburg 1931.

Die Radikalisierung

Während der Krisenzeit formierten sich landesweit die Gegner der Republik. Es waren jetzt vor allem die Kommunisten und die Nationalsozialisten. Sie kämpften gegen alle, die für die Republik waren, aber auch gegeneinander. Ihre Kampfbünde schlugen sich in Saalschlachten und auf den Straßen.

Die Kommunisten

Die *Kommunistische Partei Deutschlands* (KPD) war inzwischen völlig von Moskau abhängig. Unter ihrem Anführer *Ernst Thälmann* kämpfte sie für ein „Sowjetdeutschland" und für die Weltrevolution. Trotz Saalschlachten und Straßenkämpfen mit den Nationalsozialisten war ihr Hauptgegner die SPD, denn mit dieser konkurrierte sie um die Stimmen der Arbeiter. Aber die Mehrheit der Arbeiter bekannte sich auch weiterhin zur parlamentarischen Demokratie.

Die Nationalsozialisten

Den größten Anstieg unter den radikalen Parteien zeigte die *Nationalsozialistische Deutsche Arbeiterpartei (NSDAP)* unter ihrem Parteiführer *Adolf Hitler*. Jahrelang war sie klein geblieben – bis die Weltwirtschaftskrise ihr fruchtbaren Boden bereitete. Jetzt wurden die Unzufriedenen, die Arbeitslosen, die verarmten Handwerker und Kleinbürger zu Wählern Hitlers.

Arbeitsvorschläge

1. Vergleiche im Schaubild S. 114/115 die Entwicklung von KPD und NSDAP!
   a) In welcher Reichstagswahl machte die KPD ihren großen Sprung nach oben? Vergleiche für die Gründe vor allem S. 94–96!
   b) Prüfe die Behauptung: In den guten Jahren der Republik hatte die NSDAP keine Chance!
2. Untersuche das politische Verhalten der KPD! Welcher Hauptgegner wäre eigentlich naheliegend gewesen? Wem nützte letztlich diese KPD-Politik?
3. Welche Auswirkungen hatte die Existenz von Kampfbünden einzelner Parteien für das politische Klima?

Benito Mussolini (1883–1945), Führer der italienischen Faschisten. – Symbole faschistischer Bewegungen in Europa. Obere Reihe von links nach rechts: Joch und Pfeile der spanischen Falange; Donnerkeil der British Union of Fascists (Großbritannien) unter Oswald Mosley; Liktorenbündel der italienischen Faschisten. Mitte: Hakenkreuz. Untere Reihe von links nach rechts: Keltenkreuz, Abzeichen der „Jeune Nation" in Frankreich; Pfeilkreuz der ungarischen Faschisten

Der Weg zum 30. Januar 1933

Faschistische Bewegungen in Europa

In der Zeit nach dem Ersten Weltkrieg entwickelten sich in vielen Staaten Europas politische Gruppierungen, die sich von der bisherigen Parteienlandschaft abhoben. Bestimmte Grundeinstellungen verbanden sie: Sie waren *antidemokratisch, antiparlamentarisch, antikommunistisch,* bisweilen auch betont *antisemitisch* (judenfeindlich). Ein *starker Staat,* ein starker *Führer an der Spitze* eines *in sich geschlossenen Volkes* – das waren ihre Ziele.

In Italien eroberte diese Bewegung 1922 unter ihrem Führer Mussolini zuerst die Macht im Staat. Der Begriff *Faschismus* bezeichnete zunächst nur diese italienische Gruppierung; später wurde er auch auf die anderen übertragen. So können wir auch vom Nationalsozialismus in Deutschland als von einer *faschistischen* Bewegung sprechen.

> Das Reservoir zur Bildung einer Massenbewegung fanden sowohl *Mussolini* als auch *Hitler* zunächst in den Jahrgängen der Kriegsgeneration, die den „Frontkämpfergeist" in die innenpolitische Arena übertrugen. Besonders anfällig erwiesen sich weiterhin die vom Ausgang des Krieges enttäuschten Nationalisten und Entwurzelten a l l e r Schichten der Bevölkerung (z. B. Versailles-Problematik und Reparationstrauma in Deutschland; unerfüllt gebliebene Gebietserweiterungen in Italien; ungelöste nationale Fragen und Minderheitenprobleme in verschiedenen ostmitteleuropäischen Staaten usw.) und vor allem die von Inflation und Weltwirtschaftskrise deklassierten Schichten des Mittelstandes und der Landwirtschaft. Gerade die Ängste der sich durch eine veränderte Welt bedroht fühlenden Angehörigen des Kleinbürgertums ergaben einen idealen Nährboden für die Gemeinschaftsideologie faschistischer Führer. Zu einem nicht geringen Teil war die Entstehung des Faschismus aber auch ein Ausdruck eines heftigen Generationskonflikts (Schlagworte: „Dynamik der Jugend", Kampf gegen „vergreiste Repräsentanten der verrotteten bürgerlichen Demokratie" usw.). Alle faschistischen Bewegungen waren in sich selbst höchst widersprüchliche Gruppierungen.
>
> *(Wolfgang Scheffler, in: Politik des 20. Jahrhunderts, Braunschweig 1974, S. 119f.)*

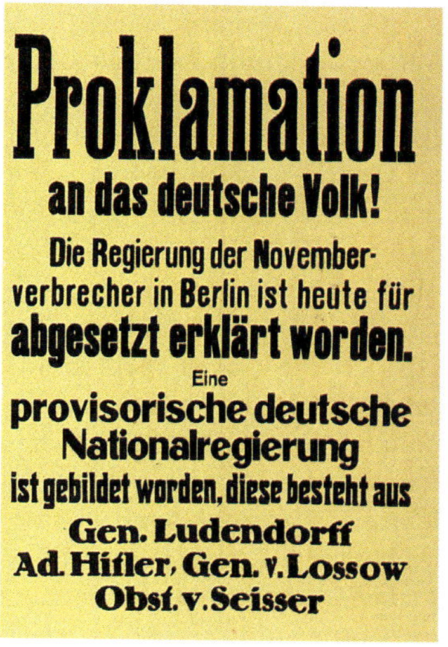

Plakatanschlag in München am 9. November 1923. – Rechts: Umschlagbild des Buches „Mein Kampf"

Arbeitsvorschläge

1. Arbeite aus dem vorstehenden Text heraus, welche Gründe Deutsche und Italiener zu „Faschisten" werden ließen! Welche Schichten waren für den Faschismus besonders anfällig?
2. Verfolge und beurteile den Gebrauch des Wortes „faschistisch" in der politischen Auseinandersetzung unserer Gegenwart!

Die Anfänge der NSDAP

Wer waren nun die Nationalsozialisten, wer war Adolf Hitler?

Adolf Hitler (1889–1945) war von Geburt Österreicher. Er hatte eigentlich Kunstmaler werden wollen. Jahrelang lebte er als Gelegenheitsarbeiter in Wien. Von 1914–1918 nahm er als Gefreiter am Ersten Weltkrieg teil. Bei Kriegsende, das er ausschließlich als Folge eines *„Dolchstoßes in den Rücken der kämpfenden Front"* begriff, lag er in einem Lazarett in Pommern.

„Dort mußte ich – die Revolution erleben! ... Matrosen kamen auf Lastkraftwagen und riefen zur Revolution auf, ein paar Judenjungen waren die ‚Führer' in diesem Kampfe um die ‚Freiheit, Schönheit und Würde' unseres Volksdaseins. Keiner von ihnen war an der Front gewesen ... Nun zogen sie ... den roten Fetzen auf ...

Die nächsten Tage kamen, und mit ihnen die entsetzlichste Gewißheit meines Lebens ... Elende und verdammte Verbrecher! ... In diesen Nächten wuchs mir der Haß gegen die Urheber dieser Tat ... Mit dem Juden gibt es kein Paktieren, sondern nur das harte Entweder-Oder.

Ich aber beschloß, Politiker zu werden."

(Adolf Hitler, Mein Kampf, München 1934, S. 221ff.)

Hitler wurde in München Mitglied einer der vielen nationalistischen Splittergruppen der Nachkriegszeit, die er unter dem Namen *Nationalsozialistische Deutsche Arbeiterpartei* (NSDAP) sehr bald seinem Willen unterordnete. Zusammen mit Nationalisten und Monarchisten unternahm die NSDAP 1923 einen Putsch gegen die „Regierung der Novemberverbrecher in Berlin". Der Demonstrationszug, der den Umsturz einleiten sollte, brach jedoch im Feuer der Münchner Polizei zusammen. Hitler wurde zu einer Haftstrafe verurteilt. Auf der Festung Landsberg schrieb er 1924 das Buch „Mein Kampf", in dem er seine politischen Vorstellungen (er nannte sie seine „Weltanschauung") und seine Ziele darlegte.

Nationalsozialistische „Weltanschauung"

So sah Hitlers abwegige „Weltanschauung" und „Rassenlehre" aus:
Es gibt höherwertige und minderwertige Rassen, von denen allein eine, die „arische", in der Geschichte die großen Leistungen vollbracht hat. Der Kern dieser arischen Rasse waren die Germanen; aus den Germanen wiederum sind die Deutschen als Kernvolk hervorgegangen. Aus dieser Gleichsetzung (arisch = germanisch = deutsch) leitete Hitler einen Anspruch der Deutschen auf eine Führungsrolle in der Welt her.

Immer droht die Gefahr einer Vermischung der Rassen. Deshalb ist es wichtig, das „Rassenbewußtsein" zu pflegen, das „deutsche Blut rein zu halten", damit die arische Rasse auch künftig bestehen und ihren Herrschaftsanspruch durchsetzen kann.

Die größte Gefahr für die „arische" Rasse aber ist die „semitische" Rasse. Hier, im *Judentum,* sind für Hitler die Kräfte des Bösen und Zerstörerischen verdichtet, hier sitzen die großen Kulturzerstörer – in der Geschichte wie in der Gegenwart. Hier gibt es eine „jüdische Weltverschwörung". Ihre Waffen sind Demokratie und Parlamentarismus, Marxismus und Kommunismus, Pazifismus und Liberalismus. Mit ihnen betreibt sie die „Zersetzung" des deutschen Volkes. Was auch an Negativem geschieht: „Die Juden sind an allem schuld", und ihnen muß der Kampf gelten.

Seinen „Lebenskampf" kann das deutsche Volk nur bestehen, wenn es dafür den notwendigen *„Lebensraum"* hat. Diesen kann es nur im Osten finden, wo es rassisch minderwertige Völker – die Slawen – gibt, die als Sklavenvölker für die deutschen „Herrenmenschen" bereitstehen.

Aus dem Buch „Mein Kampf" von Adolf Hitler

„Die völkische Weltanschauung [erkennt] die Bedeutung der Menschheit in deren rassischen Urelementen ... Sie glaubt somit keineswegs an eine Gleichheit der Rassen, sondern erkennt mit ihrer Verschiedenheit auch ihren höheren oder minderen Wert und fühlt sich durch diese Erkenntnis verpflichtet, ... den Sieg des Besseren, Stärkeren zu fördern, die Unterordnung des Schlechteren und Schwächeren zu verlangen."

„Menschliche Kultur und Zivilisation sind auf diesem Erdteil unzertrennlich gebunden an das Vorhandensein des Ariers. Sein Aussterben oder Untergehen wird auf diesen Erdball wieder die dunklen Schleier einer kulturlosen Zeit senken."

„Alle großen Kulturen der Vergangenheit gingen zugrunde, weil die ursprünglich schöpferische Rasse [an] Blutvergiftung starb."

„Im russischen Bolschewismus haben wir den im zwanzigsten Jahrhundert unternommenen Versuch des Judentums zu erblicken, sich die Weltherrschaft anzueignen, genau so, wie es in anderen Zeitperioden durch andere, wenn auch innerlich verwandte Vorgänge, dem gleichen Ziel zuzustreben suchte."

„Deutschland wird entweder Weltmacht oder überhaupt nicht sein. Zur Weltmacht aber braucht es jene Größe, die ihm in der heutigen Zeit die notwendige Bedeutung und seinen Bürgern das Leben gibt. (...) Damit ziehen wir Nationalsozialisten einen Strich unter die außenpolitische Richtung unserer Vorkriegszeit. Wir setzen dort an, wo man vor sechs Jahrhunderten endete. Wir stoppen den ewigen Germanenzug nach dem Süden und Westen Europas und weisen den Blick nach dem Land im Osten. Wir schließen endlich ab die Kolonial- und Handelspolitik der Vorkriegszeit und gehen über zur Bodenpolitik der Zukunft. (...) Wenn wir aber heute in Europa von neuem Grund und Boden reden, können wir in erster Linie nur an Rußland und die ihm untertanen Randstaaten denken ... Das Riesenreich im Osten ist reif zum Zusammenbruch. Und das Ende der Judenherrschaft in Rußland wird auch das Ende Rußlands als Staat sein."
(Aus: Mein Kampf, S. 316, 317, 420f., 421, 742f., 751)

Arbeitsvorschlag Setze die Auszüge aus „Mein Kampf“ zu den drei Leitlinien der „Weltanschauung“ Hitlers – Rassenlehre, Antisemitismus, Lehre vom Lebensraum – in Beziehung!

Der Weg zur Macht

Nach seiner vorzeitigen Entlassung aus der Haft 1925 entschloß sich Hitler zu einer anderen Form der Machteroberung: über den Stimmzettel. Langsam, aber systematisch sollten die Massen des Volkes gewonnen werden. Eine besondere Befähigung half ihm dabei:

„Hitler besitzt die außergewöhnliche, einmalige Begabung für Propaganda ... In öffentlichen Versammlungen zeigt er sich nicht eher, als bis die Atmosphäre genügend erhitzt und ein ihm entsprechendes Klima geschaffen ist ...

Ich glaube nicht, daß er die Menge hypnotisiert, ebensowenig wie den einzelnen Menschen, den er vor sich hat. Aber das Ergebnis ist das gleiche. Er reagiert außerordentlich fein, schaltet sich in den Stromkreis der Masse ein ..., er sagt das, was sie halb unbestimmt empfindet, er drückt es so blendend aus, daß er sie hinreißt und fasziniert. Damit fesselt er sie unweigerlich an sich; sie liebt in ihm die Verkörperung des eigenen Ichs.“

(R. Coulondre, Von Moskau nach Berlin 1936–1939, Bonn 1950)

In den ruhigen und guten Jahren der Republik blieb der Erfolg dennoch gering. Dann gelang 1930 der Durchbruch: Die Nationalsozialisten stellten die zweitstärkste Partei im Reichstag. Dadurch wurden Hitler und seine Partei auch für diejenigen interessant, die zwar nicht seine Anhänger, aber auch rechtsgerichtet waren.

Das waren einmal die DNVP und der ebenfalls republikfeindliche, nationale Frontkämpferbund „Der Stahlhelm“. Sie schlossen sich mit Hitler zu einer gemeinsamen *„Harzburger Front“* gegen die Demokratie zusammen. Das war zum anderen eine Reihe von *Großindustriellen*, die glaubten, ihn benutzen zu können, um die Kommunisten aus dem Felde zu schlagen. So übernahmen sie einen großen Teil der Schulden der NSDAP und finanzierten auch die Wahlpropaganda.

Mit einer Parade feierten die Rechten ihren Zusammenschluß in Bad Harzburg (Oktober 1931). Hier marschieren SA-Leute an dem Vorsitzenden der DNVP, Alfred Hugenberg (mit Uhrkette), und Führern des „Stahlhelm“ vorbei.

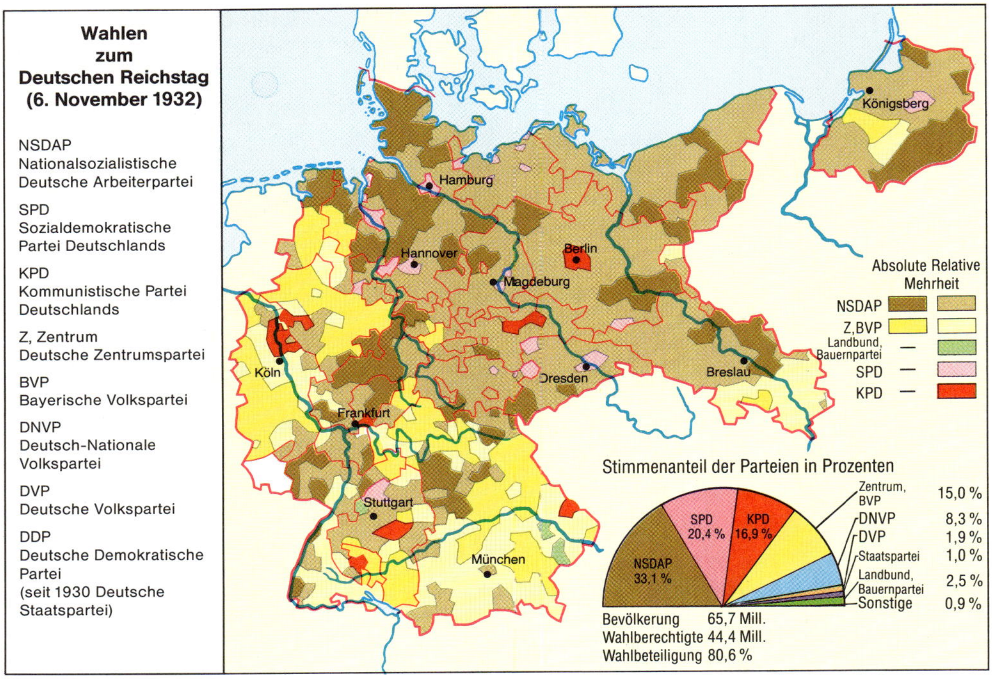

Wir analysieren das Wählerverhalten am Ende der Republik

„Das Deutsche Reich wird braun!“ – Arbeite dich bitte in die Karte oben ein! Stelle dir dazu den deutschen Raum grob in vier Regionen geteilt vor: den Osten, die Mitte, den Westen, den Süden!
In welchen dieser Regionen hat die NSDAP im November 1932 fast „flächendeckend“ die absolute oder die relative Mehrheit der Stimmen erobert? Welche „Inseln“ aber heben sich noch heraus? Welche Gründe mag es dafür geben?
In welchen dieser Regionen ist die NSDAP nicht vorherrschend? Welche Parteien haben hier noch absolute oder relative Mehrheiten erhalten?
Ziehe zur Erarbeitung deinen Erdkunde-Atlas heran!

Welche Ursachen mag das unterschiedliche Wählerverhalten haben? Denke an die jeweils vorherrschenden Glaubensbekenntnisse, aber auch an die Industriezentren und die vorwiegend ländlichen Regionen in Deutschland!

Betrachte noch einmal das Schaubild auf S. 114/115! Welche Parteien vor allem sind durch den Siegeszug der NSDAP geschrumpft oder fast gänzlich verschwunden? Welche Parteien haben keine oder nur geringe Wählerverluste hinnehmen müssen oder sogar noch zugelegt? Welche Hochburgen dieser Parteien im Jahre 1932 lassen sich aus der Karte ermitteln?

Soziale Schichtung von NSDAP-Mitgliedern und Reichsbevölkerung 1930 (in Prozent)

Berufsgruppe	Anteil an den NSDAP-Mitgliedern	Anteil an der Reichsbevölkerung	Berufsgruppe	Anteil an den NSDAP-Mitgliedern	Anteil an der Reichsbevölkerung
Arbeiter	28,1	45,1	Lehrer	1,7	1,0
Landwirte	14,1	6,7	Sonstige Beamte	6,6	3,3
Handwerker und Gewerbetreibende	9,1	5,5	Angestellte	25,6	15,9
Selbständige im Handel	8,2	3,7	Mithelfende Familienangehörige (meist weiblich)	3,6	17,3
Freie Berufe	3,0	1,5			

(Nach: M. Broszat, Der Staat Hitlers, München 1969, S. 51)

Hitler wird Reichskanzler

Stimmen für die NSDAP (in 1000)

Mai 1924	1 918
Dez. 1924	907
1928	810
1930	6 380
Juli 1932	13 766
Nov. 1932	11 737

Bei den Reichstagswahlen im Juli 1932 hatten fast 37 % aller Wähler ihre Stimme der NSDAP gegeben. Mit 230 Abgeordneten war sie jetzt die stärkste Partei im Reichstag. Innerhalb weniger Jahre hatte sich die kleine radikale Splitterpartei zur Massenbewegung entwickeln, die politische Landschaft in Deutschland völlig verändern können.

Wir wissen: Seit 1930 hatte sich der Reichstag als unfähig erwiesen, aus sich heraus eine Regierung zu bilden. So lag die Einsetzung von Regierungen im Ermessen des Reichspräsidenten von Hindenburg (S. 118). Von ihm forderte Hitler jetzt, zum Reichskanzler ernannt zu werden und eine Regierung nach seinen Vorstellungen bilden zu können. Hindenburg aber mißtraute dem „böhmischen Gefreiten", wie er ihn nannte, zutiefst. Am 13. August 1932 erklärte er Hitler knapp, er könne es „vor Gott, seinem Gewissen und dem Vaterlande nicht verantworten, *einer* Partei die gesamte Regierungsgewalt zu übertragen".

Noch einmal wurde im November 1932 ein neuer Reichstag gewählt, und jetzt zeigte sich, daß die NSDAP den Höhepunkt in der Wählergunst bereits hinter sich hatte. Sie blieb jedoch stärkste Partei.

Im Januar 1933 aber fanden sich einige Politiker der DNVP, ein Vorsitzender des „Stahlhelm" und einige Parteilose, die bereit waren, unter Hitler als Reichskanzler in eine neue Regierung einzutreten. Jetzt war auch Hitler kompromißbereit. Hindenburg, der den Führer der NSDAP nun von Persönlichkeiten *seines* Vertrauens „eingerahmt" glaubte, berief diesen am 30. Januar 1933 zum Reichskanzler.

Als Hitler am Abend, bleich und erregt, in die Reichskanzlei fuhr, um hier einen Fackelzug seiner Anhänger abzunehmen, sagte er: „Hier bringt mich lebend niemand wieder heraus!"

Arbeitsvorschläge

1. War die NSDAP eine *Arbeiterpartei*? Stelle anhand der Tabelle fest, welche Berufsgruppen in der NSDAP 1930 (120 000 Mitglieder) über- bzw. unterrepräsentiert waren!
2. Noch am 18. November 1932 hatte die SPD-Zeitung „Vorwärts" geschrieben: „Hitler soll Reichskanzler werden? Er hat in drei Monaten zwei Millionen Stimmen verloren. Macht er in demselben Tempo weiter, so ist er in fünfzehn Monaten fertig." – Womit begründete der Schreiber seine Hoffnung?
3. Lies noch einmal den Text auf S. 80! Stelle die wirtschaftlichen, außenpolitischen und innenpolitischen Gründe für das Scheitern der Republik zusammen!

Wir merken uns

Wohin? (Englische Karikatur 1933)

Die neue deutsche Republik erhielt ihre Gestalt durch die Weimarer Verfassung (1919). Friedrich Ebert war der erste Reichspräsident.
Die Republik war dreifach belastet:
durch ihre innenpolitischen Gegner, vor allem KPD und NSDAP;
durch außenpolitische Schwierigkeiten (Versailles, Ruhrkampf);
durch wirtschaftliche Notlagen (Inflation, Weltwirtschaftskrise).

In der Geschichte der Weimarer Republik lassen sich drei große Abschnitte erkennen:
die Zeit des mühsamen Anfangs (1919–1923);
die Zeit des Aufstiegs (1924–1929);
die Zeit des Niedergangs und Scheiterns (1930–1933).

Die Republik endete am 30. Januar 1933 mit der Machtergreifung Adolf Hitlers.

Geschichte und Gegenwart

Wir analysieren eine schriftliche Quelle

Ein Brief ...

Lies bitte auf S. 101 noch einmal über den „Magdeburger Prozeß" gegen Reichspräsident Ebert nach! Unter dem Eindruck des unwürdigen Gerichtsurteils schrieb ein junger Reichstagsabgeordneter der Deutschen Demokratischen Partei an Friedrich Ebert. Sein Name war *Theodor Heuss*. Er wurde 25 Jahre später der erste Präsident der Bundesrepublik Deutschland.
Der Brief ist nicht vernichtet worden. Beamte des Präsidentenbüros haben ihn „zu den Akten genommen". Mit diesen Akten ist er schließlich in ein wichtiges deutsches Archiv gekommen, das Bundesarchiv in Koblenz. Hier hat ihn ein Historiker, einer der Autoren dieses Geschichtsbuches, wiederentdeckt.

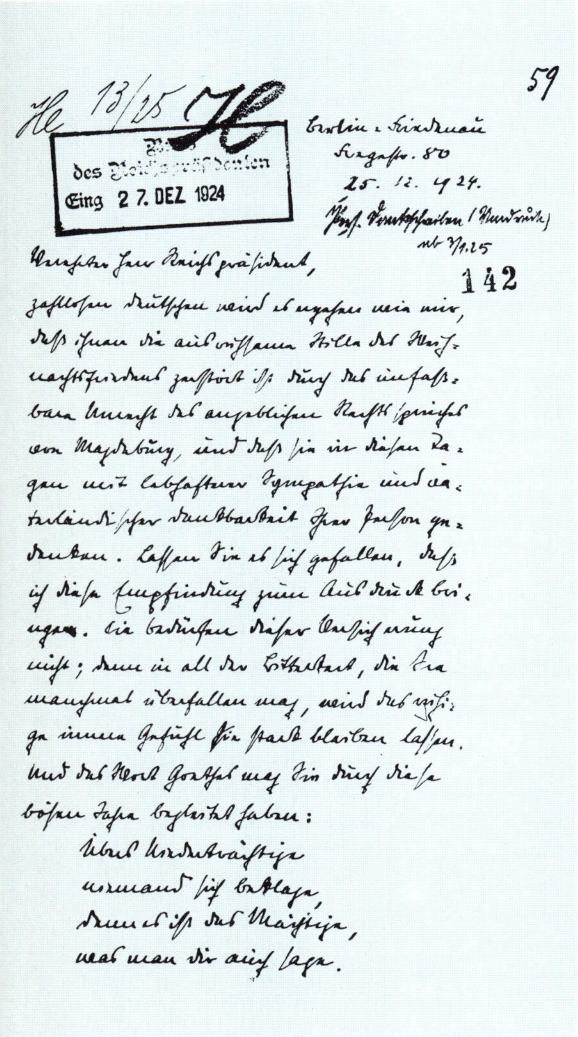

59

Büro des Reichspräsidenten
Eing 27. DEZ 1924

Berlin-Friedenau
Fregestr. 80
25. 12. 1924.

[illegible]

142

Verehrter Herr Reichspräsident,

zahllosen Deutschen wird es ergehen wie mir, daß ihnen die [illegible] Stille des Weihnachtsfriedens zerstört ist durch das unfaßbare Unrecht des angeblichen Rechtsspruches von Magdeburg, und daß sie in diesen Tagen mit lebhafter Sympathie und vaterländischer Dankbarkeit Ihrer Person gedenken. Lassen Sie es sich gefallen, daß ich diese Empfindung zum Ausdruck bringe. Sie bedürfen dieser Versicherung nicht; denn in all der Bitterkeit, die Sie manchmal überfallen mag, wird das richtige innere Gefühl Sie stark bleiben lassen. Und das Wort Goethes mag Sie durch diese bösen Tage begleitet haben:

Übers Niederträchtige
niemand sich beklage,
denn es ist das Mächtige,
was man dir auch sage.

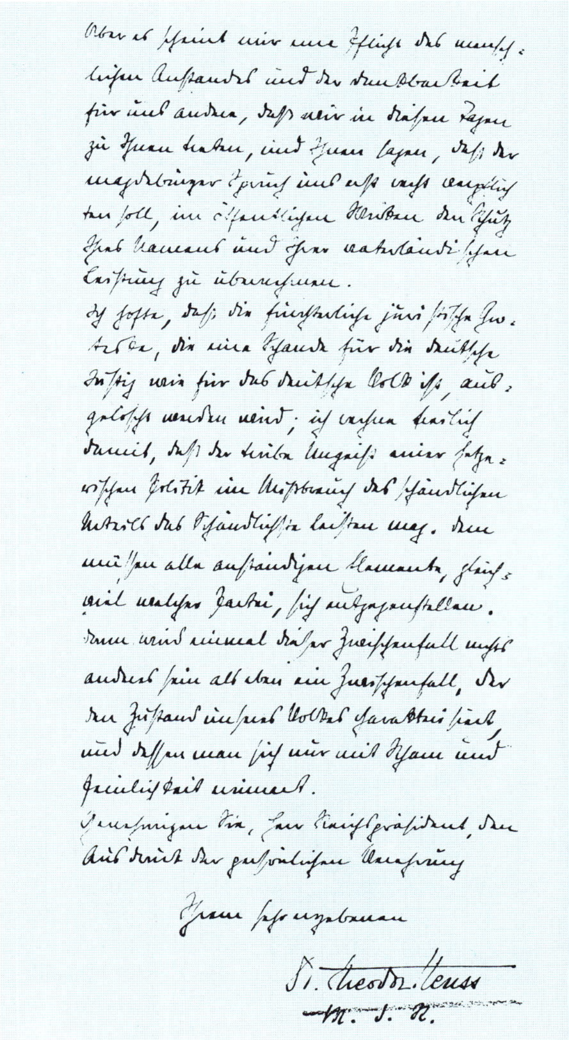

Aber es scheint mir eine Pflicht des menschlichen Anstandes und der Dankbarkeit für uns andere, daß wir in diesen Tagen zu Ihnen treten, und Ihnen sagen, daß der Magdeburger Spruch uns erst recht verpflichten soll, im öffentlichen Wirken den Schutz Ihres Namens und Ihrer vaterländischen Leistung zu übernehmen.

Ich hoffe, daß die fürchterliche juristische [illegible], die eine Schande für die deutsche Justiz wie für das deutsche Volk ist, ausgelöscht werden wird; ich rechne freilich damit, daß der trübe Angriff einer hetzerischen Politik im Mißbrauch des gerichtlichen Mittels das Schändlichste leisten mag. Dann müssen alle anständigen Elemente, gleichviel welcher Partei, sich entgegenstellen. Dann wird einmal dieser Zwischenfall nichts anderes sein als eben ein Zwischenfall, der den Zustand unseres Volkes charakterisiert und dessen man sich nur mit Scham und Peinlichkeit erinnert.

Genehmigen Sie, Herr Reichspräsident, den Ausdruck der persönlichen Verehrung

Ihres sehr ergebenen

Dr. Theodor Heuss
M. d. R.

... und seine Auswertung

Was kannst du über den *Verfasser* des Briefes ermitteln? – Wo wohnte er damals? Was mag die Abkürzung „M. d. R." bedeuten? An welchem besonderen Tage hat er geschrieben? Mit Hilfe eines Lexikons kannst du seine Lebensdaten feststellen. In welchen Jahren war er Bundespräsident der Bundesrepublik Deutschland?

Was schreibt der Verfasser dieses Briefes? – Welche Motive nennt er für dessen Niederschrift? Mit welchen Wendungen bewertet er das Urteil von Magdeburg? Was meint er mit den Worten „das ruhige Gefühl"? Welche Reaktion der politischen Gegner Eberts sieht er voraus? Wie versucht er, Ebert Mut zuzusprechen, ihn zu trösten? – Welche Anrede- und Schlußformel verwendet der Verfasser?

Untersuche bitte die *Bearbeitungsvermerke*, die nachträglich auf diesem Brief angebracht worden sind! Sie reichen vom Eingangsstempel über eine Notiz („Persönliches Dankschreiben – Umdruck") und das Datum der Beantwortung bis hin zu Zeichen für die Ablage in den Akten. – Solche Bearbeitungsvermerke sind für den Historiker oft sehr wichtige Hilfen bei seiner Archivarbeit.

Berlin-Friedenau
Fregestraße 80
25. 12. 1924

Verehrter Herr Reichspräsident,

zahllosen Deutschen wird es ergehen wie mir, daß ihnen die ausruhsame Stille des Weihnachtsfriedens zerstört ist durch das unfaßbare Unrecht des angeblichen Rechtsspruches von Magdeburg, und daß sie in diesen Tagen mit lebhafterer Sympathie und vaterländischer Dankbarkeit Ihrer Person gedenken. Lassen Sie es sich gefallen, daß ich diese Empfindung zum Ausdruck bringe. Sie bedürfen dieser Versicherung nicht; denn in all der Bitterkeit, die Sie manchmal überfallen mag, wird das ruhige Gefühl Sie stark bleiben lassen. Und das Wort Goethes mag Sie durch diese bösen Jahre begleitet haben:

Übers Niederträchtige
niemand sich beklage,
denn es ist das Mächtige,
was man dir auch sage.

Aber es scheint mir eine Pflicht des menschlichen Anstandes und der Dankbarkeit für uns andere, daß wir in diesen Tagen zu Ihnen treten, und Ihnen sagen, daß der magdeburger Spruch uns erst recht verpflichten soll, im öffentlichen Wirken den Schutz Ihres Namens und Ihrer vaterländischen Leistung zu übernehmen.

Ich hoffe, daß die fürchterliche juristische Groteske, die eine Schande für die deutsche Justiz wie für das deutsche Volk ist, ausgelöscht werden wird; ich rechne freilich damit, daß der trübe Ungeist einer hetzerischen Politik im Mißbrauch des schändlichen Urteils das Schändlichste leisten mag. Dem müssen alle anständigen Elemente, gleichviel welcher Partei, sich entgegenstellen. Dann wird einmal dieser Zwischenfall nichts anderes sein als eben ein Zwischenfall, der den Zustand unseres Volkes charakterisiert, und dessen man sich nur mit Scham und Peinlichkeit erinnert.

Genehmigen Sie, Herr Reichspräsident, den Ausdruck der persönlichen Verehrung
Ihrem sehr ergebenen

Dr. Theodor Heuss
M.d.R.

5 Die nationalsozialistische Diktatur 1933–1945

Einmarsch deutscher Truppen in Prag 1939

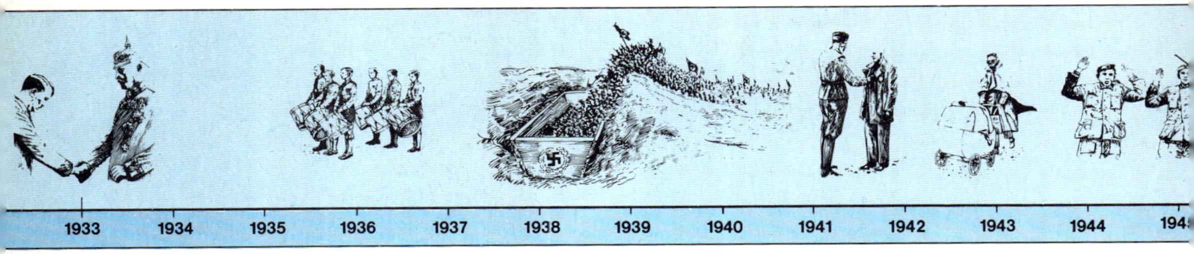

Ein Bild aus dem Frühjahr 1939

Sieh dir bitte das Bild auf den beiden Vorseiten genau an! Betrachte jedes einzelne Gesicht der abgebildeten Personen! Was, meinst du, kannst du aus ihnen herauslesen?

Für diejenigen, die für dich dieses Arbeitsbuch geschrieben haben, ist dieses Bild immer ein Symbol der nationalsozialistischen Diktatur gewesen, von der in diesem Teil des Buches die Rede ist.

Es ist der 15. März 1939. In der Welt ist fast überall tiefer Friede, und die Menschen gehen ihrer gewohnten Arbeit nach. Nur in einem kleinen Land fast in der Mitte Europas stehen die Uhren still. Panzer und andere Militärfahrzeuge rollen durch die Straßen von *Prag*, der Hauptstadt der Tschechoslowakei. Mit unbewegten Gesichtern sitzen die Soldaten Hitlers am Steuer; sie „handeln auf Befehl". Ob sie sich wohl und froh fühlen in ihrer Haut? Wir wissen es nicht.

Am Straßenrand haben tschechische Polizisten eine Kette gebildet. Sie haben den Auftrag, diejenigen voneinander zu trennen, die auf der Straße rollen und die sich hinter ihnen drängen. Auch ihre Gesichter sind steinern, unbewegt, ernst, verbittert. Sie erfüllen ihre Aufgabe: unsinniges Blutvergießen zu vermeiden.

Und die sich hinter ihnen drängen? Es sind zumeist junge Leute, die da fassungslos, weinend, wütend, haßerfüllt auf die Eindringlinge starren und in ohnmächtiger Wut ihre Fäuste ballen. Sie mögen zwischen 1915 und 1925 geboren sein, so alt sein wie manche eurer Großmütter und Großväter.

Ein Diktator hatte befohlen – mitten in einer Zeit, die man Frieden nannte.

Am 30. Januar 1933 hatte Adolf Hitler die politische Herrschaft in Deutschland übernommen. Am 1. September 1939 entfesselte er den neuen, den zweiten großen Weltkrieg. Am 8. Mai 1945 war die nationalsozialistische Diktatur zu Ende.

Von dieser Zeit soll berichtet werden.

Nationalsozialistische Herrschaft 1933–1939

Sicherung und Ausbau der Macht

Hitlers Programm 1933

Seit dem 30. Januar war Hitler Reichskanzler. Am 3. Februar 1933 legte er vor führenden Offizieren der Reichswehr seine Absichten und Ziele offen.

Ein General schrieb Hitlers Ausführungen in Stichworten mit:

„Ziel der Gesamtpolitik allein: *Wiedergewinnung der pol. Macht.* Hierauf muß gesamte Staatsführung eingestellt werden ...

1. *Im Innern.* Völlige Umkehrung der gegenw. innenpol. Zustände in D[eutschland]. Keine Duldung der Betätigung irgendeiner Gesinnung, die dem Ziel entgegensteht (Pazifismus!). Wer sich nicht bekehren läßt, muß gebeugt werden. Ausrottung des Marxismus mit Stumpf und Stiel. Einstellung der Jugend u. des ganzen Volkes auf den Gedanken, daß nur d. Kampf uns retten kann u. diesem Gedanken gegenüber alles zurückzutreten hat. (Verwirklicht in d. Millionen d. Nazi-Beweg. Sie wird wachsen.) Ertüchtigung der Jugend und Stärkung des Wehrwillens mit allen Mitteln. Todesstrafe für Landes- und Volksverrat. Straffste autoritäre Staatsführung. Beseitigung des Krebsschadens der Demokratie!

2. *Nach außen.* Kampf gegen Versailles ... aber zwecklos, wenn Volk nicht auf Wehrwillen eingestellt. Sorge für Bundesgenossen.

3. *Wirtschaft!* Der Bauer muß gerettet werden! Siedlungspolitik! Künft. Steigerung d. Ausfuhr zwecklos. Aufnahmefähigkeit d. Welt ist begrenzt u. Produktion ist überall übersteigert. Im Siedeln liegt einzige Mögl[ichkeit], Arbeitslosenheer z. T. wieder einzuspannen. Aber braucht Zeit u. radikale Änderung nicht zu erwarten, da Lebensraum für d[eutsches] Volk zu klein.

4. *Aufbau der Wehrmacht* wichtigste Voraussetzung für Erreichung des Ziels: Wiedererringung der pol. Macht. Allg. Wehrpflicht muß wieder kommen. Zuvor aber muß Staatsführung dafür sorgen, daß die Wehrpflichtigen vor Eintritt nicht schon durch Pazif[ismus], Marxismus, Bolschewismus vergiftet werden oder nach Dienstzeit diesem Gifte verfallen.

Wie soll pol. Macht, wenn sie gewonnen ist, gebraucht werden? Jetzt noch nicht zu sagen. Vielleicht Erkämpfung neuer Export-Mögl., vielleicht – und wohl besser – Eroberung neuen Lebensraums im Osten u. dessen rücksichtslose Germanisierung . Sicher, daß erst mit pol. Macht u. Kampf jetzige wirtsch. Zustände geändert werden können. Alles, was jetzt geschehen kann – Siedlung – Aushilfsmittel.

Wehrmacht wichtigste u. sozialistischste Einrichtung d. Staates. Sie soll unpol. u. überparteilich bleiben. Der Kampf im Innern nicht ihre Sache, sondern der Nazi-Organisationen ... Keine Verquikkung v. Heer u. SA beabsichtigt ...“

(Nach: H. A. Jacobsen, 1939–1945, Darmstadt 1961, S. 95f).

Arbeitsvorschläge

1. Arbeite den Quellentext genau durch! Löse Abkürzungen auf, erkläre unbekannte Begriffe!
2. In welchen Formulierungen wird Hitlers Absicht deutlich, eine Diktatur zu errichten? Welche innenpolitischen Gegner stellt er besonders heraus? – Welche Forderungen mögen den Interessen der Generäle entsprechen?
3. Welches ist das eigentliche und letzte Ziel Hitlers nach der Wiedererringung der politischen Macht?
4. Vergleiche Hitlers Aussagen mit den Ausführungen in „Mein Kampf“!
5. Vergleiche die im folgenden dargestellte Politik Hitlers nach 1933 mit diesen geheimen Ausführungen!

Der Reichstagsbrand

Hitler hatte genau erkannt: Um seine politischen Ziele durchzusetzen, war zweierlei wichtig

- die Zusammenfassung aller Macht in seiner Hand,
- die Ausschaltung der Gegner in Staat und Partei.

Der erste Schritt zur Erreichung dieser Ziele sollte eine erneute Reichstagswahl sein. Es war die Hoffnung Hitlers, damit wirklich die Mehrheit der Deutschen hinter sich zu bringen. Bisher war er ja nur Anführer der stärksten Partei. Mit einer Reichstagsmehrheit aber konnte er seine geplanten Maßnahmen nach außen als rechtmäßig hinstellen.

Am 5. März 1933 sollte die Neuwahl stattfinden. Am Abend des 27. Februar stand plötzlich das Gebäude des Reichstags in Flammen. Hitler ließ sofort verkünden, die Kommunisten hätten diesen Brand gelegt; er sollte das Signal zu einem Umsturz sein.

Noch in der Nacht unterzeichnete daraufhin Hindenburg eine Notverordnung „zur Abwehr kommunistischer Gewaltakte", in der die wichtigsten *Grundrechte* der Weimarer Verfassung außer Kraft gesetzt wurden. Nun konnten – nach außen hin ganz rechtmäßig – Kommunisten und andere Gegner verhaftet, Zeitungen und Versammlungen verboten, Briefe geöffnet und Telefongespräche abgehört werden.

Vieles spricht heute dafür, daß ein junger Holländer den Brand gelegt hatte, ohne Auftrag und ohne Hintermänner. Den Absichten der Nationalsozialisten kam der Reichstagsbrand jedoch sehr entgegen. Die „Brandverordnung" wurde deshalb nicht wieder aufgehoben. Noch zehn Jahre später mußte zum Beispiel diese Notverordnung als „rechtliche Grundlage" zur Verhaftung katholischer Priester herhalten!

*Hindenburg begrüßt Hitler bei einem Staatsakt in Potsdam am 21. 3. 1933.
Wie tritt Hitler auf, wie Hindenburg?
Was soll dieses Bild wohl symbolisch darstellen?
Überlege bitte, welche Gruppen der deutschen Bevölkerung durch diesen Vorgang und durch derartige Bilder für den neuen Reichskanzler eingenommen werden sollten?*

Das Ermächtigungsgesetz

Trotz aller Anstrengungen und aller Propaganda während des Wahlkampfs brachten die Reichstagswahlen am 5. März der NSDAP nur 44 % der abgegebenen Stimmen. Durch das Bündnis mit der DNVP (8 %) erreichte sie jedoch eine knappe Mehrheit. Nun ging Hitler einen anderen Weg.

Als der neue Reichstag zu seiner ersten Sitzung zusammentrat, forderte er von den Abgeordneten die *Ermächtigung*, zunächst vier Jahre ohne ihre Mitwirkung Gesetze erlassen zu können. Unter der Androhung eines Bürgerkrieges stimmten alle Parteien außer der SPD zu (die KPD war bereits verboten). Damit hatte sich der Reichstag selbst ausgeschaltet. Für Hitler aber bedeutete dieses *Ermächtigungsgesetz*, daß *gesetzgebende und ausführende Gewalt in seiner Hand vereinigt* waren. Es war der Totenschein der Republik.

Aus der Rede des Abgeordneten Wels für die SPD am 23. 3. 1933

„Nach den Verfolgungen, die die Sozialdemokratische Partei in der letzten Zeit erfahren hat, wird billigerweise niemand von ihr verlangen oder erwarten können, daß sie für das eingebrachte Ermächtigungsgesetz stimmt. Die Wahlen vom 5. März haben den Regierungsparteien die Mehrheit eingebracht und damit die Möglichkeit gegeben, streng nach Wortlaut und Sinn der Verfassung zu regieren. Wo diese Möglichkeit besteht, besteht auch die Pflicht. Kritik ist heilsam und notwendig. Noch niemals, seit es einen Deutschen Reichstag gibt, ist die Kontrolle der öffentlichen Angelegenheiten durch die gewählten Vertreter des Volkes in solchem Maße ausgeschaltet worden, wie es jetzt geschieht, und wie es durch das neue Ermächtigungsgesetz noch mehr geschehen soll. Eine solche Allmacht der Regierung muß sich um so schwerer auswirken, als auch die Presse jeder Bewegungsfreiheit entbehrt ... Das Sozialistengesetz hat die Sozialdemokratie nicht vernichtet. Auch aus neuen Verfolgungen kann die deutsche Sozialdemokratie neue Kraft schöpfen."

(Nach: Geschichte in Quellen V, München 1961, S. 283)

Arbeitsvorschlag

Hitler begründete das Ermächtigungsgesetz wie folgt: „Ein Teil der beabsichtigten Maßnahmen erfordert die verfassungsändernde [Zweidrittel-] Mehrheit ... Es würde dem Sinn der nationalen Erhebung widersprechen ..., wollte die Regierung sich für ihre Maßnahmen von Fall zu Fall die Genehmigung des Reichstags erhandeln oder erbitten." – Welche unterschiedlichen Vorstellungen von der Bedeutung des Reichstags als Parlament kommen in den Ausführungen von Wels und Hitler zum Ausdruck?

Die Gleichschaltung in Staat und Gesellschaft

In den ersten Monaten des Jahres 1933 erfolgte die „Gleichschaltung". Dahinter verbarg sich der Vorgang, alles staatliche Handeln und gesellschaftliche Leben auf den Kurs des neuen Systems auszurichten.
Die SPD wurde jetzt ebenfalls verboten, die übrigen Parteien lösten sich selbst auf. Die Gewerkschaften wurden zerschlagen, die Gewerkschaftshäuser besetzt, die Funktionäre verhaftet. Die Länder des Deutschen Reiches verloren ihre Eigenständigkeit, ihre Parlamente (vgl. Schaubild S. 92) wurden aufgelöst. Damit waren die Reste der Demokratie beseitigt, war ein *Einparteienstaat* entstanden. „Ein Volk, ein Reich, ein Führer!" – so lautete der neue Leitspruch.

Joseph Goebbels (1897–1945)

Ein neues Ministerium für „Volksaufklärung und Propaganda" wurde geschaffen. Sein Leiter, *Joseph Goebbels*, herrschte jetzt uneingeschränkt über Rundfunk und Presse, Kunst und Kultur. Er bestimmte z. B. hinfort, welche Nachrichten gesendet werden, welche Zeitungen erscheinen, welche Filme gedreht werden und welche Künstler noch arbeiten durften.

Bücherverbrennung am 10. Mai 1933 in Berlin

Die Ausschaltung des „Undeutschen" und „Entarteten"

Bereits im Mai 1933 wurden die Bücher so berühmter Schriftsteller wie Heinrich Heine, Thomas Mann, Erich Kästner, Bertolt Brecht und Kurt Tucholsky in Berlin öffentlich verbrannt. Ihr Inhalt wurde als „kulturzersetzend", als „undeutsch" bezeichnet. – Künstler wie Wassily Kandinsky, Ernst Barlach und Hans Grundig galten als Vertreter der „Entarteten Kunst". Mit vielen anderen wurden sie *verfemt*: öffentlich herabgewürdigt, angeprangert. Ihre Werke wurden beschlagnahmt; sie erhielten Arbeits- und Ausstellungsverbot. Viele verließen Deutschland, sie *emigrierten*. Andere zogen sich in die innere Emigration zurück oder nahmen sich sogar das Leben.

Mit der Ächtung moderner Stilrichtungen ging die Förderung einer neuen „Deutschen Kunst" einher. „Gegenständlich" mußte diese sein, den Kriegshelden und den blonden Sportler verherrlichen, eine heile bäuerliche Welt wiedergeben und den „Führer" als Übermenschen herausstellen. Beispiele sind das Hitlergemälde und das Olympiabild auf den Folgeseiten. – Auch die Universitäten wurden gleichgeschaltet. Politisch mißliebige Professoren sowie alle jüdischen Wissenschaftler verloren ihre Lehrstühle. Viele von ihnen emigrierten ebenfalls, vor allem in die USA und die Schweiz.

Ernst Barlach (1870–1938)

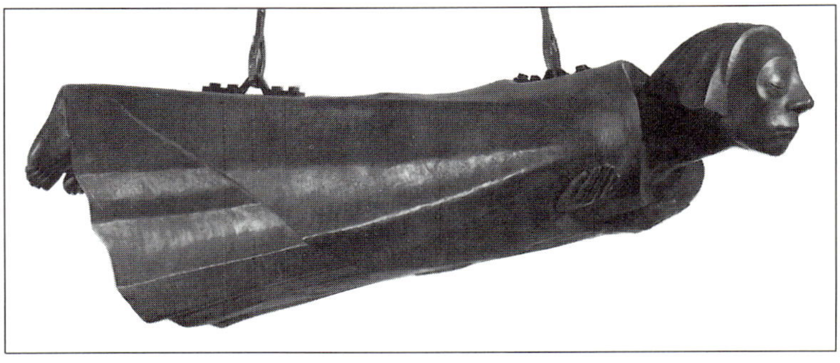

◁
Ernst Barlach in Güstrow. – In einem Seitenschiff des Güstrower Doms hängt der „Schwebende", die Bronzefigur eines Engels mit den Gesichtszügen der Künstlerin Käthe Kollwitz. Es ist ein Nachguß: Die Nationalsozialisten hatten das Original als „entartet" eingestuft und eingeschmolzen. – Ernst Barlach lebte seit 1910 in Mecklenburg. In Güstrow entstanden die meisten seiner Skulpturen in der ihm eigenen strengen, geschlossenen Form (vgl. auch S. 110).

△
Hans Grundig (1910–1958) in Dresden. – Der Maler erhielt 1933 Arbeitsverbot. Heimlich schuf er 1936 die Bildtafel „Vision", in der er die Schrecknisse eines künftigen Luftkriegs auf bestürzende Weise voraussah: Flugzeuge am blutrot vom Flammenschein erleuchteten Himmel, von Scheinwerfern erfaßt; zerstörte Häuser und stürzende Kirchturmspitzen; Gespenstern ähnliche Menschwesen, mit ihren Gasmasken verwachsen, in die Erde verkrochen.

Chemnitz, März 1933: Der sozialdemokratische Reichstagsabgeordnete Bernhard Kuhnt wird nach seiner Verhaftung in einem Karren durch die Stadt gezogen und verhöhnt. – Unten: Appell in Oranienburg, einem der ersten Konzentrationslager (April 1933). Die „Schutzhäftlinge" sind in einer ehemaligen Brauerei untergebracht.

Die Ausschaltung politischer Gegner

Wer nicht für die nationalsozialistische Herrschaft war, war in den Augen Hitlers und seiner Anhänger ein Gegner. Dazu gehörten Kommunisten und Sozialdemokraten, denen die ersten Verfolgungen galten. Dazu gehörten Geistliche und gläubige Christen, die sich aus Gewissensgründen gegen die Maßnahmen der neuen Herrscher wandten. Dazu gehörten die Angehörigen religiöser Gemeinschaften, die z. B. die Wehrpflicht ablehnten. Die Verfolgung konnte letztlich jeden freiheitlich denkenden Menschen treffen, der seine Einstellung laut äußerte oder öffentlich für sie eintrat.

Schon bald nach dem 30. Januar 1933, nach dem Reichstagsbrand und bei immer neu sich bietenden Gelegenheiten, füllten sich die von der SA und SS eingerichteten *Konzentrationslager* mit Häftlingen aller politischen Richtungen.

Konzentrationslager – das waren damals alte Kasernen oder stillgelegte Fabriken. Ohne Gericht und Urteil wurden die Gegner hier eingesperrt, gefoltert und gequält. „Schutzhaft" nannten die neuen Machthaber diese Verfolgung.

Der „Röhm-Putsch"

Fast überall waren die Gegner ausgeschaltet – nur noch nicht in den eigenen Reihen. In dem Chef der SA, *Ernst Röhm,* sah Hitler einen gefährlichen Konkurrenten, der überdies andere Vorstellungen von einer künftigen Zusammenarbeit mit der Wehrmacht hatte als er. Röhm schwebte vor, Reichswehr und SA zu einem Volksheer unter seiner Führung zu vereinigen.

Unter dem Vorwand, Röhm und einige SA-Führer hätten einen Putsch (Staatsstreich) geplant, ließ er sie am 30. Juni 1934 einfach niederschießen – ohne Gericht und Urteil! Gleichzeitig wurde eine Reihe politischer Gegner bei dieser Gelegenheit durch Beauftragte Hitlers kaltblütig niedergemetzelt, in ihren Wohnungen oder Amtsstuben. Insgesamt fielen etwa 200 Menschen dieser „Reichsmordwoche", wie man im Volk bereits heimlich sagte, zum Opfer.

Die Zusammenfassung der Staatsmacht

Am 2. August 1934 starb Hindenburg. Hitler vereinigte sofort die Ämter des Reichspräsidenten und des Reichskanzlers. Nun war er auch das „Staatsoberhaupt", und von nun an nannte er sich *„Führer und Reichskanzler".* Noch weittragendere Bedeutung hatte, daß er jetzt auch *Oberbefehlshaber der Wehrmacht* war. Noch am Todestage Hindenburgs schworen Deutschlands Soldaten:

> „Ich schwöre bei Gott diesen heiligen Eid, daß ich dem Führer des Deutschen Reiches und Volkes, Adolf Hitler, dem Oberbefehlshaber der Wehrmacht, unbedingten Gehorsam leisten und als tapferer Soldat bereit sein will, jederzeit für diesen Eid mein Leben einzusetzen."

Alle Macht im Staate war nun in der Hand dieses Führers vereinigt.

Dieses Bild ihres „Führers" sollte sich fortan den Deutschen einprägen. Es hing in unzähligen Klassenräumen, aber auch in Ämtern, Büros und Wohnzimmern. Welche Eigenschaften des „Führers" sollte wohl der Betrachter aus dem Gemälde herauslesen?

Das anläßlich des Besuchs Mussolinis festlich geschmückte Berlin 1937. Im Hintergrund das Brandenburger Tor

Gesellschaft und Wirtschaft im nationalsozialistischen Staat

Die Uniformierung des Lebens

Sehr bald wurde das Bemühen der Nationalsozialisten erkennbar, alle Bereiche des Lebens zu durchdringen. Uniformen und Fahnen beherrschten das Straßenbild – besonders bei festlichen Anlässen.

Braune Hemden hatten zuerst die SA-Leute in der frühen Weimarer Republik getragen. Braune Uniformen trugen nun auch die „politischen Leiter“: Parteigenossen mit bestimmten Aufgaben innerhalb der NSDAP. Daneben wurde eine Anzahl weiterer Unterorganisationen der Partei ausgebaut, und alle erhielten eigene Uniformen:

das „Deutsche Jungvolk“ (DJ),
die „Hitlerjugend“ (HJ),
der „Bund Deutscher Mädel“ (BDM),
die „Schutzstaffeln“ (SS),
das „Nationalsozialistische Kraftfahrerkorps“ (NSKK),
das „Nationalsozialistische Fliegerkorps“ (NSFK)
und viele andere mehr.

Das Abzeichen der Partei war das schwarze Hakenkreuz in weißem Kreis auf rotem Grund. Das Hakenkreuz war ein altes Sonnenzeichen aus der Bronzezeit. Hitler verstand es als Sinnbild der Erneuerung Deutschlands aus altem „germanischen“ Geist. Die Hakenkreuzfahne ersetzte das Schwarz-Rot-Gold der Weimarer Republik.

Die „Erfassung" der Deutschen

Eine unablässige *Propaganda* rieselte auf die deutschen Bürger hernieder. Sorgsam wurde abgeschirmt, was an anderen Meldungen, etwa vom Ausland her, ins Volk dringen konnte. Jedermann war irgendwie von der Partei „erfaßt": im Betrieb, in der Hausgemeinschaft, in den nationalsozialistischen Organisationen, in den Vereinen, in den Schulen. Alles Leben war „gleichgeschaltet", auf den „Führer ausgerichtet".

So sahen und hörten die Bürger nur die eine, vordergründige Seite:

- Begeisternde Massenaufmärsche mit Jubel und Musik, Sprechchören und Fahnenwäldern;
- große Worte von der „Ehre der Nation", vom „blutsmäßigen Adel der deutschen Herrenmenschen", von der Auslöschung der „Schmach von Versailles", von der „neu erstehenden Größe Deutschlands";
- die Paraden einer neuen Wehrmacht, die „das Ansehen Deutschlands in der Welt garantiere".

Daneben waren die Nationalsozialisten auf Volkstümlichkeit bedacht. Maifeiern und Erntedankfeste wurden aufwendig gefeiert. Die Organisation „Kraft durch Freude" (KdF) veranstaltete für wenig Geld Ferienreisen. In Einrichtungen der Partei konnten gemeinsam Spiel und Sport gepflegt werden. – Solche Maßnahmen blendeten viele Deutsche. Sie vergaßen, daß sie nur von den Einschränkungen ihrer persönlichen Freiheit abgelenkt werden sollten.

„Ein Führer für jedermann" – Serienfertigung von Hitlerbüsten aus Kunststein

Und wie standen sie zu der anderen, der wahren Seite?

Gewiß, sie hörten von dem einen oder anderen Nachbarn, der verschwunden war. Konzentrationslager – das war so ein Wort, das seit 1933 des öfteren aufklang. Sie wurden für kurze Zeit nachdenklich, als die Nachrichten von der „Reichsmordwoche" 1934 durch das Land gingen. Sie bedauerten, daß ihr Hausarzt 1936 plötzlich seine Praxis schließen mußte, weil er ein Jude war. Sie sahen mit ungutem Gefühl, wie in ihrer Stadt 1938 das Gotteshaus der Juden in Flammen aufging und die Feuerwehr dabeistand, ohne den Brand zu löschen. Und es beklemmte sie, daß im Sommer 1939 immer häufiger das Wort *Krieg* in den Zeitungen stand.

Aber das waren zunächst für viele Deutsche nur kurze Augenblicke der Besinnung und des Nachdenkens, die sie schnell überwanden. „Der Führer wird es schon wissen", war ihre bequeme Erklärung, die sie jeder eigenen Verantwortung enthob. Und so erfüllten sie mit Idealismus die kleinen Aufgaben, die ihnen irgendeine Dienststelle des Parteiapparats aufgetragen hatte, glaubten sie, eine wichtige Funktion zu erfüllen, weil sie eine (braune) Uniform oder irgendein Abzeichen trugen, hängten sie die Hakenkreuzfahne über das Balkongitter, wenn der Führer dazu aufrief, folgten sie schließlich begeistert und kritiklos jedem seiner Befehle.

Die Jugend

Es war ein besonderes Anliegen der Nationalsozialisten, die Jugend für sich zu gewinnen. In einer staatlichen Jugendorganisation, der „Hitler-Jugend", wurde sie straff zusammengefaßt. Zeltlager und Lagerfeuer, Aufmärsche und Geländeübungen, Kleinkaliberschießen und Handgranatenwerfen sollten vor allem die Jungen „zusammenschweißen" und auf ihre Aufgabe als „Garanten der Zukunft" vorbereiten.

Aufmarsch des „Deutschen Jungvolks" mit Trommeln und Fanfaren. Zum Jungvolk gehörten alle zehn- bis vierzehnjährigen Jungen.

Aufmarsch des „Bundes Deutscher Mädel". Die zehn- bis vierzehnjährigen Mädchen hießen „Jungmädel" und wurden in eigenen Gruppen zusammengefaßt. Mädchen zwischen vierzehn und achtzehn gehörten dann zum BDM.

Adolf Hitler über Jugenderziehung

„Der völkische Staat wird dafür sorgen müssen, *durch eine passende Erziehung der Jugend dereinst das für die letzten und größten Entscheidungen auf diesem Erdball reife Geschlecht zu erhalten ...*"

„Die gesamte Erziehung und Ausbildung muß darauf angelegt werden, den jungen deutschen Volksgenossen die Überzeugung zu geben, anderen unbedingt überlegen zu sein ..."

„Eine gewalttätige, herrische, unerschrockene, grausame Jugend will ich ... Es darf nichts Schwaches und Zärtliches an ihr sein. Das freie, herrliche Raubtier muß erst wieder aus ihren Augen blitzen ... Mit Wissen verderbe ich mir die Jugend. Aber Beherrschung müssen sie lernen. Sie sollen mir in den schwierigsten Proben die Todesfurcht besiegen lernen ..."

(Mein Kampf, S. 456, 457; H. Rauschning, Gespräche mit Hitler, Zürich 1940, S. 237)

Adolf Hitler vor der Reichenberger Hitlerjugend am 4. Dezember 1938

„Diese Jugend, die lernt ja nichts anderes als deutsch denken, deutsch handeln! Und wenn diese Knaben mit 10 Jahren in unsere Organisation hineinkommen und dort oft zum erstenmal überhaupt eine frische Luft bekommen und fühlen, dann kommen sie vier Jahre später vom Jungvolk in die Hitlerjugend, und dort behalten wir sie wieder vier Jahre. Und dann geben wir sie erst recht nicht zurück in die Hände unserer alten Klassen- und Standeserzeuger (Lachen), sondern dann nehmen wir sie sofort in die Partei, in die Arbeitsfront, in die SA oder in die SS, in das NSKK usw. Und wenn sie dort zwei Jahre oder eineinhalb Jahre sind und noch nicht ganze Nationalsozialisten geworden sein sollten (Lachen), dann kommen sie in den Arbeitsdienst und werden dort wieder 6 und 7 Monate geschliffen, alles mit einem Symbol, dem deutschen Spaten (Beifall). Und was dann nach 6 oder 7 Monaten noch an Klassenbewußtsein oder Standesdünkel da oder da noch vorhanden sein sollte, das übernimmt dann die Wehrmacht zur weiteren Behandlung auf zwei Jahre (Beifall), und wenn sie nach zwei, drei oder vier Jahren zurückkehren, dann nehmen wir sie, damit sie auf keinen Fall rückfällig werden, sofort wieder in die SA, SS usw., und sie werden nicht mehr frei ihr ganzes Leben ..."

(Nach: Lautarchiv des Deutschen Rundfunks, Nr. C 1326)

Das „Fahnenlied" der Hitlerjugend

„Vorwärts! Vorwärts! schmettern die hellen Fanfaren. Vorwärts! Vorwärts! Jugend kennt keine Gefahren. Deutschland, du wirst leuchtend stehn, mögen wir auch untergehn. Vorwärts ... Ist das Ziel auch noch so hoch, Jugend zwingt es doch."

„Unsre Fahne flattert uns voran, in die Zukunft ziehn wir Mann für Mann. Wir marschieren für Hitler durch Nacht und Not, mit der Fahne der Jugend für Freiheit und Brot. Unsre Fahne flattert uns voran. Unsre Fahne ist die neue Zeit. Und die Fahne führt uns in die Ewigkeit. Ja, die Fahne ist mehr als der Tod!"

„Jugend! Jugend! Wir sind der Zukunft Soldaten. Jugend! Jugend! Träger der kommenden Taten. Ja durch unsre Fäuste fällt, was sich uns entgegenstellt. Jugend ... Führer! Dir gehören wir, wir, Kam'raden, dir!"

„Unsre Fahne flattert uns voran, in die Zukunft ziehn wir Mann für Mann. Wir marschieren für Hitler durch Nacht und Not, mit der Fahne der Jugend für Freiheit und Brot. Unsre Fahne flattert uns voran. Unsre Fahne ist die neue Zeit. Und die Fahne führt uns in die Ewigkeit. Ja, die Fahne ist mehr als der Tod!"

Geländeübung der Hitlerjugend. Für die vierzehn- bis achtzehnjährigen Jungen spielte die „vormilitärische Ausbildung" eine besondere Rolle.

Und so endete es. Am Schluß des Krieges wurden auch schon Sechzehnjährige in Soldatenuniform gesteckt. Tausende dieser Kindersoldaten sind 1945 noch gefallen – sinnlos geopfert, als der Krieg ohnehin schon längst verloren war.

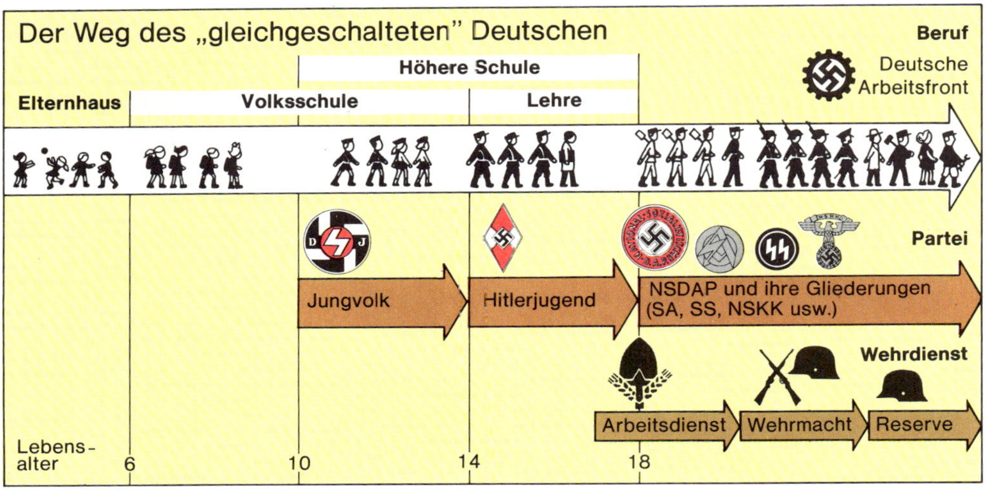

Arbeitsvorschläge

1. In welchem Zusammenhang steht die Wahl des Hakenkreuz-Symbols mit Hitlers Rassenlehre?
2. Welchem Ziel diente die möglichst lückenlose Erfassung aller Deutschen?
3. Diskutiere die von Hitler angesprochenen Erziehungsziele!
4. Setze Hitlers Rede vor der Reichenberger Hitlerjugend in Beziehung zum Schaubild oben!
5. Suche Beispiele für den Fahnenkult, wie er im Lied der Hitlerjugend zum Ausdruck kommt, in Abbildungen dieses Buches! Nimm Stellung!
6. Warum bemühten sich die Nationalsozialisten besonders um die Jugend?

Die Wirtschaft

So sah das äußere Bild aus: Die Arbeitslosen verschwanden von den Straßen und Hinterhöfen. Autobahnen wurden gebaut. Prunkvolle Staats- und Parteibauten entstanden.

Und freudig begannen Hunderttausende auf einen *Volkswagen* zu sparen, den ein mit großem Gepränge in Wolfsburg errichtetes Autowerk für alle „Volksgenossen" bauen sollte.

Die Arbeiter

Aber auch dies gehört in das Bild hinein: Mit der Zerschlagung der Gewerkschaften verloren die Arbeiter jedes Recht und jede Möglichkeit, auf die Durchsetzung ihrer Interessen einzuwirken. Es gab keine Tarifautonomie, kein Streikrecht mehr. Arbeitnehmerrechte wurden abgebaut, besonders die freie Wahl des Arbeitsplatzes. Arbeitsbeschaffungsprogramme – wie z. B. der Bau von Autobahnen – und Aufrüstung brachten den Menschen Arbeit, ließen jedoch den Lebensstandard der Arbeiterschaft insgesamt nicht wieder auf den Stand vor der großen Wirtschaftskrise steigen.

Die Aufrüstung

Die Überwindung der Arbeitslosigkeit war eng mit der „Wehrhaftmachung des deutschen Volkes" verbunden. Staatsaufträge an die Wirtschaft bereiteten die *Aufrüstung* vor. Mit der Wiedereinführung der Wehrpflicht 1935 wurden zahlreiche Kasernen, Flugplätze und militärische Übungsstätten gebaut.

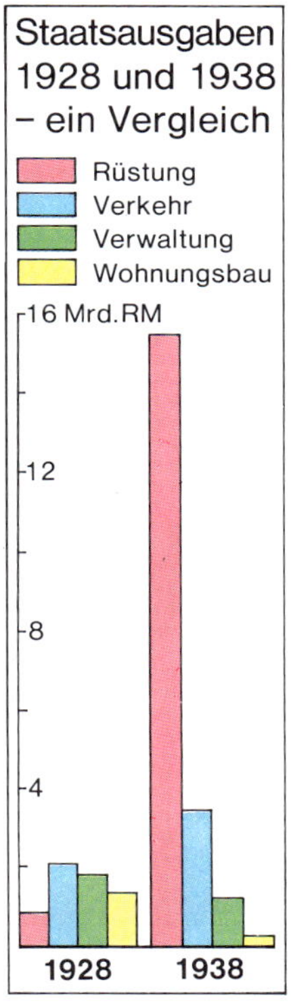

Ganze Jahrgänge junger Menschen erhielten die Einberufung zum Reichsarbeitsdienst und zum Wehrdienst – 1936 allein mehr als eine Million Männer. An der Grenze zu Frankreich entstand eine ausgedehnte Befestigungsanlage, der „Westwall".

Die meisten Aufträge, die hier vergeben wurden, waren unproduktiv. Es wurden keine Waren mit ihnen erzeugt, die man im Ausland verkaufen konnte, um damit neues Geld zu schaffen. Die Folge war die zunehmende Verschuldung des Reiches.

Die gesamte Industrie wurde jetzt unter dem Gesichtspunkt der Aufrüstung gelenkt. Sie wurde mit allen nur erdenklichen Mitteln zur letzten Leistung angespornt. Nach Stalins Vorbild verkündete Hitler 1936 einen „*Vierjahresplan*". Sein erstes Ziel war die „Autarkie", d. h. der Versuch, die Wirtschaft Deutschlands vom Ausland weitgehend unabhängig zu machen. Was Einfuhr- oder Mangelware war, sollte möglichst durch deutsche Kunststoffe ersetzt werden: Gummi durch „Buna", Benzin aus Erdöl durch Benzin aus Kohle, Wolle und Baumwolle durch Zellwolle und Kunstfasern. Der gesamte Außenhandel lief über staatliche Lenkungsstellen. Für die damit verbundenen Einschränkungen gab Göring das Stichwort: „Kanonen statt Butter!"

Wo aber lag das letzte, das eigentliche Ziel?

Aus Hitlers geheimer Denkschrift zum Vierjahresplan 1936

„Wir sind übervölkert und können uns auf der eigenen Grundlage nicht ernähren …

Das Ergebnis unserer landwirtschaftlichen Produktion kann eine wesentliche Steigerung nicht mehr erfahren. Ebenso ist es uns unmöglich, einzelne Rohstoffe, die uns in Deutschland fehlen, zur Zeit auf einem künstlichen Wege herzustellen oder sonst zu ersetzen.

Es ist aber gänzlich belanglos, diese Tatsachen immer wieder festzustellen, d. h. festzustellen, daß uns Lebensmittel oder Rohstoffe fehlen, sondern es ist entscheidend, jene Maßnahmen zu treffen, die für die *Zukunft eine endgültige* Lösung, für den Übergang eine *vorübergehende* Entlastung bringen können.

Die endgültige Lösung liegt in einer Erweiterung des Lebensraumes bzw. der Rohstoff- und Ernährungsbasis unseres Volkes. Es ist die Aufgabe der politischen Führung, diese Frage dereinst zu lösen …

Ich stelle damit folgende Aufgabe:

1. Die deutsche Armee muß in 4 Jahren einsatzfähig sein.
2. Die deutsche Wirtschaft muß in 4 Jahren kriegsfähig sein."

(Nach: Wilhelm Treue, Hitlers Denkschrift zum Vierjahresplan 1936, in: Vierteljahrshefte für Zeitgeschichte 3 [1955], S. 204ff.)

Arbeitsvorschläge

1. Hitler unterscheidet eine „vorübergehende Entlastung" und eine „endgültige Lösung". Welchem Zweck dient die Aufrüstung, welchem der „Vierjahresplan"?

2. Mit Hilfe des Textes kannst du die Tabellen auf S. 152 durcharbeiten und die Entwicklung der Zahl der Erwerbspersonen nach 1933 begründen – die Entwicklung der Arbeitslosigkeit dazu in Beziehung setzen – die Bruttoverdienste im wilhelminischen Deutschland, in der Weimarer Republik und im „Dritten Reich" miteinander vergleichen – die Unterschiede der Entlohnung männlicher und weiblicher Erwerbstätiger untersuchen – die Entwicklung von Arbeiter- und Angestelltenlöhnen im „Dritten Reich" vergleichen – Aufrüstung und Staatsverschuldung in Beziehung setzen! Werte auch das Schaubild oben aus!

Leben im Nationalsozialismus 1933–1939. – Adolf Hitler stellte 1936 einen „KdF-Wagen" zum Preis von 1000 Mark vor, der durch ein Ansparsystem für jedermann erschwinglich sein sollte. (Nach 1945 wurde er als „Volkswagen" gebaut.) – 1936 boten die Olympischen Spiele in Berlin der braunen Diktatur eine Gelegenheit zur großen Selbstdarstellung. – Durch „Eintopfsonntage" und das Spenden des Eingesparten für die ärmere Bevölkerung sollten die Deutschen dazu angehalten werden, sich als Volksgemeinschaft zu empfinden (Bild unten).

Der Beginn der Judenverfolgung

Die Juden in der Geschichte

Erinnern wir uns:

Über tausend Jahre hatte der kleine Staat der Juden im Altertum in Vorderasien bestanden. Damals, im 8. Jahrhundert *v. Chr.*, war in diesem Volk eine Reihe heiliger Männer aufgetreten, die sich Propheten nannten. Sie machten den Judenstaat zu einem „Gottesstaat" und stellten alles Leben unter das Gebot ihres Glaubens.

Die Schriften dieser Propheten bilden einen Teil unserer Bibel; sie sind neben den Büchern Moses' der Hauptinhalt des „Alten Testaments". Auf ihrer Grundlage, als Nachfolger und Vollender dieser Propheten, wirkte Jesus von Nazareth, der Begründer unserer christlichen Religion, dessen Geburt die Wende unserer geschichtlichen Zeitrechnung darstellt.

Nur schwer konnte sich dieser kleine Staat in dem Ringen der angrenzenden Großmächte behaupten. Im Jahre 70 n. Chr. endete das staatliche Leben unter der römischen Fremdherrschaft mit der Zerstörung Jerusalems. Fortan lebten die Juden in der Welt zerstreut. 634 wurde ihr Heimatland von den mohammedanischen Arabern erobert. Das Heilige Land wurde damit, für rund 1300 Jahre, ein arabisches Gebiet.

Trotz ihrer Zerstreuung in alle Welt hielten die Juden durch alle Jahrhunderte hindurch an Sitte und Glauben ihrer Väter fest. Sie wurden oftmals in ihren neuen Heimatländern verfolgt und blutig bedrängt: in Spanien, im alten „Römischen Reich Deutscher Nation", in Frankreich, England, Polen und Rußland.

Besonders grausame Verfolgungen trafen sie in der Zeit der Kreuzzüge, als man ihnen die Tötung Christi zur Last legte. So gab es das ganze Mittelalter hindurch eine *religiöse* Wurzel der Judenfeindschaft.

Dazu kam eine *wirtschaftliche* Wurzel: Juden durften keinen Grundbesitz erwerben und nur bestimmte Berufe ausüben. Sie waren z. B. Geldwechsler oder handelten mit Gebrauchtwaren. So verfolgte man sie wegen ihres Glaubens und wegen ihrer Geschäfte – bis weit in die Neuzeit hinein.

Erst seit dem 18. Jahrhundert erlangten die Juden allmählich die Gleichberechtigung, zumindest auf dem Papier. In der Zeit der Industriellen Revolution gelang es vielen, in einflußreiche und geachtete Stellungen – vor allem im Handel, im Bankgewerbe, in den freien Berufen – vorzudringen.

Gegen Ende des 19. Jahrhunderts jedoch kam die Rassenlehre als eine Scheinwissenschaft auf. Ihre Vertreter entwickelten die Lehre von der Ungleichheit der Rassen, in der die Germanen als Träger aller guten, die Juden als Träger aller schlechten Eigenschaften herausgestellt wurden. Diese Rassenlehre verstärkte den *Antisemitismus*, der noch immer in weiten Teilen der Bevölkerung vorhanden war, um eine neue, eine *rassische* Wurzel.

Arbeitsvorschläge

1. Im Text werden drei Wurzeln der Judenfeindschaft erwähnt. Suche sie heraus und beschreibe sie mit deinen Worten!

2. Wie du weißt, hat Hitler sich die im 19. Jahrhundert aufgekommene Rassenlehre zu eigen gemacht und auf schreckliche Weise vereinfacht. – Lies jetzt noch einmal über Hitlers „Weltanschauung" und ihre rassistischen Ansätze nach, wie er sie in seinem Buch „Mein Kampf" dargelegt hat!

Solche Plakate hingen in deutschen Einzelhandelsgeschäften. – Von 1941 an mußten alle Juden im deutschen Machtbereich den „Judenstern“ tragen, „einen handtellergroßen Sechsstern aus gelbem Stoff mit der Aufschrift ‚Jude‘“.

Die Verfolgung seit 1933

So neu war das also nicht, was Hitler 1924 über die Juden geschrieben hatte. Nur wurde unter seiner Herrschaft aus Ideen blutige Wirklichkeit. Was jetzt begann, war eine pausenlose Hetze und Propaganda, die den Haß gegen die jüdischen Mitbürger schüren sollte. „Die Juden sind unser Unglück!“ hämmerte man schon den Kleinsten ein, und in der Schule wurde plötzlich der Klassenkamerad zum „Feind des Volkes“.
Es blieb nicht bei der Hetze.

Gleich nach der Machtübernahme hatte mit dem *Boykott* jüdischer Geschäfte und dem Verbot bestimmter Berufe die Ausstoßung der Juden aus dem „deutschen Volkskörper“ begonnen. Der Reichsparteitag vom September 1935 verkündete dann die sogenannten *Nürnberger Gesetze,* die jede Gemeinschaft, besonders Ehen, zwischen Juden und „Ariern“ verboten. Alle bürgerlichen und politischen Rechte wurden den Juden abgesprochen.

Am 9. November 1938 stürmte die SA in einer planmäßigen Aktion die Gotteshäuser (Synagogen) der Juden, warf die Kultgegenstände auf die Straße und steckte die Gebäude in Brand. Jüdische Friedhöfe wurden verwüstet, die Fenster jüdischer Geschäfte eingeschlagen, Juden mißhandelt und fast 100 Juden getötet. Etwa 150 000 deutsche Juden verließen 1938/39 ihre Heimat.

Die „Reichskristallnacht“ war der Auftakt zu Schlimmerem.

Jüdische Einwohner in Frankfurt	
1925	29 385
1940	11 500
1. 1. 1942	6 909
31. 12. 1942	706
31. 3. 1943	572

Gesamtbevölkerung in Frankfurt	
1925	467 000
1939	553 000

Seite aus einem Bilderbuch für deutsche Kinder aus dem Jahre 1935. So sollten schon die Kleinsten ihre jüdischen Nachbarn sehen, die im Text aufgefordert werden, Deutschland – „tempo, tempo“ – zu verlassen. Auch hier steht bereits auf dem Wegweiser: „Die Juden sind unser Unglück!“

So sah der Zeichner A. Paul Weber im Januar 1933 Deutschlands Zukunft.

Der Weg in den Krieg

Ziele der nationalsozialistischen Außenpolitik

„Zerbrecht die Ketten von Versailles!“ hatten Hitler und seine Propagandaredner bereits auf den Parteiversammlungen in der Zeit der Weimarer Republik immer wieder gefordert. *Aufhebung des Versailler Vertrages* und die Wiederherstellung der früheren Macht Deutschlands war damit die erste Grundforderung der nationalsozialistischen Außenpolitik. „Gleiches Blut gehört in ein gemeinsames Reich“ hieß es in „Mein Kampf“. Die *Schaffung eines „Großdeutschen Reiches“*, das auch die Deutschen umfaßte, die außerhalb der Reichsgrenzen wohnten, war damit die zweite Grundforderung. Immer aber stand dahinter bereits das dritte Ziel, die „endgültige Lösung“: die *Eroberung neuen „Lebensraumes“* und, damit verbunden, die *Vorherrschaft in Europa.*

Die Bündnispolitik

Einen geeigneten Bündnispartner zur Durchsetzung seiner außenpolitischen Ziele fand Hitler in *Italien.*

Nach dem Ersten Weltkrieg hatten in Italien – wie in Deutschland – Unruhen das Land erschüttert und eine Partei auf den Plan gerufen, die versprach, Ruhe und Ordnung wiederherzustellen: die *Faschisten.* Ein neues „Römisches Weltreich“ und die „Rettung vor dem Kommunismus“ – das waren die Hauptziele dieser Partei. Ihr Anführer hieß *Mussolini;* er nannte sich „Duce“ (Führer).

Im Oktober 1922 hatten die Faschisten mit einem „Marsch auf Rom“ die Macht in Italien an sich gerissen und auf diese Weise für „Ordnung“ gesorgt. Sie lösten alle Parteien – außer der faschistischen – auf, unterdrückten die Gegner. Sie errichteten eine Diktatur, die den Nationalsozialisten in vielem als Vorbild erschien.

1935 begannen die Faschisten mit dem Versuch, dieses neue italienische Großreich rund um das Mittelmeer zu errichten. Sie überfielen als erstes das alte Kaiserreich Abessinien. Die meisten Staaten der Welt verurteilten diesen brutalen Überfall. Deutschland aber unterstützte Italien, wo immer es konnte. Abessinien wurde unterworfen.

Hitler hatte mit der gewährten Unterstützung die Freundschaft des „Duce“ gewonnen. Sie schlossen 1936 einen Freundschaftspakt, die „Achse Berlin-Rom“. Schon im gleichen Jahr fanden sie Gelegenheit, ihr Bündnis im Spanischen Bürgerkrieg zu erproben.

Der Spanische Bürgerkrieg 1936–1939

Spanien war im 20. Jahrhundert ein armes Land, durch innere Gegensätze zerrissen. Industriearbeiter und Landarbeiter forderten Reformen, Großgrundbesitzer und Offiziere suchten sie zu verhindern.

Seit 1931 war Spanien eine Republik. Als die republikanische Regierung – von Linksparteien gestellt – die längst fälligen Reformen einleiten wollte, entbrannte 1936 der Spanische Bürgerkrieg. *General Francisco Franco* (1892–1975), Anführer der Reformgegner, fand sehr bald die offene Unterstützung Deutschlands und Italiens. Sie schickten ganze Regimenter, Schiffe und Flugzeuge, Panzer, Gewehre und Munition. Für sie war der Spanische Bürgerkrieg ein Kampf gegen die „Roten", die Kommunisten, und zugleich das erwünschte Versuchsfeld, um die neu entwickelten Waffen und die Methoden moderner Kriegführung auszuprobieren.

Auf der anderen Seite eilten „antifaschistische Arbeiterbrigaden" vieler Länder, besonders aus Frankreich und der Sowjetunion, der republikanischen Regierung zu Hilfe. Auch zahlreiche deutsche Kommunisten kämpften in Spanien, zumeist in der „XI. Internationalen Brigade".

Erst 1939 siegte Franco mit Hilfe der deutsch-italienischen Verbände und richtete eine weitere *faschistische* Diktatur in Europa ein.

Guernica

Während des Spanischen Bürgerkrieges erfolgte am 26. April 1937 ein Luftangriff auf das kleine nordspanische Städtchen Guernica. Es waren Einheiten der deutschen Luftwaffe, die ihre Bombenlast auf die Zivilbevölkerung abluden – erstmals in der Geschichte. Unter dem Eindruck dieses Geschehens entstand ein 3,5 × 7,8 m großes Gemälde von *Pablo Picasso* (1881–1973).

Beim ersten Blick sitzen wir vielleicht verwirrt vor dem Durcheinander des Bildes: zerstückelte Körper von Mensch und Tier, Köpfe mit entsetzt verdrehten Augen und schreckhaft aufgerissenem Mund; grelles Licht und dunkle Schatten. Wir erkennen Einzelheiten: eine Mutter mit ihrem toten Kind in den Armen; ein Pferd, dem sich eine Lanze in den Rücken bohrt; ein erschlagener Krieger mit zerbrochenem Schwert; ein Kopf, der wie eine Maske über der Szene schwebt; eine Frau, lichtgeblendet durch das Geschehen fliehend, und eine andere, in letzter Todesangst die Arme emporreißend, während die Flammen schon an ihr emporzüngeln – und andere Einzelheiten.

Sind aber diese Einzelheiten so wichtig? Ist es nicht wichtiger, zu begreifen, was Picasso mit diesem Bild ausdrücken wollte: Krieg – vor allem der Krieg gegen Wehrlose – ist entsetzliches Geschehen! Krieg heißt brutale Zerstörung.

Picasso hat fürwahr kein „schönes" Bild gemalt, und keines, das man gleich „versteht". Er wollte, daß wir uns *hineindenken* und *nachdenken* über das, was es uns sagt.

Das erste Ziel: Revision von Versailles

Unterdessen hatte Hitler bereits damit begonnen, das erste Ziel seiner Außenpolitik zu verwirklichen: die *Revision des Versailler Vertrages.*

Am Versailler Vertrag von 1919 mochte ohnehin niemand mehr so recht festhalten. Und seit 1926 – der Aufnahme Deutschlands in den Völkerbund – hatten die Politiker der Weimarer Republik zudem wichtige Zugeständnisse der ehemaligen Alliierten erreicht. Das Rheinland war bereits bis 1930 von fremden Truppen geräumt, die deutsche Reparationszahlung 1932 endgültig eingestellt worden.

Die im Versailler Vertrag vorgesehene *Abstimmung im Saargebiet* fand termingemäß 1935 statt. Fast 90 % der Bevölkerung stimmten für die Rückkehr nach Deutschland.

Die *Wiedereinführung der allgemeinen Wehrpflicht* und die erneute *Aufrüstung* verstießen jedoch gegen den Versailler Vertrag. 1936 marschierten Truppen in das *Rheinland* ein, das eigentlich frei von deutschen Soldaten („entmilitarisiert") bleiben sollte. Außer Protesten auf dem Papier geschah nichts.

Diese Politik wurde von den meisten Deutschen gutgeheißen. Auch der nächste Schritt Hitlers schien ihnen nur recht und billig zu sein: der „Anschluß" Österreichs.

Das zweite Ziel: die Schaffung „Großdeutschlands"

Als 1919 der Vielvölkerstaat des alten Habsburgerreiches zerschlagen worden war, wollte sich das gesamte österreichische Volk Deutschland anschließen. Der Versailler Vertrag hatte eine solche Vereinigung jedoch untersagt, damit die Weimarer Republik nicht zu stark würde. Inzwischen widerstrebte ein Teil der Bevölkerung Österreichs dieser Angliederung. Hitler und seine Anhänger in Österreich aber warben unablässig dafür.

Der „Anschluß" Österreichs

Im Frühjahr 1938 sah Hitler den Zeitpunkt gekommen, Österreich „heim ins Reich zu holen" – wie es damals hieß. Im März 1938 zogen deutsche Truppen in Wien ein. Von vielen umjubelt, stattete Hitler dem deutschen Volk „die größte Vollzugsmeldung seines Lebens" ab: „Als der Führer und Kanzler der deutschen Nation und des Reiches melde ich vor der Geschichte nunmehr den Eintritt meiner Heimat in das Deutsche Reich." Es folgte die „Gleichschaltung" Österreichs, das fortan „Ostmark" genannt wurde, mit der nationalsozialistischen Herrschaft im Reich.

Die Sudetendeutschen

Bei der Zerschlagung Österreich-Ungarns war auch die Tschechoslowakei entstanden. In diesem Staat lebten neben den Tschechen und Slowaken auch etwa 3½ Millionen Deutschösterreicher: die *Sudetendeutschen.* Auch von ihnen wollten viele „heim ins Reich". Die Nationalsozialisten des Sudetenlandes forderten von der Regierung in Prag die Abtretung ihrer Siedlungsgebiete an Deutschland: mit Aufmärschen, Kundgebungen, Zwischenfällen. Hitler unterstützte sie offen und drohte mit Krieg. Die Prager Regierung ordnete die Mobilmachung an.

Seit Mai 1938 verschärfte sich die „Sudetenkrise" immer mehr. Allgemein befürchtete man den Ausbruch eines neuen Krieges, denn die Tschechoslowakei war durch Bündnisse vor allem mit Frankreich verbunden.

Die Münchener Konferenz am 29. September 1938. Von links: Premierminister Chamberlain (Großbritannien), Mussolini, ein Dolmetscher, Hitler und Ministerpräsident Daladier (Frankreich). Chamberlain glaubte, den Frieden für diese Generation gerettet zu haben („Peace in our time"). Vergleiche die Uniformierung der beiden Diktatoren!

Im letzten Augenblick kam es zu einer *Konferenz* der englischen, französischen, italienischen und deutschen Staatsführer in *München.* Die Vertreter der Tschechoslowakei, um deren Land es ja ging, wurden zu den Verhandlungen gar nicht zugelassen. Sie mußten im Vorzimmer auf die Entscheidung der vier Großmächte warten. Vertreter der Sowjetunion und Polens, die als Nachbarn im Osten stark interessiert waren, wurden nicht hinzugezogen. Es kam zu einem *Vertrag,* der die sudetendeutschen Gebiete an Deutschland überwies, zugleich aber den restlichen Bestand der Tschechoslowakei durch alle garantierte.

Hitler hatte den zweiten großen Erfolg dieses Jahres errungen. Er versicherte, nun nirgendwo mehr gebietsmäßige Forderungen zu haben. In ganz Europa wurde die Erhaltung des Friedens mit Jubel begrüßt.

Das dritte Ziel: Vorherrschaft

Im westlichen Lager war 1918 die Forderung nach dem *Selbstbestimmungsrecht der Völker* erhoben worden, und bisher hatte Hitler sich bei seiner Politik darauf berufen können.

Schon bald aber wurde deutlich, daß das Selbstbestimmungsrecht von Hitler ausgenutzt worden war, um auch sein drittes Ziel anzugehen: die *Vorherrschaft* in Europa und – irgendwann – in der Welt.

Der Überfall auf die Tschechoslowakei

In der Nacht vom 14. zum 15. März 1939 wurde der tschechische Staatspräsident Dr. Hacha nach Berlin gerufen. Hitler teilte ihm mit, deutsche Truppen hätten bereits die Grenzen der Tschechoslowakei überschritten. Jeder Widerstand sei nutzlos. Dann mußte er das Abkommen zur *Angliederung* des tschechischen Staatsgebietes *als Protektorat* (Schutzgebiet) *Böhmen und Mähren* an das Deutsche Reich unterschreiben. Er legte, wie es in dem Schriftstück lügnerisch hieß, „vertrauensvoll das Geschick seines Landes in die Hände des Führers". Die Slowakei wurde ein eigener Staat in völliger Abhängigkeit von „Großdeutschland".

Dieser Griff nach der Tschechoslowakei mit der gewaltsamen Angliederung von über 10 Millionen Menschen eines anderen Volkes bedeutete den entscheidenden Schritt über Hitlers bisherige Politik hinaus. Sie wurde der erste große Markstein einer *reinen Machtpolitik.*

So wurde sie auch vom Ausland verstanden.

Hitler: „Der Abschaum der Menschheit vermutlich?“ – Stalin: „Der verdammte Arbeitermörder? Sehr angenehm!“ (Karikatur von David Low, 1939)

Dem Kriege entgegen

Schon wurde das nächste Opfer Hitlers erkennbar: *Polen.* Aber jetzt schlossen Frankreich und Großbritannien Vertrag um Vertrag mit dem Ziel, eine Abwehrfront aufzubauen. „Bis hierher und nicht weiter!“ – Ganz deutlich wurde jetzt diese Haltung der Westmächte.

Da geschah Unvorstellbares: Am 23. August 1939 schlossen Hitler und Stalin einen *Nichtangriffspakt* ab. Nicht nur die Deutschen waren verwirrt. Bisher hatte Hitler in allen seinen Schriften und Reden dem „Bolschewismus“ den Kampf angesagt.

Jeder der beiden Diktatoren hatte bei dem Vertragsabschluß seine besonderen Absichten und Gedanken:

Hitler glaubte, durch das Bündnis mit der Sowjetunion bei seinem geplanten Überfall auf Polen und einem eventuell sich anschließenden Kriege mit den Westmächten den Rücken im Osten frei zu haben und so einen Zweifrontenkrieg zu vermeiden.

Stalin hoffte, mit dieser Ermunterung für Deutschland den von ihm gewünschten Krieg zwischen den westlichen kapitalistischen Staaten entfesseln zu können, ohne selbst an ihm teilnehmen zu müssen. Das Ende würde ihre Selbstzerfleischung und vielleicht die Auslösung der Weltrevolution sein.

Für den Augenblick hatte Hitler erreicht, was er wollte: Polen, das neue Opfer, war rettungslos eingekreist. Und schon hatten die beiden seltsamen Bündnispartner es auch in einem geheimen Zusatzvertrag unter sich aufgeteilt, ehe der erste Schuß gefallen war. Hitler sollte den westlichen, Stalin den östlichen Teil Polens erhalten, dazu die drei baltischen Staaten: Estland, Lettland und Litauen. Sie hatten erst nach 1918 ihre staatliche Selbständigkeit erreicht.

Stelle die auf der Karte bezeichneten Aktionen und Bündnisse Hitlers in ihren geschichtlichen Zusammenhang! – Das Memelland wurde von Litauen auf deutschen Druck hin zurückgegeben (vgl. S. 88). Der „Stahlpakt" war ein Abkommen, in dem sich Hitler und Mussolini gegenseitige Unterstützung auch bei Angriffskriegen zusicherten.

Arbeitsvorschläge

1. Begründe bitte, warum der Griff Hitlers nach der Tschechoslowakei zum Wendepunkt in der europäischen Politik wurde!

2. Überlege bitte, wie der Hitler-Stalin-Pakt auf Nationalsozialisten, wie auf deutsche Kommunisten wirken mußte!

3. Auf den vorangegangenen Seiten bist du zwei *Visionen* des Luftkriegs begegnet. Vergleiche sie doch bitte einmal! Welcher der Künstler entfernt sich am weitesten von der Realität, verwendet am stärksten nur noch stilisierte Figuren und Formen? Mit welchen Farben arbeitet der eine, der andere? – Um welche Aussage geht es letztlich beiden?

Wir merken uns

Am 30. Januar 1933 übernahm Adolf Hitler die diktatorische Führung Deutschlands. In kurzer Zeit wandelte er die deutsche Republik in einen nationalsozialistischen Führerstaat um. Das Leben in Deutschland wurde „gleichgeschaltet".

Zum System der nationalsozialistischen Diktatur gehörte die Verfolgung der politischen Gegner und der Juden.

Außenpolitische Ziele des Nationalsozialismus waren: die Aufhebung des Versailler Vertrages, die Schaffung eines „Großdeutschen Reiches" und die Aufrichtung einer deutschen Vorherrschaft. Dieses Vorherrschaftsstreben führte Europa und die Welt in den Krieg.

Zahlen zur deutschen Sozial- und Wirtschaftsgeschichte

Beschäftigte und Arbeitslose (in Tausend)							
(Jahresdurchschnitt)	1933	1934	1935	1936	1937	1938	1939
Erwerbspersonen	18 540	20 090	20 886	21 507	22 347	23 222	24 372
davon							
Arbeitslose (1000)	4 804*	2 718	2 151	1 593	912	429	119
Arbeitslose (%)	25,9	13,5	10,3	7,4	4,1	1,9	0,5
Nach: Statistisches Handbuch für Deutschland, München 1949, S. 484 (u. a.)							

* *Im Januar 1933 gab es 6 013 612 gemeldete Arbeitslose.*

Bruttoverdienste der Arbeiter und Arbeitszeit										
	1913	1928	1929	1931	1933	1935	1937	1939	1941	1943
Arbeitsverdienst										
Indexziffer (1928 = 100)	53	100	106	95	77	80	83	89	95	97
Tariflohn *Fach*arbeiter (Rpf)	66	96	101	97	79	78	79	79	80	81
Arbeitszeit										
Wochendurchschnitt (Std.)	50–60		46		42	44	46	47		49
Nach: D. Petzina, Sozialgeschichtliches Arbeitsbuch III, München 1978, S. 98, 99										

Die Entwicklung der Bruttoverdienste (Männer : Frauen, Arbeiter : Angestellte)					
		1929	1932	1936	1939
Tarif-Stundenlohn (Rpf)	Facharbeiter	101,1	81,6	78,3	79,1
	Hilfsarbeiter	79,4	64,4	62,3	62,8
	Facharbeiterin	63,4	53,1	51,6	51,5
	Hilfsarbeiterin	52,7	43,9	43,4	44,0
Brutto-Monatslohn (RM)	Angestellter	207,–	182,–	199,–	231,–
Nach: R. Erbe, Die nationalsozialistische Wirtschaftspolitik, Zürich 1958, S. 36ff.					

Die Rüstungsausgaben des Deutschen Reiches (in Mill. RM)												
1928	1932	1933	1934	1935	1936	1937	1938	1939	1940	1941	1942	1943
827	620	720	3 300	5 150	9 000	10 850	15 500	32 300	58 100	75 600	96 900	117 900
Nach: D. Petzina, Sozialgeschichtliches Arbeitsbuch III, München 1978, S. 149												

Die Schulden des Deutschen Reiches (in Mill. RM)												
1928	1932	1933	1934	1935	1936	1937	1938	1939	1940	1941	1943	1945
7 150	11 450	11 700	11 800	12 450	14 350	16 050	19 100	30 650	47 900	85 950	195 500	380 000
Nach: Statistisches Handbuch von Deutschland, München 1949, S. 554 (1945 geschätzt)												

Der Zweite Weltkrieg 1939–1945

Der Krieg in Europa

Die Entfesselung des Krieges

Am 31. August 1939 erteilte Adolf Hitler den Befehl zum Angriff. Am 1. September 1939, morgens 4.45 Uhr, marschierten die deutschen Armeen in Polen ein. Am 3. September übergaben die Botschafter Großbritanniens und Frankreichs die Kriegserklärung ihrer Länder.

Hitler hatte geglaubt, daß die „feigen Demokraten" letztlich doch vor diesem Schritt zurückschrecken würden – zumal nach dem Pakt mit Stalin. Aber Großbritannien und Frankreich konnten nach dem Einmarsch in die Tschechoslowakei nicht länger zusehen, wie Deutschland ein europäisches Land nach dem anderen unterwarf. Jetzt standen sie zu ihren Bündnisverpflichtungen.

Leichtfertig hatte Hitler einen neuen Weltkrieg entfesselt.

Es wurde ein Krieg, der sich in seinem Ablauf von allen seinen Vorgängern unterschied.

Der Landkrieg

Erinnern wir uns: Im Ersten Weltkrieg hatte sich der Bewegungskrieg sehr bald an der entscheidenden Westfront in einen zähen Stellungskrieg verwandelt. Damals hatte gerade erst das *Zeitalter der Motoren* begonnen. Jetzt waren von vornherein die meisten Truppenteile motorisiert und konnten durch gesteigerte Schnelligkeit ihrer Bewegungen ein erneutes Festlaufen und Erstarren der Fronten verhindern. Artillerie, Infanterie, Pioniere, viele Hilfsverbände waren auf schnelle, geländegängige und gepanzerte Motorfahrzeuge gesetzt. Hinzu trat als schnellste und stärkste Kampftruppe die Luftwaffe.

Die Kampfhandlungen wurden überfallartig eingeleitet – fast immer ohne vorherige Kriegserklärung. Ziel war die rasche Niederwerfung des Gegners durch schnell vorrückende Verbände. Vor allem die Panzer spielten dabei eine entscheidende Rolle. Der Bewegungskrieg wurde zum *Blitzkrieg.* Wo man zu Lande oder Wasser nicht sofort hingelangen konnte, wurden Fallschirmtruppen aus Flugzeugen abgesetzt. Sie vernichteten an den entscheidenden Punkten den überraschten Gegner.

So sah dieser Zweite Weltkrieg in seiner ersten Hälfte zunächst eindrucksvolle Siege der Angreifer, in Europa wie seit 1941 auch in Ostasien (vgl. S. 179). Aber diese Erfolge ließen sich auf Dauer nicht halten. Entscheidend wurde dann die größere Wirtschaftskraft. Es kam auf den längeren Atem an, die Fähigkeit, den Schlägen des Angreifers zu widerstehen, um dann um so kräftiger zurückzuschlagen. Vor allem der *See- und der Luftkrieg* wurden dabei, neben den Feldzügen auf dem Lande, immer wichtiger.

Arbeitsvorschlag

Auf den beiden folgenden Seiten ist in Text und Karte eine gedrängte Übersicht über den Verlauf des Krieges in Europa dargestellt. Arbeite aus den Karten den Verlauf des Landkrieges heraus!

1939, 1. September	*Deutscher Angriff gegen Polen.* „Blitzkrieg" in 18 Tagen. Nach der Kapitulation der polnischen Armee erneute Aufteilung Polens zwischen Deutschland und der Sowjetunion.
	Beginn des U-Boot-Krieges gegen England.
1940 April	*Besetzung Dänemarks und Norwegens* durch deutsche Truppen.
Mai/Juni	*Deutscher Angriff gegen Frankreich.* Besetzung auch der neutralen Länder Holland und Belgien. Am 22. Juni Waffenstillstand mit Frankreich.
Juni	Kriegseintritt Italiens.
August	Beginn des deutschen Luftkriegs gegen England (bis Juni 1941 schrittweise wieder eingestellt).
1941 März	Beginn des Einsatzes deutscher Truppen in Nordafrika.
April	*Besetzung Jugoslawiens und Griechenlands* durch deutsche Truppen.
Juni	*Deutscher Angriff gegen die Sowjetunion.* Deutsche Vorstöße bis kurz vor Leningrad und Moskau.
Dezember	Starke russische Gegenangriffe. Scheitern der „Blitzkrieg-Strategie" Hitlers. *Kriegseintritt der USA nach einem japanischen Überfall.*
1942 Mai	Neue deutsche Vorstöße in Rußland zur *Eroberung des Kaukasus (Erdöl!) und Stalingrads.*
	Beginn des britisch-amerikanischen Luftkriegs gegen Deutschland.

Der Zweite Weltkrieg in Europa

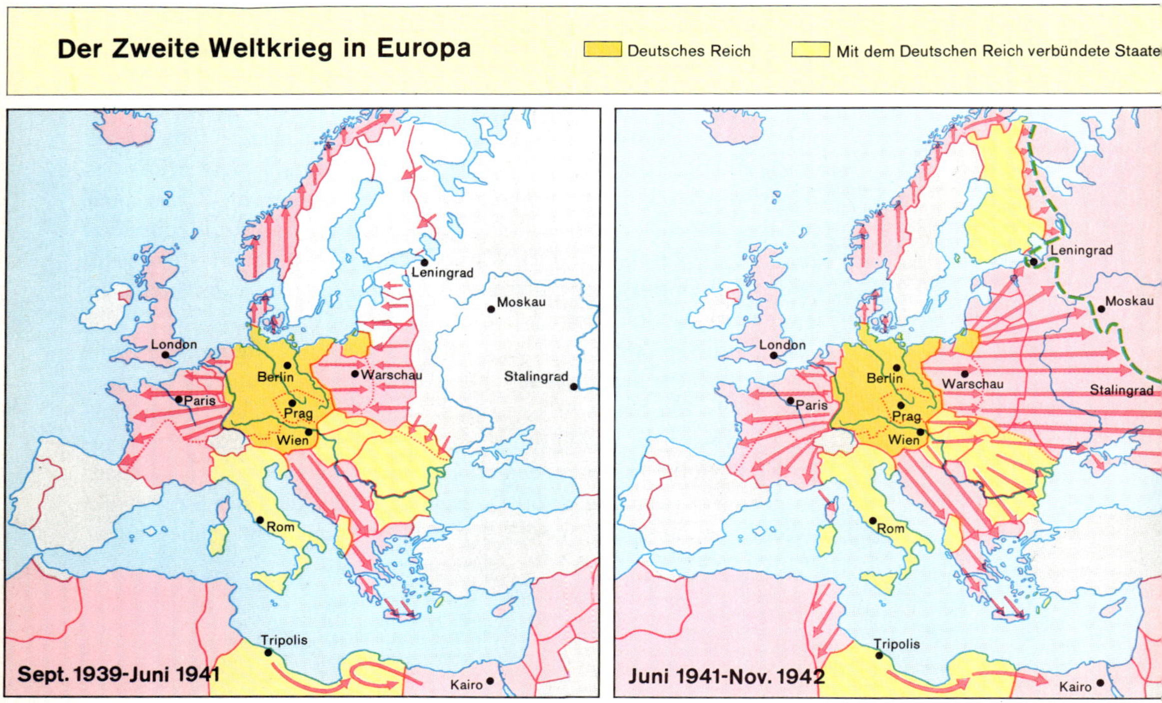

1942 November	Beginn der russischen Gegenoffensive bei Stalingrad.
1943 Januar	*Kapitulation* der seit November 1942 *in Stalingrad* eingeschlossenen deutschen Armee. Beginn des deutschen Rückzugs im Osten.
Mai	Wende im U-Boot-Krieg gegen England durch Einführung von Radar. Kapitulation der deutschen Truppen in Afrika.
Juli	*Britisch-amerikanische Landung in Italien.* Beginn des deutschen Rückzugs im Süden.
September	Kapitulation Italiens.
1944 Juni	*Britisch-amerikanische Landung in Nordfrankreich.* Beginn des deutschen Rückzugs im Westen.
1945 Januar	Sowjetischer Vorstoß nach Deutschland hinein.
März	Britisch-amerikanischer Vorstoß über den Rhein.
April	Selbstmord Hitlers im eingeschlossenen Berlin.
8. Mai	*Bedingungslose deutsche Kapitulation.*

Arbeitsvorschläge

1. Verfolge die in der Tabelle dargestellten Ereignisse im einzelnen auf den Karten!
2. Beantworte bitte besonders diese Fragen: Bis wann hatte die „Blitzkrieg-Strategie“ Hitlers Erfolg? Wo wird die Wende des Krieges deutlich erkennbar? Wann entsteht auf dem europäischen Kriegsschauplatz nach 1942 eine zweite Front gegen Deutschland, wann eine dritte? Welche Länder stehen am längsten unter deutscher Besetzung?
3. Fasse den Verlauf des Landkriegs in einer Niederschrift zusammen!

Alliierte und in den Kriegszustand mit dem Deutschen Reich geratene Staaten

Bei der Kapitulation 1945 noch von deutschen Truppen besetzte oder gehaltene Gebiete

Grenzen 1939

Frontverläufe

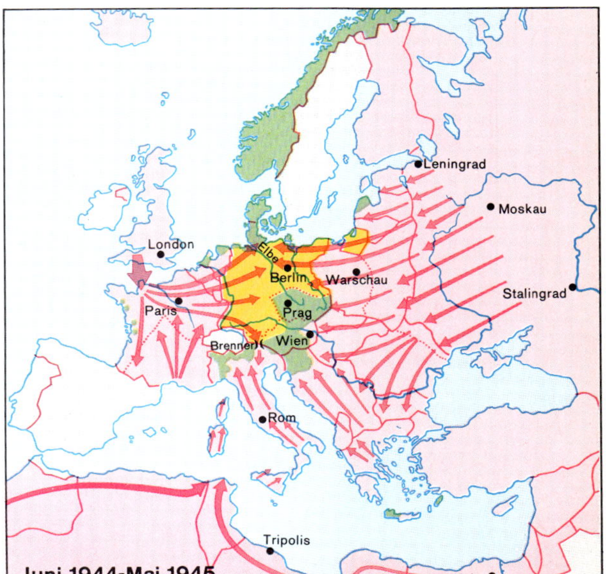

Der Luftkrieg

Die neu entwickelten Luftstreitkräfte erlaubten es, den Luftkrieg in einem unvorstellbaren Ausmaß zu führen. Er richtete sich ebenso gegen die Industriewerke und Wirtschaftszentren des Gegners wie gegen die Zivilbevölkerung, um deren Widerstand zu brechen. Dieser verstärkte Luftkrieg traf Deutschland zuerst im Mai 1942 mit einem Großangriff von mehr als 1000 Bombern auf Köln.

Pausenlos erschienen von nun ab die britisch-amerikanischen Luftgeschwader über Deutschland. Im Mai 1944 wurden die deutschen Benzinfertigungsanlagen durch Luftangriffe zerstört. Nun hatten die deutschen Flugzeuge und Panzer nicht mehr genügend Treibstoff für ihre Einsätze.

Am verheerendsten war der amerikanische Luftangriff auf die mit Flüchtlingen überfüllte Stadt Dresden im Februar 1945 (vgl. das Kapitel „Dresden: Glanz, Untergang und Neuaufbau" in Band 3).

Luftangriff auf eine deutsche Stadt. Das Beispiel Heilbronn

Am 4. Dezember 1944 gegen 7 Uhr abends meldete der Rundfunk: „Feindliche Flugzeuge im Anflug auf unsere Stadt. Mit einem Großangriff muß gerechnet werden."

Unheimlich und schaurig-schön war der Anblick der vielen in der Dunkelheit anfliegenden feindlichen Flugzeuge für alle, die den Anflug im Freien draußen vor der Stadt erlebten. Ein ganzer Sternenregen tat sich über der Stadt auf. Hunderte von Leuchtsignalen strahlten auf, zum Teil wie Schnüre am Himmel hängend oder zu sogenannten Christbäumen gebündelt, oft in regelrechten Vierecken gegliedert. Diese Signale sollten den Bombern die Ziele zeigen, die für den Angriff ausersehen waren. Dies waren besonders die innere Altstadt und das Industrieviertel ... Die öffentlichen Gebäude wurden in Ruinen verwandelt, von den Kirchen ist keine einzige verschont geblieben ... Mit unheimlicher Genauigkeit wurden die großen Fabriken getroffen und so die blühende Heilbronner Industrie vernichtet.

Was nicht direkt von den Bomben zerstört wurde, fiel dem Feuer zum Opfer, das nach dem Angriff überall ausbrach. Nicht weniger als 70 000 Brandbomben sollen auf die Stadt niedergegangen sein. Viele entzündeten erst nach Stunden das Haus, das getroffen war, so daß noch nach Mitternacht neue Brände ausbrachen, die bei dem Mangel an Wasser und Löschgeräten einfach nicht mehr zu löschen waren. Das Schlimmste war, daß um die Zeit des Angriffs ein lebhafter Wind herrschte, der zu einem starken Sturm anwuchs und die Flammen durch die Straßen und über die Dächer jagte. Große brennende Holzstücke und Papierfetzen flogen durch die Luft und verursachten neue Brände, die bis in den Morgen hinein weitertobten. Das gewaltige Feuer fand immer wieder neue Nahrung in dem Sauerstoff, den es aus Kellern und Bunkern herauszog, in denen die geängstigten Menschen Schutz gesucht hatten und wo sie aus Mangel an Sauerstoff elend zugrunde gehen mußten. Die alten Keller der Heibronner Weingärtner waren wohl tief und stark gemauert, und zudem waren die Keller untereinander durch Mauerdurchbrüche verbunden, aber an den Sauerstoffentzug hatte man nicht gedacht. In manchen Kellern hatten die Leute die drohende Gefahr wohl erkannt und diese rechtzeitig verlassen, obwohl draußen noch der Bombenhagel tobte, aber viele von ihnen mußten ihren Wagemut mit dem Verbrennungstod auf der Straße büßen, nur wenige entkamen der Hölle. Bei der Öffnung der Keller bot sich ein grauenhafter Anblick. Die Insassen, oft hundert oder mehr, hatte die Türen und Notausstiege zu stürmen versucht und lagen in Schichten übereinander, viele mögen buchstäblich erdrückt worden sein. Viele, die aus den Kellern herausgekommen waren und sich gerettet glaubten, wurden noch auf den Straßen und Plätzen vom Tode ereilt. Die ungeheure Hitze im Freien raubte den Atem und tötete sie. Denn die ringsum brennenden Häuser entfachten selbst auf den freien Plätzen eine solche Gluthitze, daß den Schutzsuchenden die Kleider in Brand gerieten und man die Unglücklichen später nur als kleine Aschehäufchen fand. Tod und Verderben überall, dazu ein Höllenlärm durch die einstürzenden Häuser, die Angstschreie dahinrasender Menschen, die Hilferufe der in den Kellern Eingesperrten, das klägliche Jammern der Kinder und über allem das Dröhnen der Flugzeuge, das Krachen der Bomben. Heilbronn war eine Hölle.

Bild oben: Die „Ausbombung" einer Stadt. Britische Luftaufnahme von Braunschweig nach dem Angriff am 8. April 1944. Insgesamt erfolgten 21 Angriffe auf diese Stadt. – Unmittelbar nach dem schweren Tagesangriff auf Gera am 6. April 1945 entstand diese Aufnahme mit dem Blick auf das brennende Museum (unten). ▷

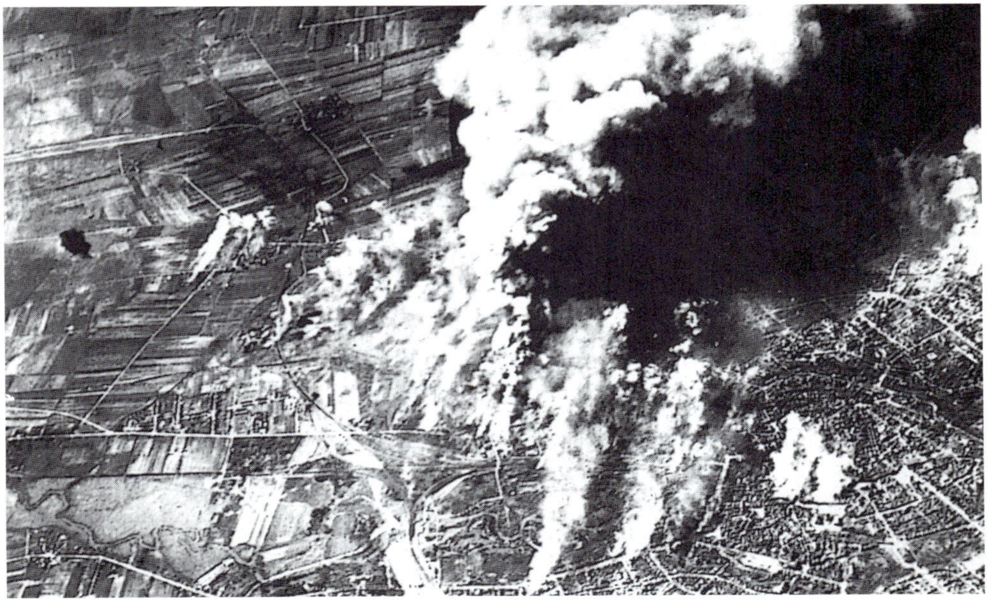

Am Ende des Krieges hatten durch diesen Luftkrieg von je 100 Deutschen fast 40 ihre gesamte Habe verloren. 25 weitere waren „teilgeschädigt“, nur 35 blieben verschont. Nahezu sämtliche Großstädte und viele mittlere und kleine Städte ware zerbombt. 50 % aller deutschen Industrie- und Verkehrsanlagen waren zerstört.

So wurde Deutschland ein Land der Trümmer, noch ehe die Gegner seine Grenzen überschritten. Vor dem schrecklichsten Kapitel des Luftkrieges aber blieb es verschont: dem Abwurf der Atombombe, die in diesem Krieg neu entwickelt wurde (S. 180).

Der Seekrieg

In Europa wurde wie im Ersten Weltkrieg die gegenseitige Blockade zum Kriegsmittel. Wieder spielten *Unterseeboote* eine besondere Rolle. Über Jahre hin zog sich die „Schlacht im Atlantik“ – das Vorgehen deutscher U-Boote gegen die amerikanisch-britischen Geleitzüge. Mit dem Einsatz von Radar gewannen auch hier die Alliierten seit 1943 die Oberhand. Der Seekrieg war für Deutschland verloren.

In Ostasien erhielt ein anderer Schiffstyp besondere Bedeutung: der *Flugzeugträger.* Diese riesigen Überwasserschiffe trugen die Flugzeuge in die Nähe ihrer Ziele und vergrößerten so ihre Reichweite.

Der Krieg der Fabriken

Nach dem Kriegseintritt der USA im Dezember 1941 standen drei Viertel der Weltbevölkerung gegen Deutschland und seine Verbündeten. Vor allem verfügten die hochindustrialisierten USA über ausgedehnte Auto- und Flugzeugfabriken, Werften und sonstige *Fertigungskapazitäten,* die sich rasch und von den Deutschen unbehindert auf Rüstungsproduktion umstellen ließen. Und dabei konnten sie auf die Rohstoffe fast der ganzen Welt zurückgreifen.

So wurden die USA zum Rüstungszentrum. Von hier erhielt die Sowjetunion immer neues Material zum Durchhalten und zur Gegenoffensive: Panzer, Lastkraftwagen, Flugzeuge und Munition. Von hier wurden Streitkräfte und Material für den Angriff von Süden und Westen auf Hitlers „Festung Europa“ gestellt. Insgesamt unterstützten die USA ihre Verbündeten mit Kriegsmaterial im Wert von fast 50 Milliarden Dollar.

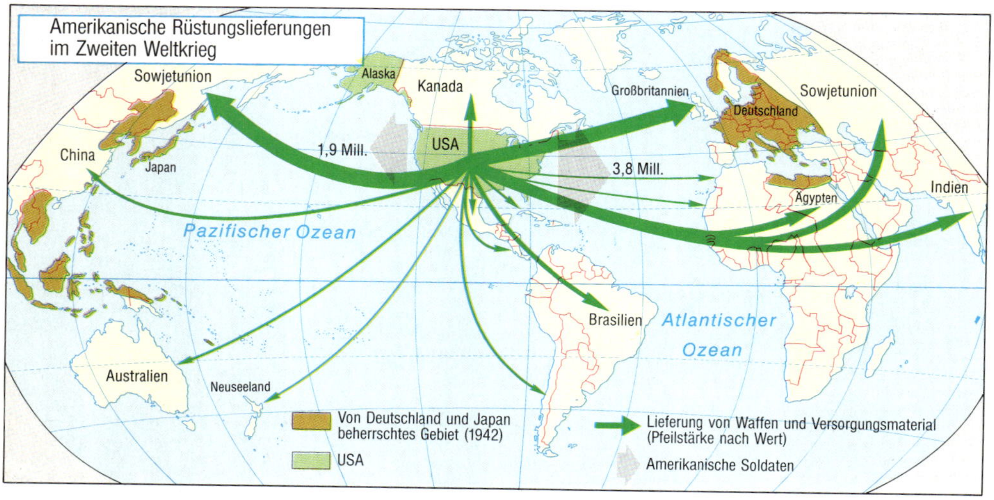

„Fertig" – in einem deutschen Rüstungswerk rollt ein Panzer vom Fließband

Für Deutschland bedeutete dies:

„Es gab keine Chance, diesen Krieg der Fabriken wirtschaftlich zu gewinnen. Deutschland wurde faktisch vor allem durch den Luftkrieg und die Gebietsverluste wirtschaftlich entscheidend geschwächt; wären diese Faktoren nicht so intensiv wirksam geworden, hätte auf die Dauer die Überlegenheit der Gegenseite an Menschen, Rohstoffen und Kapazitäten den Ausschlag geben müssen."
(Die deutsche Industrie im Kriege 1939–1945, Berlin 1954, S. 128)

Vergleich der Produktion ausgewählter Rüstungsgüter

	Panzerproduktion*			Flugzeugproduktion		
	Deutschl.	Großbrit.	USA	Deutschl.	Großbrit.	USA
1940	1 459	1 399	331	10 826	15 049	6 086
1941	3 256	4 841	4 052	11 776	20 094	19 443
1942	4 098	8 611	24 997	15 556	23 672	47 836
1943	6 083	7 476	29 497	25 527	26 263	85 898
1944	8 466	2 476	17 565	39 807	26 461	96 318

*Nach: Fischer Weltgeschichte, Band 34, S. 341f. * 1944 nur 1. Halbjahr*

Vergleich der Versorgung mit wichtigen Rohstoffen 1944/45

(Deutsche Versorgung Mitte 1944 = 100)	Deutschland		Feindmächte	
	Mitte 1944	Anfang 1945	Mitte 1944	Anfang 1945
Treibstoffe	100	31	2 920	3 117
Eisen und Stahl	100	32	367	366
Kautschuk	100	69	748	748
Sprengstoffe	100	138	228	294
(Arbeitskräfte-Einsatz)	100	44	136	192

Nach: Die deutsche Industrie ..., S. 127

Arbeitsvorschläge

1. Womit wird im nebenstehenden Flugblatt der Luftkrieg gegen deutsche Städte begründet? Welche Absichten werden angekündigt? Welches Ziel soll erreicht werden? Werte hierzu auch die nachfolgende Tabelle aus!

Abgeworfene Bombenlast 1940–1945 (in Tonnen)

	1940	1941	1942	1943	1944	1945
auf Deutschland	10 000	30 000	40 000	120 000	650 000	500 000
auf England	36 844	21 858	3 260	2 298	9 151	761

2. Arbeite die nachfolgende Tabelle in ein Schaubild (z. B. eine Balkenfolge) um! Gib ihre Aussagen mit deinen Worten wieder!

Die Rüstungsproduktion der Großmächte
(Zahlen in Milliarden Dollar nach den Preisen von 1944)

	1939	1941	1943	1944
USA	0,6	4,5	37,5	41,0
Großbritannien	1,0	6,5	11,1	11,0
UdSSR	3,3	8,5	13,9	16,5
Deutschland	3,4	6,0	13,8	16,6
Japan		2,0	4,9	6,0

3. Diskutiere die im Text oben vorgetragenen Argumente, warum es für Deutschland keine Chance gab, den Krieg zu gewinnen!

Terror!

Terror war Hitlers Waffe, als er das deutsche Volk und Reich seiner Partei dienstbar machte.

Terror, brutaler, vorbedachter Terror, damit unterwarf Hitler Österreich, die Tschechoslowakei, Polen, Norwegen, Belgien, Holland, Frankreich, Jugoslawien und Griechenland.

Terror gegen die Zivilbevölkerung, rücksichtslose Zerstörung von Wohnbezirken sollte im Herbst 1940 Großbritannien auf die Kniee zwingen. Jetzt richtet Hitler dieselbe Waffe gegen Rußland.

Hitler hat sich verrechnet!

Der Krieg in Rußland geht weiter, und Großbritannien steht heute unvergleichlich stärker da als vor einem Jahr. Und an seiner Seite steht Amerika.

Jetzt legen wir erst richtig los.
Unsere Antwort auf Hitlers Terror:

Bomben, immer größere Bomben!

Was Ihr heute Nacht erlebt habt, waren nur die ersten Tropfen, die den kommenden Gewittersturm ankündigen. Immer wuchtiger, immer vernichtender wird es auf Deutschland herabprasseln: so rechnen wir mit Hitler ab! Wenn es zuviel für Euch wird, wenn Ihr der Urgewalt des Orkans nicht mehr widerstehen könnt, dann denkt daran:

Das dankt Ihr Hitler!

488a

Das Gesicht des Krieges

1. *Dieses Bild entstand bei der Zerstörung des Warschauer Ghettos im April 1943. Hier hatten sich die zur Vernichtung bestimmten Juden in einem Verzweiflungskampf erhoben. Bei der Niederschlagung wurden auch die Frauen und Kinder aus den Kellern herausgetrieben, zu Sammelplätzen geführt und anschließend in das Vernichtungslager Treblinka transportiert.*
2. *Berlin, November 1943 – nach einem Luftangriff auf dem Kurfürstendamm*
3. *Kertsch (Krim), April 1944. – Die Bewohner von Kertsch suchen auf der Rückzugsstraße der deutschen Truppen nach Angehörigen unter den Toten.*
4. *Köln 1945 – die zerstörte Innenstadt*

Am 25. April 1945 trafen amerikanische und sowjetische Truppen bei Torgau an der Elbe zusammen (Bild unten links). Einen Tag später begann der Endkampf um Berlin. In erbitterten Straßenkämpfen eroberten die sowjetischen Verbände die Stadt (rechts). – Ein Bild, das Geschichte machte: Zum Zeichen des endgültigen Sieges pflanzt ein Rotarmist die sowjetische Fahne auf den Reichstag (Bild unten rechts).

Das Ende der Kämpfe in Europa

Am 6. Juni 1944 landeten Truppen der USA und Großbritanniens in Nordfrankreich – die lange erwartete *Invasion* hatte begonnen. Millionen gut ausgerüsteter Soldaten kamen auf dem europäischen Kontinent zum Einsatz. Sie konnten in schweren Kämpfen nach Deutschland hinein- und bis an die Elbe vorstoßen.

Im Osten begann am 11. Januar 1945 der Großangriff der Roten Armee gegen das Reichsgebiet. Ende April tobte der Endkampf um die deutsche Hauptstadt. Nachdem sich Hitler am 30. April im Berliner „Führerbunker" erschossen hatte, entschloß sich sein Nachfolger Dönitz am 8. Mai 1945 zur *bedingungslosen Kapitulation* Deutschlands.

Arbeitsvorschläge

1. Betrachte die Bilder auf S. 160/161 genau! Versuche, dich in das Schicksal der Menschen hineinzuversetzen! Was haben sie wohl hinter sich, was vor sich? Wie mag es rund um den im Bild gezeigten Ausschnitt aussehen?
2. Setze den Text oben in Beziehung zu der entsprechenden Karte auf S. 155!

Der Rassenvernichtungskrieg

„Herrenmenschen“ und „Untermenschen“

Heinrich Himmler

Innerhalb des nationalsozialistischen Systems fiel der SS unter ihrem „Reichsführer“ *Heinrich Himmler* (1900–1945) eine besondere Rolle zu. In ihren Händen konzentrierte sich der Kampf gegen politische Gegner und die „Endlösung der Judenfrage“. Himmler wurde 1936 zugleich Chef der deutschen Polizei. Jetzt konnte ein umfassender, mit allen Mitteln ausgestatteter Überwachungsapparat aufgebaut werden. Keiner traute dem anderen mehr. Jeder konnte ein Spitzel der „Geheimen Staatspolizei“ (Gestapo) sein. Die Zahl der politischen Häftlinge stieg stetig. Sehr schnell wurden die Konzentrationslager zu großen Barackenstädten, gesichert durch Stacheldrahtzäune und Wachttürme, bewacht von der SS.

Die SS wurde in einer besonderen Weise auch zum Vollstrecker der nationalsozialistischen Rassenlehre. Diese richtete sich einmal gegen die Völker in Osteuropa, gegen die „slawischen Untermenschen“. Sie sollten die Sklavenvölker der deutschen „Herrenmenschen“, ihre Heimat der „Lebensraum“ der Deutschen werden. Vor allem in diesen Ländern hinterließ die deutsche Besetzung Erinnerungen, die bis in die Gegenwart fortwirken.

Arbeitsvorschläge

1. Unter *„Endlösung der Judenfrage“* verstanden Himmler und seine Gefolgsleute die Ausrottung der europäischen Juden in besonderen *Vernichtungslagern* in den eroberten Ostgebieten. – Untersuche dazu die Karte auf der Folgeseite! Welche Vernichtungslager im besetzten Polen weist sie aus? Ziehe die Karte auch später heran, zum Beispiel zur Lebensgeschichte von Anne Frank!
2. An welchen Stellen des nachstehenden Redetextes wird das „Herrenmenschen“-Denken Himmlers besonders deutlich?

Aus einer Rede Himmlers vor hohen SS-Führern am 4. Oktober 1943

„Ein Grundsatz muß für den SS-Mann absolut gelten: ehrlich, anständig, treu und kameradschaftlich haben wir zu den Angehörigen unseres eigenen Blutes zu sein und sonst zu niemandem. Wie es den Russen geht, wie es den Tschechen geht, ist mir total gleichgültig. Das, was in den Völkern an gutem Blut unserer Art vorhanden ist, werden wir uns holen, indem wir ihnen, wenn notwendig, die Kinder rauben und sie bei uns großziehen. Ob die anderen Völker in Wohlstand leben oder ob sie verrecken vor Hunger, das interessiert mich nur soweit, als wir sie als Sklaven für unsere Kultur brauchen, anders interessiert mich das nicht. Ob bei dem Bau eines Panzergrabens 10 000 russische Weiber an Entkräftung umfallen oder nicht, interessiert mich nur insoweit, als der Panzergraben für Deutschland fertig wird. Wir werden niemals roh und herzlos sein, wo es nicht sein muß; das ist klar. Wir Deutsche, die wir als einzige auf der Welt eine anständige Einstellung zum Tier haben, werden ja auch zu diesen Menschentieren eine anständige Einstellung einnehmen, aber es ist ein Verbrechen gegen unser eigenes Blut, uns um sie Sorge zu machen und ihnen Ideale zu bringen, damit unsere Söhne und Enkel es noch schwerer haben mit ihnen. Wenn mir einer kommt und sagt: ‚Ich kann mit den Kindern oder den Frauen den Panzergraben nicht bauen. Das ist unmenschlich, denn dann sterben die daran‘, – dann muß ich sagen: ‚Du bist ein Mörder an Deinem eigenen Blut, denn wenn der Panzergraben nicht gebaut wird, dann sterben deutsche Soldaten, und das sind die Söhne deutscher Mütter. Das ist unser Blut.‘ Das ist das, was ich der SS einimpfen möchte und – wie ich glaube – eingeimpft habe, als eines der heiligsten Gesetze der Zukunft: Unsere Sorge, unsere Pflicht ist unser Volk und unser Blut; dafür haben wir zu sorgen und zu denken, zu arbeiten und zu kämpfen, und für nichts anderes. Alles andere kann uns gleichgültig sein. Ich wünsche, daß die SS mit dieser Einstellung dem Problem aller fremden, nicht germanischen Völker gegenübertritt, vor allem den Russen ...“

(Nach: Der Prozeß vor dem Internationalen Militärgerichtshof, Band XXIX, S. 122 ff.)

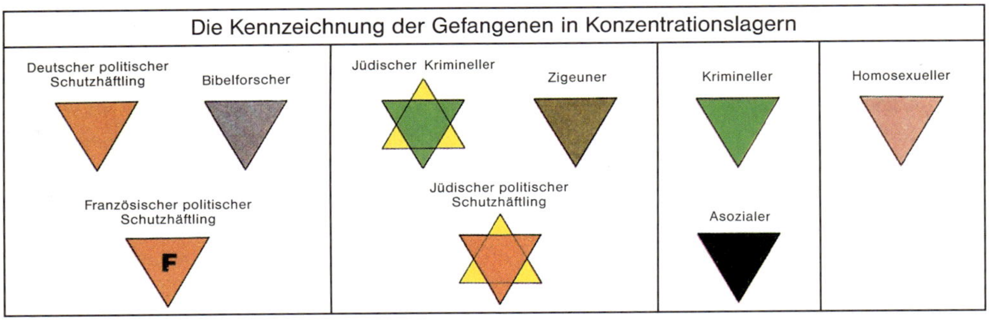

Durch farbige Dreieckswinkel auf der Häftlingskleidung wurden die nach 1933 in die Konzentrationslager eingelieferten Männer und Frauen gekennzeichnet. Vier Gruppen lassen sich unterscheiden:
Eine erste Gruppe waren die politischen Häftlinge (roter Winkel). Das waren Funktionäre gegnerischer Parteien oder der Gewerkschaften, aber auch Volksgenossen, die politische Witze erzählt oder „Feindsender abgehört" hatten. Kamen „Politische" aus dem Ausland, so kennzeichnete der Anfangsbuchstabe ihrer Nationalität (z. B. „F" für Franzose) die Herkunft. – Auch die „Bibelforscher", Mitglieder einer Sekte, die Eidesleistung und Wehrdienst ablehnten, galten als „Politische" (violetter Winkel).
Eine zweite Gruppe waren die „Angehörigen minderwertiger Rassen": Juden und Zigeuner. Die Juden trugen zu ihrer sonstigen Markierung ein gelbes Dreieck, so daß ein „Judenstern" entstand. Die Zigeuner waren durch einen braunen Winkel gekennzeichnet.
Eine dritte Gruppe bildeten Kriminelle (grüner Winkel) und „Asoziale" (schwarzer Winkel). Kriminelle – das waren bereits früher zu schweren Strafen Verurteilte, sehr oft Berufsverbrecher, die sich auch gegenüber Mithäftlingen übel aufführten. Als „Asoziale" wurden Nichtseßhafte, Arbeitsscheue und kleine Gauner eingestuft, nicht selten aber auch Opfer übler Nachrede.
Die vierte Gruppe der Homosexuellen (rosa Winkel) umfaßte Männer mit gleichgeschlechtlicher Veranlagung. Diese galten als abartig und geeignet, die Wehrbereitschaft zu untergraben.

Ankunft auf der Rampe von Auschwitz

Auschwitz

Vor allem aber richtete sich die Rassenlehre gegen die Juden. Hier begann im Zweiten Weltkrieg das Entsetzlichste, was je im deutschen Namen geschehen ist.

Die Juden wurden zusammengetrieben und nach Polen verschleppt, um dort „vernichtet" zu werden. Die SS hatte regelrechte „Todesfabriken" eingerichtet, die größte bei dem polnischen Dorf *Auschwitz.*

Was in Auschwitz und anderswo jeden Tag geschehen ist, werden wir alle nie wirklich begreifen können. Mit kalter, teuflischer Grausamkeit sind hier Menschen zu Tode gebracht worden.

„Selektion" – das Aussortieren der arbeitsfähigen Männer. Rechts: Auf dem Weg in die Gaskammer

Bericht des Kommandanten von Auschwitz über die „Endlösung der Judenfrage"

Der ehemalige Lagerkommandant von Auschwitz, *Rudolf Höß*, wurde 1947 von den Polen hingerichtet. Während seiner Untersuchungshaft fertigte er einen ausführlichen Bericht über die Vorgänge im Vernichtungslager Auschwitz an.

Im Sommer 1941 ... wurde ich plötzlich zum Reichsführer SS nach Berlin befohlen ... Entgegen seiner sonstigen Gepflogenheit eröffnete er mir, ohne Beisein eines Adjutanten, dem Sinne nach folgendes: Der Führer hat die Endlösung der Judenfrage befohlen, wir – die SS – haben diesen Befehl durchzuführen ... Ich habe ... Auschwitz dafür bestimmt, einmal wegen der günstigen verkehrstechnischen Lage und zweitens läßt sich das dafür dort zu bestimmende Gebiet leicht absperren und tarnen ... Sie haben nun diese Aufgabe durchzuführen. Es ist eine harte und schwere Arbeit, die den Einsatz der ganzen Person erfordert, ohne Rücksicht auf etwa entstehende Schwierigkeiten. Nähere Einzelheiten erfahren Sie durch Sturmbannführer Eichmann ... Sie haben über diesen Befehl strengstes Stillschweigen, selbst Ihren Vorgesetzten gegenüber, zu bewahren ... Die Juden sind die ewigen Feinde des deutschen Volkes und müssen ausgerottet werden. Alle für uns erreichbaren Juden sind jetzt während des Krieges ohne Ausnahme zu vernichten. Gelingt es uns jetzt nicht, die biologischen Grundlagen des Judentums zu zerstören, so werden einst die Juden das deutsche Volk vernichten.

Der Vernichtungsvorgang verlief in Auschwitz wie folgt. Die zur Vernichtung bestimmten Juden wurden möglichst ruhig – Männer und Frauen getrennt – zu den Krematorien geführt. Im Auskleideraum wurde ihnen durch die dort beschäftigten Häftlinge des Sonderkommandos in ihrer Sprache gesagt, daß sie hier nun zum Baden und zur Entlausung kämen, daß sie ihre Kleider ordentlich zusammenlegen sollten und vor allem den Platz zu merken hätten, damit sie nach der Entlausung ihre Sachen schnell wiederfinden könnten. Die Häftlinge des Sonderkommandos hatten selbst das größte Interesse daran, daß der Vorgang sich schnell, ruhig und reibungslos abwickelte. Nach der Entkleidung gingen die Juden in die Gaskammer, die mit Brausen und Wasserleitungsrohren versehen, völlig den Eindruck eines Baderaumes machte. Zuerst kamen die Frauen mit den Kindern hinein, hernach die Männer, die ja immer nur die wenigeren waren. Dies ging fast immer ganz ruhig, da die Ängstlichen und das Verhängnis vielleicht Ahnenden von den Häftlingen des Sonderkommandos beruhigt wurden. Auch blieben diese Häftlinge und ein SS-Mann bis zum letzten Moment in der Kammer.

Die Tür wurde nun schnell zugeschraubt und das Gas sofort durch die bereitstehenden Desinfektoren in die Einwurfsluken durch die Decke der Gaskammer in einen Luftschacht bis zum Boden geworfen. Dies bewirkte die sofortige Entwicklung des Gases. Durch das Beobachtungsloch in der Tür konnte man sehen, daß die dem Einwurfsschacht am nächsten Stehenden sofort tot umfielen. Man kann sagen, daß ungefähr ein Drittel sofort tot war. Die anderen fingen an zu taumeln, zu schreien und nach Luft zu ringen. Das Schreien ging aber bald in ein Röcheln über, und in wenigen Minuten lagen alle. Nach spätestens 20 Minuten regte sich keiner mehr.

Je nach Witterung, feucht oder trocken, kalt oder warm, weiter je nach Beschaffenheit des Gases, das nicht immer gleich war, nach Zusammensetzung des Transportes, viele Gesunde, Alte oder Kranke, Kinder, dauerte die Wirkung des Gases fünf bis zehn Minuten. Die Bewußtlosigkeit trat schon nach wenigen Minuten ein, je nach Entfernung von dem Einwurfsschacht. Schreiende, Ältere, Kranke, Schwächliche und Kinder fielen schneller um als die Gesunden und Jüngeren.

Eine halbe Stunde nach dem Einwurf des Gases wurde die Tür geöffnet und die Entlüftungsanlage eingeschaltet. Es wurde sofort mit dem Herausziehen der Leichen begonnen ... Den Leichen wurden nun durch das Sonderkommando die Goldzähne entfernt und den Frauen die Haare abgeschnitten. Hiernach [wurden sie] durch den Aufzug nach oben gebracht, vor die inzwischen angeheizten Öfen. Je nach Körperbeschaffenheit wurden bis zu drei Leichen in eine Ofenkammer gebracht. Auch die Dauer der Verbrennung war durch die Körperbeschaffenheit bedingt. Es dauerte im Durchschnitt 20 Minuten. Wie schon an früheren Stellen gesagt, konnten die Krematorien I und II innerhalb 24 Stunden ca. 2000 Leichen verbrennen, mehr war, ohne Schäden zu verursachen, nicht möglich. Die Anlagen III und IV sollten 1500 Leichen innerhalb 24 Stunden verbrennen können, meines Wissens sind diese Zahlen dort nie erreicht worden. Die Asche fiel während des ohne Unterbrechung fortgesetzten Verbrennens durch die Roste und wurde laufend entfernt und zerstampft. Das Aschemehl wurde mittels Lastwagen nach der Weichsel gefahren und dort schaufelweise in die Strömung geworfen, wo es sofort abtrieb und sich auflöste.

(Rudolf Höß, Kommandant in Auschwitz, Stuttgart 1958, S. 153, 166 f.)

Zahlen über die Vernichtung des europäischen Judentums

Land	Jüdische Bevölkerung Sept. 1939	Jüdische Verluste	Prozentsatz der jüdischen Verluste
Polen	3 300 000	2 800 000	85,0
UdSSR, besetzte Gebiete	2 100 000	1 500 000	71,4
Rumänien	850 000	425 000	50,0
Ungarn	404 000	200 000	49,5
Tschechoslowakei	315 000	260 000	82,5
Frankreich	300 000	90 000	30,0
Deutschland	210 000	170 000	81,0
Litauen	150 000	135 000	90,0
Holland	150 000	90 000	60,0
Lettland	95 000	85 000	89,5
Belgien	90 000	40 000	44,4
Griechenland	75 000	60 000	80,0
Jugoslawien	75 000	55 000	73,3
Österreich	60 000	40 000	66,6
Italien	57 000	15 000	26,3
Bulgarien	50 000	7 000	14,0
Verschiedene (Dänemark, Estland, Luxemburg, Norwegen, Danzig)	20 000	6 000	30,0
	8 301 000	5 978 000	72,0

Nach: *R. Schnabel:* Macht ohne Moral. Eine Dokumentation über die SS. Frankfurt am Main 1957, S. 513)

Als die Kriegsgegner Deutschlands 1945 die Tore der Konzentrations- und Vernichtungslager öffneten, fanden sie die Überlebenden: ausgemergelt, nahezu verhungert, seelisch zerstört. Seither sind die Namen dieser Lager in aller Welt Sinnbild der nationalsozialistischen Terrordiktatur geblieben; neben Auschwitz zum Beispiel Buchenwald und Dachau, Bergen-Belsen und Neuengamme, Maidanek und Treblinka.

Anne Frank (1929–1945)

Das Lagergelände Bergen-Belsen heute

Anne Frank. Das Schicksal eines Kindes

Stellvertretend für Millionen jüdischer Menschen soll hier das Mädchen Anne Frank stehen. An ihrem 13. Geburtstag beginnt sie damit, ein Tagebuch zu schreiben. Darin berichtet sie zunächst von ihrer Herkunft, ihrer Emigration in die Niederlande 1933, ihrem Leben in Amsterdam – und den Folgen des Einzugs der Deutschen 1940.

In den Niederlanden richtet die SS eine Terrorherrschaft auf. Der Familie Frank gelingt – mit einer weiteren jüdischen Familie – das Untertauchen in einem Hinterhaus der verwinkelten Altstadt von Amsterdam. Eine junge Holländerin, Miep, hält für sie die Verbindung zur Außenwelt und versorgt sie mit dem Lebensnotwendigen.

Aus dem Tagebuch der Anne Frank

Samstag, 20. Juni 1942

Ich will nicht, wie jeder andere, nur Tatsachen in mein Tagebuch schreiben, sondern dieses Tagebuch meine Freundin selbst sein lassen. – Ich will meine Lebensgeschichte erzählen, so ungern ich es auch tue.

Meine Schwester Margot ist im Jahre 1926 in Frankfurt am Main geboren, am 12. Juni 1929 folgte ich. Als Juden emigrierten wir im Jahre 1933 nach Holland. Nach 1940 ging es bergab mit den guten Zeiten. Erst kam der Krieg, dann die Kapitulation, dann der Einzug der Deutschen. Und nun begann das Elend. Speziell für die Juden wurde es besonders schlimm. Sie mußten den Stern tragen, sie mußten ihre Fahrräder abgeben, sie durften nicht mehr mit der Elektrischen fahren, von Autos gar nicht zu reden.

Juden durften nur zwischen 3 und 5 Uhr – und dann nur in jüdischen Geschäften – einkaufen. Sie durften nach 8 Uhr abends nicht mehr auf die Straße und sich nach dieser Zeit auch nicht mehr im Garten oder auf dem Balkon aufhalten. Juden durften weder ins Theater noch ins Kino gehen noch andere Vergnügungsstätten besuchen. Sie durften auch nicht mehr schwimmen, überhaupt keinen Sport mehr treiben. Juden durften nicht mehr zu Christen zu Besuch gehen. Und so häuften sich die Bestimmungen. Unter diesem Druck stand von nun an unser ganzes Leben.

Mittwoch, 8. Juli 1942

Zwischen Sonntag morgen und heute scheinen Jahre zu liegen. Es ist unendlich viel geschehen, es ist, als wäre die Erde verwandelt!

Ich lag gemütlich faul auf der Veranda im Liegestuhl und las. Da kam Margot ganz aufgeregt an die Tür. „Anne, für Vater ist ein Aufruf von der SS gekommen", flüsterte sie. Ich erschrak furchtbar. Ein Aufruf... jeder weiß, was das bedeutet: Konzentrationslager... einsame Zellen sah ich vor mir auftauchen, und dahin sollten wir Vater ziehen lassen!

[Später erfuhr ich], daß der Aufruf nicht für Vater war, sondern für sie. Ich erschrak von neuem und begann, bitterlich zu weinen. Margot ist 16. So wollen sie Mädels wie Margot allein verschicken!? Sie geht glücklicherweise nicht von uns weg. Mutter hat es gesagt, und darauf hatten wohl auch Vaters Worte gezielt, als er mit mir vom Untertauchen gesprochen hatte.

Untertauchen! Wo sollen wir untertauchen? In der Stadt, auf dem Lande, in irgendeinem Gebäude, einer Hütte, wann, wie, wo? Das waren Fragen, die ich nicht stellen durfte, die aber doch immer wieder in meinem Hirn kreisten.

Margot und ich begannen, das Nötigste in unsere Schultaschen zu packen. Das erste, was ich nahm, war dieses gebundene Heft, dann bunt durcheinander: Lockenwickler, Taschentücher, Schulbücher, einen Kamm und alte Briefe. Ich dachte ans Untertauchen und stopfte lauter unsinniges Zeug in die Tasche. Aber es tut mir nicht leid, Erinnerungen sind mehr wert als Kleider.

Kein Jude unserer Situation konnte wagen, mit einem schweren Koffer über die Straße zu gehen. Ich hatte zwei Hemden und zwei Paar Strümpfe an, drei Schlüpfer und ein Kleidchen, darüber Rock und Jacke und einen Sommermantel, meine besten Schuhe, Überschuhe, Schal, Mütze und noch allerlei. Ich erstickte beinahe zu Hause schon.

So liefen wir durch den strömenden Regen, Vater, Mutter und ich, jeder mit einer Akten- und einer Einkaufstasche, bis oben vollgepfropft mit einem wüsten Durcheinander. Die Arbeiter, die früh zur Arbeit gingen, sahen uns mitleidig an. In ihren Mienen konnten wir das Bedauern lesen, und daß wir ihnen leid taten, weil wir so schleppen mußten und nicht fahren durften. Der auffallende gelbe Stern sagte genug.

Als wir in der Prinsengracht ankamen, nahm Miep uns schnell mit nach oben ins Hinterhaus. Sie schloß die Tür hinter uns und da waren wir.

Samstag, 11. Juli 1942

Unser Hinterhaus ist wirklich ein ideales Versteck. Wenn es auch feucht ist und ein bißchen krumm und schief, wird man doch wahrscheinlich kaum nochmal so etwas Komfortables in Amsterdam finden, vielleicht in ganz Holland nicht.

Freitag, 9. Oktober 1942

Heute habe ich nur traurige und deprimierende Nachrichten. Unsere jüdischen Freunde und Bekannten werden in Mengen weggeholt. Die Gestapo geht nicht zart mit ihnen um. Sie werden in Viehwagen geladen und nach dem Judenlager Westerbork gebracht. Westerbork muß grauenhaft sein. Für die Tausende von Menschen sind viel zuwenig Waschgelegenheiten und WC's vorhanden. Es wird erzählt, daß in den Baracken alles durcheinander schläft: Männer, Frauen, Kinder. Flüchten ist unmöglich. Die meisten Leute aus den Lagern sind gebrandmarkt durch ihre kahlgeschorenen Köpfe und viele auch durch ihr jüdisches Äußere.

Wenn es hier in Holland schon so schlimm ist, wie furchtbar wird es dort in der Ferne sein, wohin sie verschickt werden?

Donnerstag, 19. November 1942

Abend für Abend rasen die grauen und grünen Militärautos durch die Straßen. Die „Grünen" [das ist die deutsche SS] und die „Schwarzen" [die holländische Nazi-Polizei] suchen nach Juden.

Es ist wie eine Sklavenjagd in früherer Zeit. Ich sehe es oft im Geiste vor mir: Reihen guter, unschuldiger Menschen mit weinenden Kindern, kommandiert von ein paar furchtbaren Kerlen, geschlagen und gepeinigt und vorwärtsgetrieben, bis sie beinahe umsinken. Niemand ist ausgenommen. Die Alten, Babys, schwangere Frauen, Kranke, Sieche ... alles, alles muß mit in diesen Todesreigen!

Dienstag, 27. April 1943

Nachts gibt es draußen kaum mehr Ruhe. Ich habe schwarze Ringe unter den Augen, weil ich zu wenig Schlaf habe. Unser Essen ist miserabel geworden: Zum Frühstück trocken Brot mit Kaffee-Ersatz. Mittags seit 14 Tagen abwechselnd Spinat oder Salat, die Kartoffeln sind 20 cm lang, ganz rötlich und süß. Wer schlank werden will, braucht nur im Hinterhaus zu logieren!

Donnerstag, 16. September 1943

Je länger es dauert, desto schlechter vertragen sich hier alle miteinander. Bei Tisch wagt niemand, den Mund aufzumachen (außer zum Essen natürlich), denn was man sagt, wird übelgenommen oder verkehrt aufgefaßt. Täglich schlucke ich Baldrian-Dispert wegen meiner Depressionen, aber das verhindert nicht, daß die Stimmung am nächsten Tag noch schlechter ist. Einmal wieder frei und froh lachen wäre besser als zehn von den kleinen weißen Pillen, aber das Lachen haben wir hier fast verlernt. Manchmal fürchte ich, daß ich nach dieser schweren Zeit ganz häßlich sein werde, einen zusammengekniffenen Mund und Sorgenfalten behalte. Bei den anderen ist es auch nicht besser: Alle sehen mit großer Sorge dem Winter entgegen.

Ehrlich gesagt: Manchmal vergesse ich, wer mit wem böse ist und mit wem man sich wieder vertragen hat. Die einzige Ablenkung ist Arbeit, und ich arbeite!

Samstag, 12. Februar 1944

Die Sonne scheint, der Himmel ist tiefblau, es weht ein herrlicher Wind, und ich ... ich habe solche Sehnsucht. Ich sehne mich ... nach allem, nach Freiheit, nach Freunden. Ich sehne mich danach, mich aussprechen zu können und ... allein zu sein. Könnte ich mich mal richtig ausweinen! Ich möchte meinem Herzen Luft machen und weiß, es würde besser werden, wenn ich weinen könnte, aber ich weiß auch, ich kann es nicht. Ich bin unruhig, laufe von einem Zimmer ins andere, stehe am geschlossenen Fenster und möchte die Luft von draußen durch die Ritzen atmen, fühle mein Herz klopfen, als ob es sagte: Stille doch endlich meine Sehnsucht.

Montag, 3. April 1944

Nun bekommen wir kein frisches Gemüse mehr. Unser Wochenmenü besteht mittags aus braunen Bohnen, Erbsensuppe, Kartoffeln mit Mehlklößen, Kartoffelauflauf, durch Gottes Gnade auch mal Steckrüben oder angefaulte Möhren und dann wieder braune Bohnen. Kartoffeln essen wir zu jeder Mahlzeit und beginnen wegen Brotmangel schon beim Frühstück damit. Abends essen wir immer Kartoffeln mit künstlicher Sauce und Salat von roten Rüben, die wir glücklicherweise noch haben.

Das größte Ereignis der Woche ist eine Scheibe Leberwurst und die Marmelade auf trockenem Brot. Aber wir leben noch, und oft schmeckt uns unser dürftiges Mahl recht gut.

Mittwoch, 3. Mai 1944

Warum, wofür ist überhaupt Krieg? Warum können die Menschen nicht in Frieden leben? Warum alle die Verwüstungen? Diese Fragen sind verständlich, aber eine erschöpfende Antwort hat bisher noch niemand gefunden. Ja, warum werden in England stets größere Flugzeuge gebaut, noch schwerere Bomben konstruiert und zur selben Zeit Reihenhäuser für den Wiederaufbau? Warum werden täglich Millionen für den Krieg verwendet, aber für die Heilkunde, die Künstler und auch für die Armen ist kein Pfennig verfügbar? Warum müssen Menschen hungern, wenn in anderen Weltteilen Nahrungsmittel umkommen? Warum sind die Menschen so töricht?

Freitag, 21. Juli 1944

Nun habe ich Hoffnung, nun endlich geht es gut! Ja, wirklich, es geht gut! Tolle Berichte! Es wurde ein Attentat auf Hitler verübt, aber nicht einmal von jüdischen Kommunisten oder englischen Kapitalisten, sondern von einem edelgermanischen deutschen General, der Graf ist und überdies noch jung! Die „göttliche Vorsehung“ hat dem Führer das Leben gerettet, und er ist leider, leider mit einigen Schrammen und ein paar Brandwunden davongekommen.

Ich bin viel zu vergnügt, um logisch zu sein bei der Aussicht, daß ich im Oktober wieder auf der Schulbank sitzen werde. Oh, lala, habe ich nicht eben noch gesagt, daß ich nicht voreilig sein will?

(Nach: Das Tagebuch der Anne Frank, Frankfurt/M. 1955. – Gekürzt)

Die Liste mit den Namen der Opfer des Transports von Westerbork nach Auschwitz hat den Krieg überdauert. Auf ihr finden sich auch die Eltern Otto und Edith Frank sowie die Geschwister.

9 Judentransport aus den Niederlanden – Lager Westerbork Blatt 7

3. September

am Haeftlinge 194 .

301.	Engers	Isidor	30.4. 93	Kaufmann
302.	Engers	Leonard	15.6. 20	Landarbeiter
303.	Franco	Manfred	1.5. 05	Verleger
304.	Frank	Arthur	22.8. 81	Kaufmann
305.	Frank	Isaac	29.11.87	Installateur
306.	Frank	Margot	16.2. 26	ohne
307.	Frank	Otto	12.5. 89	Kaufmann
308.	Frank-Hollaender	Edith	16.1. 00	ohne
309.	Frank	Anneliese	12.6. 29	ohne
310.	v. Franck	Sara	27.4. 02	Typistin
311.	Franken	Abraham	16.5. 96	Landarbeiter
312.	Franken-Weyand	Johanna	24.12.96	Landbauer
313.	Franken	Hermann	12.5. 34	ohne
314.	Franken	Louis	10.8. 17	Gaertner
315.	Franken	Rosalina	29.3. 27	Landbau
316.	Frankfort	Alex	14.11.19	Dr.i.d.Oekonomie
317.	Frankfort-Elsas	Regina	11.12.19	Apoth.-Ass.
318.	Frankfoort	Elias	22.10.98	Schneider
319.	Frankfort	Max	20.8. 21	Schneider
320.	Frankfort-Weijl	Betty	25.3. 24	Naeherin
321.	Frankfort-Werkendam	Rozette	24.6. 98	Schriftstellerin
322.	Frijda	Herman	22.6. 87	Hochschullehrer
323.	Frenk	Henriette	28.4. 21	Typistin
324.	Frenk	Rosa	15.3. 24	Haushalthilfe

Die letzten sieben Monate

Am 4. August 1944, drei Tage nach der letzten Eintragung in Annes Tagebuch, endet die zerbrechliche Geborgenheit der Untergetauchten in der Prinsengracht 263. Die „Grünen“ dringen in das Hinterhaus ein, verhaften seine Bewohner und durchwühlen die Räume. Das Tagebuch bleibt in einem Stapel alter Zeitschriften zurück. Hier findet es Miep, die holländische Vertraute, später wieder.

Anne erleidet das Schicksal, das sie in ihren Eintragungen vom 9. Oktober und 19. November 1942 so erschütternd beschrieben hatte. Mit ihrer Familie wird sie in das Sammellager *Westerbork* transportiert. Von dort rollt sie am 3. September 1944 in die „furchtbare Ferne“, stehend in einem mit 70 Menschen vollgestopften Viehwaggon. Vier Tage rollt der Zug, bis er an der Rampe von *Auschwitz* entladen wird. Hier werden die Männer von den Frauen getrennt, alle 79 Kinder unter 15 Jahren aus diesem Transport sofort in die Gaskammer gebracht. Anne wirkt älter als sie ist, sie kann mit Mutter und Schwester den Weg in das Frauenlager antreten.

Anne wird krank im Schmutz und Elend des Lagers. Ihr Körper ist über und über mit Geschwüren bedeckt. Sie kommt in den „Krätzeblock“, eine Sonderbaracke.

Inzwischen nähert sich die Rote Armee dem Lager; ein Teil der Häftlinge wird ins Reich transportiert. Im Oktober, so hatte Anne geglaubt, könnte sie nach der Befreiung wieder zur Schule gehen. Ende Oktober 1944 kommt ihr Transport in der Lüneburger Heide an, im Lager *Bergen-Belsen*. Dies ist bereits überfüllt durch ähnliche Rücktransporte aus Ost und West. Es herrscht Chaos.

Noch ist Anne mit ihrer Schwester zusammen (die Mutter stirbt in Auschwitz, der Vater überlebt). Anne und Margot sind inzwischen bis zur Unkenntlichkeit abgemagert, sie haben ausgehöhlte Gesichter. Längst hat man sie kahlgeschoren. Während des Winters 1944/45 erkranken sie an Typhus. Wenige Tage bevor im April 1945 englische Truppen das Lager erreichen, sterben beide, erst Margot, dann Anne. Ihre Leichen werden in eine der zahlreichen Gruben geworfen, an die noch heute Gedenksteine auf dem Lagergelände erinnern. – So wie Anne und ihre Schwester starben in Bergen-Belsen über 50 000 Menschen.

Widerstand im Dritten Reich

Widerstand aus der Arbeiterbewegung

Sozialdemokraten und Kommunisten waren bis 1933 die Hauptgegner der NSDAP gewesen. Sie traf die erste schwere Verfolgungswelle, und sie waren unter den ersten, die der neuen Diktatur Widerstand leisteten. Vom benachbarten Ausland aus begannen die Versuche, die verbotene SPD und KPD im Untergrund, in der *Illegalität*, neu aufzubauen.

Die Brotfabrik „Germania"

Der Aufbau einer illegalen SPD am Niederrhein ist ein Beispiel. Dort wurde 1934 die Brotfabrik „Germania" in Duisburg-Hamborn zur Organisationszentrale. Der Inhaber war Sozialdemokrat gewesen, wie die meisten seiner Verkaufsfahrer. Zwei Mitglieder des SPD-Untergrunds wurden eingeschleust, um diese für die illegale Arbeit zu gewinnen.

Plötzlich tauchten in und in einem größeren Umkreis von Duisburg größere Mengen der kleingedruckten „Sozialistischen Aktion" auf. [Dies war eine im Ausland auf Dünndruckpapier hergestellte Zeitung, die etwa alle zwei Wochen erschien.] Die sozialdemokratischen Verkaufsfahrer hatten für ihren Absatz bei alten Parteifreunden gesorgt. Sie organisierten kleine Leseringe, Gruppen von jeweils 5–10 Abonnenten. Diese bildeten die Organisationsbasis der geheimen sozialdemokratischen Partei in und um Duisburg. Gesteuert von der Brotfabrik „Germania" wuchs die illegale Organisation rasch. Die Verkaufsfahrer der „Germania" suchten zweimal wöchentlich ihre „Kunden" auf. Die Schriften holten sie aus dem Ruhrorter Hafen, wohin sie von Matrosen aus Rotterdam eingeschleust wurden.

Ein Depot befand sich mitten in Duisburg. Es war der Tabakkiosk am Bahnhof. Die Schriften lagerten hier, auf Abruf bereit, feingefaltet in Zigaretten- und Streichholzschachteln oder in Keksdosen versteckt.

(Nach: Kurt Bludau, Widerstand und Verfolgung in Duisburg, Duisburg 1973, S. 26ff. – Gekürzt)

Diesen Versuch des Aufbaus einer Untergrundorganisation mußten vier Angehörige des „Germania"-Kreises mit dem Leben, andere mit langjährigen Haftstrafen bezahlen.

In Kellern prügelten und erschlugen SA-Leute Funktionäre der KPD und SPD sowie der Gewerkschaften, die 1933 noch Widerstand zu leisten versuchten.

Die Kommunisten

Besonders erbitterten Widerstand leistete eine große Zahl von Mitgliedern der KPD. Versuche, die Partei nach 1933 vom Ausland aus neu aufzubauen, blieben den neuen Machthabern nicht verborgen. Die Beteiligten kamen – oft für länger als ein Jahrzehnt – ins Zuchthaus, wie zum Beispiel *Erich Honecker*. Andere wurden im Konzentrationslager ermordet, wie *Ernst Thälmann* in Buchenwald.

Einige kleine Gruppen blieben jedoch unentdeckt. Sie druckten und verteilten Flugzettel und Zeitungen, brachten Verfolgte in Sicherheit und verübten in Einzelfällen auch Spionage- und Sabotageakte. Bis 1939 blieb das bergige und bewaldete Grenzgebiet zwischen Sachsen und der Tschechoslowakei eine für die Untergrund-KPD wichtige Region für illegale Grenzübertritte.

Widerstand der Jugend

Wir wissen, wie sehr die Nationalsozialisten um die Jugend geworben hatten. Dennoch: Eine Minderheit leistete Widerstand – zum Beispiel Angehörige der Arbeiterjugend und der kirchlichen Jugendverbände, die nach 1933 zerschlagen worden waren. Im Verlauf des Zweiten Weltkrieges bildeten sich neue Gruppen – aus neuen Gründen.

Die „Weiße Rose"

Am 23. Februar 1943 erschien in der Tageszeitung „Münchener Neueste Nachrichten" die folgende Meldung:

Sophie Scholl (1921 in Ulm)*

„Der Volksgerichtshof verurteilte am 22. Februar 1943 im Schwurgerichtssaal des Justizpalastes den 24 Jahre alten Hans Scholl, die 21 Jahre alte Sophie Scholl, beide aus München, und den 23 Jahre alten Christoph Probst aus Aldrans bei Innsbruck zum Tode und zum Verlust der bürgerlichen Ehrenrechte. Das Urteil wurde am gleichen Tage vollzogen. Die Verurteilten hatten sich als charakteristische Einzelgänger durch das Beschmieren von Häusern mit staatsfeindlichen Aufforderungen und die Verbreitung hochverräterischer Flugschriften an der Wehrkraft und dem Widerstandsgeist des deutschen Volkes in schamloser Weise vergangen. Angesichts des heroischen Kampfes des deutschen Volkes verdienen derartige verworfene Subjekte nichts anderes als den raschen und ehrlosen Tod."

Wer waren diese drei, welche „Verbrechen" hatten sie begangen?

Sie waren Studenten, aufgewühlt von dem Unrecht, das sie um sich beobachteten, das Hans Scholl als Soldat in Rußland erlebt hatte. Mit Gleichgesinnten bildeten sie einen Kreis, den sie die „Weiße Rose" nannten. Sie schrieben Flugblätter, die sie vervielfältigten, per Post verschickten oder heimlich auslegten.

Dann kam in den ersten Februartagen 1943 die Nachricht vom Untergang der deutschen Armee in Stalingrad. Aus der Erschütterung darüber malten sie in mehreren Nächten mit weißer Ölfarbe Parolen an die Münchener Universität und an Häuser in benachbarten Straßen: „Freiheit" und „Nieder mit Hitler". – Wenige Tage später entwarfen die Geschwister Scholl ein neues Flugblatt, das ihr letztes werden sollte. Am 18. Februar 1943 ließen sie viele Exemplare davon wie Papierschwalben von einem oberen Stockwerk in die Eingangshalle der Universität hinabsegeln.

Sie wurden beobachtet, verhaftet und durch das Beil hingerichtet.

Das letzte Flugblatt der „Weißen Rose"

Kommilitonen! Kommilitoninnen!

Erschüttert steht unser Volk vor dem Untergang der Männer von Stalingrad. Dreihundertdreißigtausend deutsche Männer hat die geniale Strategie des Weltkriegsgefreiten sinn- und verantwortungslos in Tod und Verderben gehetzt. Führer, wir danken dir! Es gärt im deutschen Volk: Wollen wir weiter einem Dilettanten das Schicksal unserer Armeen anvertrauen? Wollen wir den niederen Machtinstinkten einer Parteiclique den Rest der deutschen Jugend opfern? Nimmermehr! Der Tag der Abrechnung ist gekommen, der Abrechnung der deutschen Jugend mit der verabscheuungswürdigsten Tyrannis, die unser Volk je erduldet hat. Im Namen der deutschen Jugend fordern wir vom Staat Adolf Hitlers die persönliche Freiheit, das kostbarste Gut des Deutschen zurück, um das er uns in der erbärmlichsten Weise betrogen.

In einem Staat rücksichtsloser Knebelung jeder freien Meinungsäußerung sind wir aufgewachsen. HJ, SA, SS haben uns in den fruchtbarsten Bildungsjahren unseres Lebens zu informieren, zu revolutionieren, zu narkotisieren versucht. „Weltanschauliche Schulung" hieß die verächtliche Methode, das aufkeimende Selbstdenken in einem Nebel leerer Phrasen zu ersticken.

Freiheit und Ehre! Zehn lange Jahre haben Hitler und seine Genossen die beiden herrlichen deutschen Worte bis zum Ekel ausgequetscht, abgedroschen, verdreht, wie es nur Dilettanten vermögen, die die höchsten Werte einer Nation vor die Säue werfen. Was ihnen Freiheit und Ehre gilt, haben sie in zehn Jahren der Zerstörung aller materiellen und geistigen Freiheit, aller sittlichen Substanzen im deutschen Volk genugsam gezeigt. Auch dem dümmsten Deutschen hat das furchtbare Blutbad die Augen geöffnet, das sie im Namen von Freiheit und Ehre der deutschen Nation in ganz Europa angerichtet haben und täglich neu anrichten. Der deutsche Name bleibt für immer geschändet, wenn nicht die deutsche Jugend endlich aufsteht, rächt und sühnt zugleich, ihre Peiniger zerschmettert und ein neues geistiges Europa aufrichtet. Studentinnen! Studenten! Auf uns sieht das deutsche Volk!

Unser Volk steht im Aufbruch gegen die Verknechtung Europas durch den Nationalsozialismus, im neuen gläubigen Durchbruch von Freiheit und Ehre.

(Nach: Informationen für politische Bildung, Bonn 1974, Nr. 160, S. 20)

Arbeitsvorschläge

1. Welchen Sinn konnten die Mitglieder der „Weißen Rose" in ihrem Handeln sehen?
2. Arbeite bitte das Flugblatt der „Weißen Rose" durch! Setze es in Beziehung zu Hitlers Programm vom 3. Februar 1933 (S. 129), zu seiner Rede vor der Reichenberger Hitlerjugend (S. 138)!

Kirchlicher Widerstand

In der *evangelischen* Kirche versuchten die Nationalsozialisten bereits 1933, ihren Einfluß durchzusetzen und diese ebenfalls „gleichzuschalten". An die Stelle der verschiedenen Landeskirchen sollte eine einheitliche „Reichskirche" treten, mit einem „Reichsbischof" an der Spitze, der Hitler treu ergeben war. Gegen diese und andere Unterdrückungsmaßnahmen schlossen sich zahlreiche Pfarrer und Gemeindemitglieder in der *Bekennenden Kirche* zusammen. Viele von ihnen wurden verhaftet, manche in den Konzentrationslagern ermordet, wie der Geistliche *Dietrich Bonhoeffer* (1906–1945), der im Krieg Verbindung zu ausländischen Geistlichen gesucht hatte.

In der *katholischen* Kirche wurde auf verschiedenen Ebenen Widerstand geleistet. Jugendliche wehrten sich gegen die Auflösung ihrer Jugendgruppen, Ortspfarrer predigten gegen die Christenfeindlichkeit der Machthaber und wurden zu Hunderten verhaftet, Bischöfe protestierten in Hirtenbriefen. Auch hier gab es Märtyrer wie den Jesuitenpater *Alfred Delp* aus Mannheim (1907–1945), der mit Gleichgesinnten Pläne für ein „Deutschland ohne Hitler" geschmiedet hatte.

Aktionen der Kirchen

Arbeiter, Studenten und Pfarrer erreichten nur einen kleinen Kreis. Dort jedoch, wo Persönlichkeiten von internationalem Ansehen und hoher Stellung öffentlich ihre Stimme erhoben, um anzuklagen, da erreichten sie breite Schichten der Bevölkerung. So sind auch die mutigen und unerschrockenen Predigten des Bischofs von Münster mitgeschrieben, vervielfältigt und verbreitet worden. Manchen deutschen „Volksgenossen" mögen sie zum Nachdenken veranlaßt haben. Geistliche beider Konfessionen protestierten besonders gegen die Ermordung von Geisteskranken in den Heilanstalten, die als „unwertes Leben" in großer Zahl „vernichtet" wurden.

Bischof Graf von Galen (1878–1946)

Aus der Predigt des Bischofs Graf von Galen in Münster 1941

„Keiner von uns ist sicher, und mag er sich völliger Schuldlosigkeit bewußt sein, daß er nicht eines Tages aus seiner Wohnung geholt, seiner Freiheit beraubt, in den Kellern und Konzentrationslagern der Gestapo eingesperrt wird. Ich bin mir darüber klar: das kann auch eines Tages mir geschehen. Weil ich dann nicht mehr öffentlich sprechen kann, darum will ich heute ... öffentlich warnen vor einem Weiterschreiten auf einem Wege, der nach meiner Überzeugung Gottes Strafgericht auf die Menschen herabruft ...

Das Recht auf Leben, auf Unverletzlichkeit, auf Freiheit ist ein unentbehrlicher Teil jeder sittlichen Gemeinschaftsordnung ... Wie viele deutsche Menschen schmachten in Polizeihaft, in Konzentrationslagern, sind aus ihrer Heimat ausgewiesen, die niemals von einem ordentlichen Gericht verurteilt sind ...

Die Pflicht meines bischöflichen Amtes, für die sittliche Ordnung einzutreten, die Pflicht meines Eides ... nach Kräften, ‚jeden Schaden zu verhüten, der das deutsche Volk bedrohen könnte', drängen mich, ... diese Tatsache öffentlich warnend auszusprechen."

(Nach: A. Leber/F. v. Moltke, Für und Wider, Berlin 1961)

Der 20. Juli 1944

Gegen den staatlichen Machtapparat konnten Aktionen von Arbeitern und Studenten ebensowenig ausrichten wie die von Geistlichen. Ein spontaner Aufstand des Volkes war Illusion. Nur hohe Offiziere der Wehrmacht, die eine bewaffnete Macht hinter sich bringen konnten, waren in der Lage, etwas zu bewirken. Und hier gab es eine Gruppe, die zu der Überzeugung gekommen war, daß ein Aufstehen gegen Hitlers verbrecherische Politik keinen Verrat bedeutete, sondern der einzige Weg war, weitere sinnlose Opfer zu verhindern. Sie wollten Hitler beseitigen.

Zu ihnen gehörte *Claus Graf von Stauffenberg,* ein Oberst, der an der Front schwer verwundet worden war. Jetzt nahm er eine wichtige militärische Aufgabe in Berlin wahr, die ihm den Zugang zum „Führerhauptquartier" öffnete.

Claus Graf von Stauffenberg (1907–1944)

Hitler saß in einem streng bewachten Quartier in Ostpreußen, der „Wolfsschanze". Stauffenberg konnte eine Sprengladung zu einer Besprechung einschmuggeln und mit einem Zeitzünder zur Explosion bringen. Hitler blieb jedoch fast unverletzt. Damit aber war der *Staatsstreich* gescheitert, den Stauffenberg und die übrigen Mitverschworenen sorgfältig vorbereitet hatten. Stauffenberg, der nach Berlin zurückgeflogen war, um den Aufstand mit zu leiten, wurde noch am 20. Juli erschossen. Die übrigen Verschwörer fielen ebenfalls zumeist in die Hände ihrer Verfolger. Sie wurden vor einen „Volksgerichtshof" gestellt, zum Tode verurteilt und grausam hingerichtet.

Ein Raum im „Führerhauptquartier" – wenige Stunden nach dem Attentat. Unter den Betrachtern (in weißer Uniform) Hermann Göring, der „Reichsmarschall des Großdeutschen Reiches"

Aufrufe zum 20. Juli 1944

Dieser Aufruf sollte erfolgen

„... Hitlers Gewaltherrschaft ist gebrochen ... Er hat Ehre und Würde, Freiheit und Leben anderer für nichts erachtet. Zahllose Deutsche, aber auch Angehörige anderer Völker, schmachten seit Jahren in Konzentrationslagern, den größten Qualen ausgesetzt und häufig schrecklichen Foltern unterworfen. Viele von ihnen sind zugrunde gegangen. Durch grausame Massenmorde ist unser guter Name besudelt ... Tapferkeit und Hingabe unserer Soldaten sind schmählich mißbraucht. Ungeheure Opfer des ganzen Volkes sinnlos vergeudet ...

Wir wollen unsere Ehre und damit unser Ansehen in der Gemeinschaft der Völker wiederherstellen. Wir wollen mit besten Kräften dazu beitragen, die Wunden zu heilen, die dieser Krieg allen Völkern geschlagen hat, und das Vertrauen zwischen ihnen wieder neu zu beleben ..."

(Aufruf Becks, nach: R. Pechel, Deutscher Widerstand, Zürich 1947, S. 306ff.)

Dieser Aufruf ist erfolgt

„Eine ganz kleine Clique ehrgeiziger, gewissenloser und zugleich verbrecherischer, dummer Offiziere hat ein Komplott geschmiedet, um mich zu beseitigen und zugleich mit mir den Stab der deutschen Wehrmachtsführung auszurotten ... Der Kreis, den diese Usurpatoren darstellen, ist ein denkbar kleiner. Er hat mit der deutschen Wehrmacht und vor allem mit dem deutschen Heer nichts zu tun. Es ist ein ganz kleiner Klüngel verbrecherischer Elemente, die jetzt unbarmherzig ausgerottet werden. ... Es hat jeder Deutsche, wer es sein mag, die Pflicht, diesen Elementen rücksichtslos entgegenzutreten, sie entweder sofort zu verhaften oder, wenn sie irgendwie Widerstand leisten sollten, ohne weiteres niederzumachen."

(Rundfunkansprache Hitlers, nach: Dokumente der Deutschen Politik und Geschichte, Band V, S. 493f.)

Es war keine „ganz kleine Clique", und es waren nicht nur Offiziere unter den Männern des 20. Juli. Beamte, Gewerkschaftsführer und ehemalige Politiker hatten sich zusammengefunden, um einen neuen Rechtsstaat aufzubauen. Generaloberst *Ludwig Beck*, der ehemalige Leipziger Oberbürgermeister *Carl Goerdeler*, die Sozialdemokraten *Julius Leber* und *Adolf Reichwein* gehörten zu ihnen.

Der 20. Juli erinnert heute als Gedenktag an sie und die vielen tausend anderen, die den Widerstand gegen die Diktatur mit ihrem Leben bezahlten.

Einer der Männer des 20. Juli, der Generalfeldmarschall von Witzleben, vor dem Volksgerichtshof

Arbeitsvorschläge

1. Von welchen Gruppen und Schichten des deutschen Volkes wurde Widerstand geleistet?
2. Welche Formen der Auflehnung gegen die diktatorische Staatsgewalt kannst du dem Text entnehmen? Welche weiteren Formen erscheinen dir denkbar?
3. Stelle nach dem Text die Gründe zusammen, die Deutsche zum Widerstand veranlaßten! Welche weiteren Gründe erscheinen dir denkbar?
4. Jeder Soldat, jeder Offizier ist durch den Eid zum Gehorsam verpflichtet. Lies noch einmal auf S. 135 nach! Wie siehst du das Problem Eid und Widerstand?
5. In „Mein Kampf" hatte Hitler 1924 geschrieben:
   „Wenn durch die Hilfsmittel der Regierungsgewalt ein Volkstum dem Untergang entgegengeführt wird, dann ist die Rebellion eines jeden Angehörigen eines solchen Volkes nicht nur Recht, sondern Pflicht ...".
   Vergleiche den Satz mit Hitlers Rundfunkansprache nach dem 20. Juli 1944!
6. a) Denke einmal über diese Feststellung nach:
   „Wer heute unter der Freiheits-Garantie von Art. 5 des Grundgesetzes ohne Bedenken seinen Unmut über die Regierung, einzelne Minister oder prominente Politiker äußert, wer in Flugschriften oder in Demonstrationen dieser Kritik schärfsten öffentlichen Ausdruck gibt, ... dem sollte eigentlich bewußt sein, daß all dies unter der Herrschaft des Nationalsozialismus als ‚Widerstand' gewertet, verfolgt und bestraft wurde – und zwar nicht nach den Gesetzen eines Rechtsstaates, sondern nach den drakonischen Maßstäben einer Diktatur, in der schon ein politischer Witz ins Konzentrationslager führen konnte ..."
   (Informationen zur politischen Bildung 160/1974).

   b) Artikel 5, Absatz 1 lautet: „Jeder hat das Recht, seine Meinung in Wort, Schrift und Bild frei zu äußern und zu verbreiten und sich aus allgemein zugänglichen Quellen ungehindert zu unterrichten. Die Pressefreiheit und die Freiheit der Berichterstattung durch Rundfunk und Film werden gewährleistet. Eine Zensur findet nicht statt." – Was besagen diese Sätze im einzelnen? Diskutiere aber auch mögliche Grenzen der Freiheitsgarantie!

Am 25. August 1944 erreichten Panzer der Invasionstruppen die französische Hauptstadt Paris. Die Stadt wurde von den Deutschen kampflos übergeben und damit vor der Zerstörung gerettet. An der Gefangennahme der deutschen Soldaten waren auch Mitglieder der französischen Widerstandsbewegung beteiligt.

Widerstandstätigkeit in besetzten Gebieten

Es ist kein Wunder, daß sich in den besetzten Gebieten Widerstandsgruppen zusammenfanden und der deutschen Besatzungsmacht bisweilen erbitterte Kämpfe lieferten.

Polen

In Polen bildete sich eine starke Untergrundbewegung mit einer 350 000 Mann umfassenden geheimen Armee, mit Schulen und Gerichten. Ihr Aufstand in Warschau (August 1944) konnte erst nach zwei Monaten von den Deutschen niedergeworfen werden. Warschau wurde danach auf Befehl Hitlers zerstört. – Vorher schon (April 1943) hatten sich die im Warschauer Ghetto zusammengepferchten, zur Vernichtung bestimmten Juden in einem Verzweiflungskampf erhoben (S. 160).

Sowjetunion, Jugoslawien

Im Osten, besonders in den eroberten Gebieten der *Sowjetunion* und in *Jugoslawien*, kämpften regelrechte militärische Verbände hinter den Frontlinien („Partisanen"). Sie beherrschten weite, zumeist schwer zugängliche Gebiete und griffen von hier aus Nachschublinien an. Sie zwangen die deutsche Besatzungsmacht, starke Truppenteile von der eigentlichen Front abzuziehen.

Frankreich

In *Frankreich* sammelten sich die Gruppen der „Résistance" (Widerstand). Sie verübten z. B. Anschläge auf Verkehrslinien und versteckten abgeschossene alliierte Flieger. – Auch in den anderen besetzten Westgebieten organisierte sich der Widerstand.

Arbeitsvorschlag

Überlege bitte: Wie unterschied sich der Widerstand in Deutschland von dem in besetzten Gebieten?

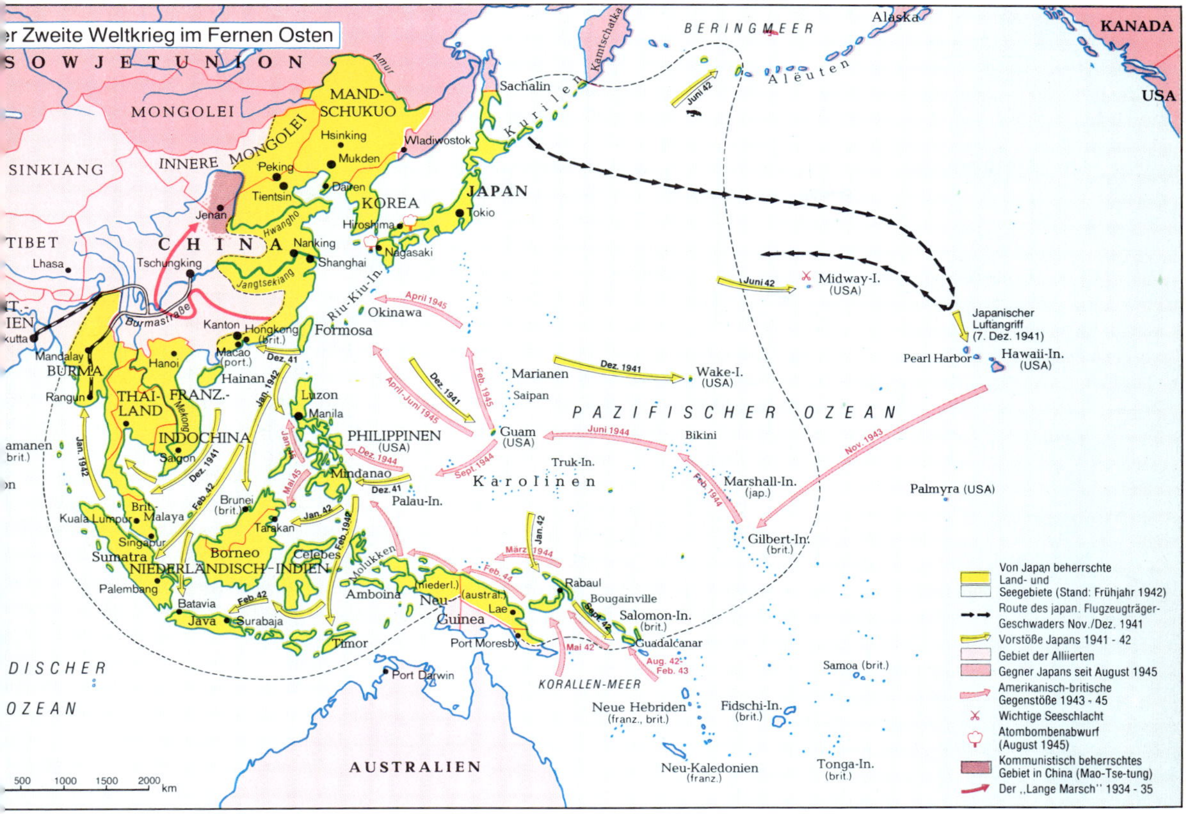

Der Krieg in Asien 1941–1945

Der zweite Kriegsschauplatz

Seit der Zeit des Imperialismus hatte sich im Fernen Osten eine neue starke Macht entwickelt: Japan. Dieses Inselvolk hatte von seiner übervölkerten Heimat aus immer wieder Ausgriffe auf die benachbarten Gebiete durchgeführt. Seit 1936 stand es in einem Bündnisverhältnis mit den faschistischen Staaten Deutschland und Italien.

In seinem Bemühen, seine Vormachtstellung in Ostasien auszubauen, stieß Japan vor allem auf den Widerstand der USA. Die Spannungen entluden sich im Dezember 1941 in einem Überfall der japanischen Luftwaffe auf die Kriegsflotte der USA in Pearl Harbor (Hawaii). Wenige Tage später erklärten Deutschland und Italien den USA ebenfalls den Krieg.

Nun wurden der *Pazifik und Südostasien der zweite große Kampfschauplatz des Zweiten Weltkrieges.*

Zunächst waren die Japaner siegreich. Sie eroberten Anfang 1942 Manila und Singapur. Sie besetzten im schnellen Zugriff nacheinander weite Teile der pazifischen Inselwelt, die Philippinen, Teile von Neu-Guinea, Niederländisch-Indien und fast ganz Hinterindien von Indochina bis Burma.

Aber die große, verlustreiche See-Luft-Schlacht bei der Midway-Insel im Juni 1942 brachte die Wende. Immer mehr wurden die japanischen Truppen in Ostasien – wie die deutschen Truppen in Europa – zurückgedrängt.

Die Atombombe

Das Ende des Krieges in Asien wurde durch eine Waffe bestimmt, die ein neues Zeitalter der kriegerischen Bedrohung einleitete: die Atombombe.

Am 6. August 1945, 2.45 Uhr morgens, starteten drei überschwere, viermotorige Bombenflugzeuge der Amerikaner von einer kleinen Marianeninsel aus gegen Japan. Das mittlere der drei Flugzeuge trug eine Atombombe. Es wurde von Oberst Tibbets geführt, und er hatte seiner Maschine den Namen seiner Mutter gegeben, „Enola Gay".

Erst während des Fluges wurden die beiden entscheidenden Hauptbestandteile der Bombe von einem Offizier zusammengebaut. Ein Start mit der fertigen Bombe auf der etwas zu kurzen Startbahn war zu gefährlich erschienen. Die drei Maschinen stiegen auf eine Höhe von 10 km.

Hiroshima
6. August 1945

Die vorangeschickten Aufklärungsflugzeuge meldeten: Gutes Wetter – gute Sicht! Der Himmel wurde heller, die Sterne verblaßten. Der Tag brach an. Befohlenes Ziel war die japanische Provinzhauptstadt und Hafenstadt Hiroshima mit vielen Seiden- und Baumwollfabriken und über 340 000 Einwohnern auf der größten japanischen Insel Hondo.

Genau zur befohlenen Zeit, kurz nach 9 Uhr morgens, waren die drei Flugzeuge über der Stadt. Man hatte unten Fliegeralarm gegeben, dann aber wieder entwarnt, da nur drei Flugzeuge gesichtet waren, die keinen allzu großen Schaden anrichten konnten. Die Flak schwieg. 9.15 Uhr. Über dem Mittelpunkt der Stadt klinkte der Bombenschütze seine Last aus. Sie sollte in 600 m Höhe über dem Erdboden explodieren.

Zuerst sahen die Männer in der „Enola Gay" nur ein stecknadelkopfgroßes Licht von purpurner Röte. Im nächsten Augenblick war dieser Punkt eine riesige, brodelnde Feuerkugel von wohl 1 km Durchmesser. Dann explodierte der Ball und wurde zu einem Meer aufschießender Flammen und purpurroter Wolken, das den ganzen Himmel hinter ihnen füllte. Mit Mühe nur konnte man das Flugzeug, obwohl es schon wieder kilometerweit von der Abwurfstelle entfernt war, in den plötzlich sich erhebenden, donnernden Luftdruckwellen halten.

Die Bomberbesatzungen hatten, wie befohlen, ihre Schutzbrillen, wie die Schweißer sie bei der Arbeit tragen, aufgesetzt – nur so konnten sie nach rückwärts in die Gluthölle schauen. Aus dem Feuerball war jetzt ein Feuer- und Rauchpilz geworden, der 18 km hoch in den Himmel reichte – noch weit vom Ozean her, aus 650 km Entfernung, konnten die Flieger die Atomwolke sehen!

Und unter ihr lag die Stadt Hiroshima, in der mehr als 260 000 Menschen ihr Leben verloren hatten.

Der Rauchpilz der zweiten Atombombe, die über Japan abgeworfen wurde. Sie ließ die Stadt Nagasaki in Trümmer sinken. – In den Museen und Krankenhäusern von Hiroshima bleibt die Erinnerung an das Geschehen von 1945 wach: Ein Besucher im Atommuseum betrachtet die Bilder des Schreckens; mit aufwendigen Apparaten werden im Atomhospital Spätfolgen der Atomexplosion behandelt. ▷

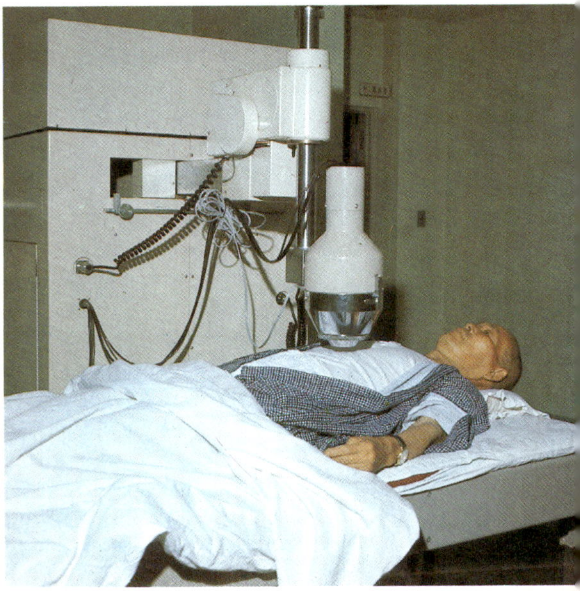

Bericht eines Überlebenden

Der japanische Arzt Dr. Hachiya, der die Bombardierung schwer verletzt überlebte, berichtet in seinem Tagebuch:

„Es war noch früh, ein stiller, warmer, schöner Morgen. Schimmernde Blätter ... bildeten einen hübschen Gegensatz zu den Schatten in meinem Garten ...

Plötzlich erschreckte mich ein jäh aufblitzender Lichtschein ... Durch wirbelnden Staub vermochte ich kaum die hölzerne Säule erkennen, die mein Haus an einer Ecke getragen hatte. Sie stand jetzt grotesk da, ganz schief, und das Dach war bedrohlich zusammengesunken. – Instinktiv versuchte ich zu entfliehen, doch Schutt und abgestürzte Balken versperrten mir den Weg ...

Was war überhaupt geschehen? Die ganze rechte Seite meines Körpers war zerschnitten und blutete. Aus einer gezackten Wunde in der Hüfte ragte ein dicker Holzsplitter ...

Wir (seine ebenfalls verletzte Frau und er) standen unschlüssig und voller Angst auf der Straße, bis ein Haus uns gegenüber zu wanken begann und in einer reißenden Bewegung ... zusammenbrach. Unser eigenes Haus fing auch an zu schwanken, und binnen einer Minute krachte es ebenfalls in einer Staubwolke nieder ... Brände sprangen auf und breiteten sich aus, von einem tückischen Wind angefacht ...

Allmählich erst begann die Umgebung für mich deutlich zu werden. Schattenhaft sah ich Menschengestalten. Manche wirkten wie wandelnde Gespenster, andere bewegten sich gekrümmt vor Schmerzen, Vogelscheuchen gleich, indem sie die Arme so vom Körper abspreizten, daß die Unterarme und Hände baumelnd herabhingen. Mir waren diese Menschen ein Rätsel, bis ich plötzlich erkannte, daß sie verbrannt waren und die Arme so hielten, damit nicht die Stellen mit dem geplatzten Fleisch aneinanderrieben ...

Ich traf viele ..., die von den Hüften aufwärts verbrannt waren. Die Haut hatte sich abgeschält, ihr Fleisch war naß und schwammig ... Und – sie hatten keine Gesichter! Ihre Augen, Nasen und Münder waren weggebrannt, und die Ohren schienen förmlich abgeschmolzen zu sein. Kaum konnte ich die Vorderseiten vom Rücken unterscheiden ..."

(M. Hachiya, Hiroshima-Tagebuch, Freiburg 1955, S. 1–4, 17–29)

Der Abwurf der Atombombe auf die Stadt Hiroshima und einer zweiten auf die Stadt Nagasaki am 9. August 1945 zwang Japan zur Kapitulation. Am 2. September 1945 war der Krieg auch im Fernen Osten beendet.

Wir merken uns

Im Zweiten Weltkrieg (1939–1945) überrannte die deutsche Wehrmacht zunächst weite Gebiete Europas. Die Niederlage bei Stalingrad (Januar 1943) bezeichnete die Wende des europäischen Krieges, in dessen weiterem Verlauf Deutschland völlig von den Kriegsgegnern besetzt wurde. – Mit dem Namen Auschwitz verbindet sich eines der erschütterndsten Kapitel der Menschheitsgeschichte.

In Deutschland und überall in besetzten europäischen Staaten steigerte sich während des Krieges der Widerstand gegen die nationalsozialistische Herrschaft. Ein Umsturzversuch am 20. Juli 1944 schlug jedoch fehl.

Seit 1941 hatte der europäische Krieg auch auf den Fernen Osten übergegriffen. Der Abwurf von Atombomben durch die USA auf das mit Deutschland verbündete Japan brachte hier ebenfalls 1945 das Kriegsende.

Bilanz des Zweiten Weltkriegs

Flucht und Vertreibung

Durch den Zweiten Weltkrieg und in seiner Folge wurde eine Bevölkerungsbewegung ausgelöst, wie sie Europa bisher nicht gekannt hatte. Vor der andrängenden Roten Armee flüchteten Millionen Deutsche aus ihrer ostdeutschen Heimat in Richtung Westen. Die letzten Habseligkeiten auf Pferdefuhrwerken, Karren und Handwagen verpackt, verließen ganze Trecks die Dörfer und Städte. Entbehrungen, Krankheit und Kälte rafften Hunderttausende dahin. Ungezählte starben durch die Angriffe und Racheakte der Roten Armee; auf sie alle schlug das Leid zurück, das der deutsche Angriff über die Sowjetunion gebracht hatte. Noch einmal Millionen wurden 1945 bis 1952 vertrieben, vor allen durch die Polen und Tschechen. So war die Flucht und Vertreibung der Deutschen von Elend und Not, Haß und Terror begleitet.

△
Deutsche Flüchtlinge zu Beginn des Jahres 1945. Millionen verließen so ihre ostdeutsche Heimat.

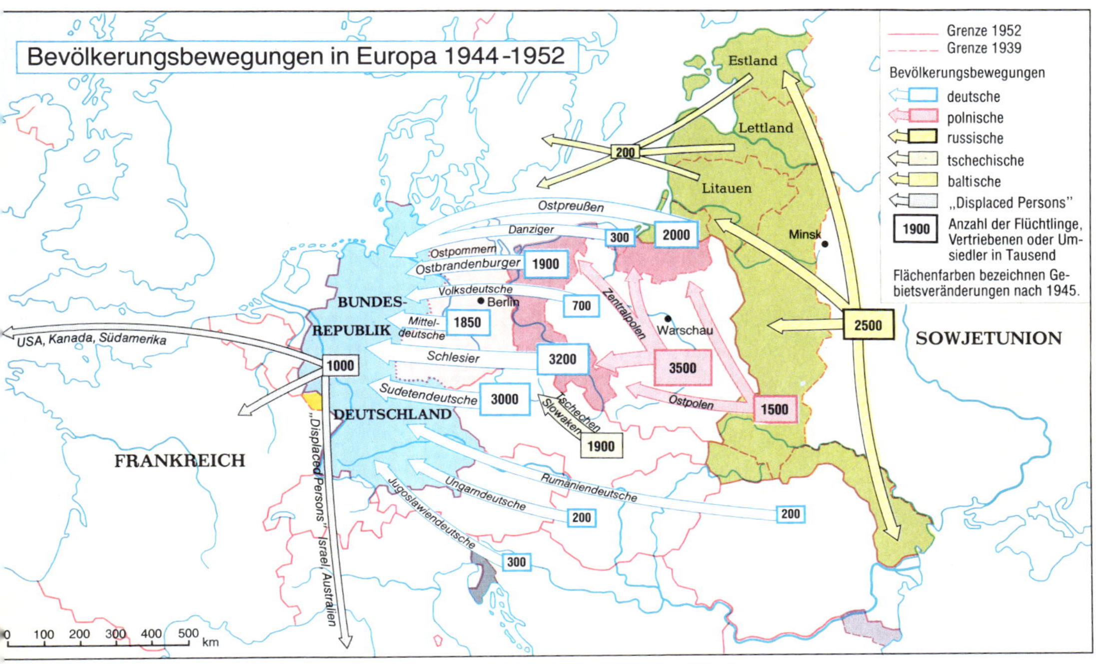

Auf der Gipfelkonferenz von Jalta (Februar 1945) hatten Roosevelt, Stalin und Churchill beschlossen, daß Polen künftig einen großen Zuwachs an deutschen Gebieten erhalten sollte. Dafür mußte es seine im Krieg gegen Rußland 1920 gewonnenen Ostgebiete wieder an die UdSSR abtreten. So zogen in die verlassenen Häuser und Höfe der Deutschen Polen ein, die ihrerseits häufig Zwangsumsiedler waren. Eine deutsche Bevölkerung sollte es in diesen Gebieten nicht mehr geben. Ebenso verfuhr die Tschechoslowakei mit den Sudetendeutschen auf ihrem Staatsgebiet.

Verluste und Trümmer

Die nachfolgende Tabelle schlüsselt die Verluste des Zweiten Weltkriegs auf. Viele der Zahlen hat man nur schätzen können, und das Schicksal der „Vermißten" ist bis heute ungeklärt.

	Soldaten	Zivilpersonen	Gesamt
Deutsches Reich (Grenzen von 1937)	3 760 000	2 060 000	5 820 000
Deutsche Siedlungsgebiete im Ausland	380 000	1 020 000	1 400 000
Österreich	170 000	24 000	194 000
Italien	390 000	166 000	556 000
Westalliierte (ohne USA)	610 000	690 000	1 300 000
Ost- und Südosteuropa (ohne Polen)	680 000	3 810 000	4 490 000
Polen	320 000	4 200 000	4 520 000
Sowjetunion	13 600 000	6 700 000	20 300 000
USA	229 000	–	229 000
Japan	1 200 000	600 000	1 800 000
Ostasien (ohne Japan)	6 400 000	5 400 000	11 800 000
Vermißte, die wahrscheinlich tot sind			3 000 000
Verwundete			35 000 000

(nach Immisch)

Und auch der *Sachschaden* war unermeßlich groß. Den schwersten Schaden im europäischen Raum errechnete Rußland, dessen gesamter Westen weitgehend zerstört war: Vernichtung von über 1700 Städten, 70 000 Dörfern und 32 000 Industriewerken. Durch Frankreich, Belgien und Luxemburg war zweimal verheerend der Krieg gegangen. In Holland standen große Gebiete unter Meerwasser, nachdem man in den letzten Kämpfen die Deiche geöffnet hatte. In England wurden durch deutsche Luftangriffe Tausende von Häusern total zerstört oder schwer beschädigt. (Zu den Bombenschäden in Deutschland vgl. S. 156–158.)

Norwegen, Dänemark und Finnland waren wirtschaftlich ausgepumpt, Polen entsetzlich verheert. Italien war in den schweren Kämpfen nach der Landung der Alliierten so zerstört, daß es sich ebenfalls am Ende seiner Wirtschaftskraft befand. In Griechenland herrschte schwere Hungersnot. In Ungarn, Rumänien und Bulgarien brachen das gesamte Staatsgefüge und die Wirtschaft zusammen. Auch Südostasien, durch japanische Besetzung und amerikanische Rückeroberung weithin verwüstet, litt schwere Not. – In fast allen vom Krieg unmittelbar betroffenen Gebieten herrschte Hunger. Es fehlte an Wohnraum, Nahrung, Kleidung und lebensnotwendigem Gerät.

Bundespräsident Dr. Richard von Weizsäcker am 8. Mai 1985

Ein Rückblick nach vierzig Jahren

Der 8. Mai 1985 war der 40. Jahrestag der Beendigung des Krieges in Europa und der nationalsozialistischen Gewaltherrschaft. In einer Gedenkstunde hielt Bundespräsident Dr. Richard von Weizsäcker im Plenarsaal des Deutschen Bundestages eine viel beachtete Ansprache. Die Abbildung links zeigt ihn während seiner Rede, die nachfolgend gekürzt wiedergegeben wird.

Arbeite diese Rede bitte abschnittsweise durch!

a) Warum ist für ihn der 8. Mai „ein Datum von entscheidender historischer Bedeutung" einerseits, „kein Grund zum Feiern" andererseits? Wie sollte der 8. Mai 1945 in den Verlauf der deutschen Geschichte einzuordnen sein?
b) Welche Gruppen hebt der Bundespräsident in seinem Gedenken im einzelnen heraus?
c) Wie ordnet er die Vernichtung des europäischen Judentums in die Geschichte ein?
d) Welche geschichtlichen Wurzeln des Zweiten Weltkriegs bezeichnet er?
e) Was ist mit der „willkürlichen Verteilung der Lasten" im einzelnen gemeint?
f) Was können junge Menschen nach seiner Ansicht aus dem „Irrweg deutscher Geschichte" lernen?

I. Viele Völker gedenken heute des Tages, an dem der Zweite Weltkrieg in Europa zu Ende ging. Seinem Schicksal gemäß hat jedes Volk dabei seine eigenen Gefühle. Sieg oder Niederlage, Befreiung von Unrecht und Fremdherrschaft oder Übergang zu neuer Abhängigkeit, Teilung, neue Bündnisse, gewaltige Machtverschiebungen – der 8. Mai 1945 ist ein Datum von entscheidender historischer Bedeutung in Europa...

Der 8. Mai ist für uns Deutsche kein Tag zum Feiern. Die Menschen, die ihn bewußt erlebt haben, denken an ganz persönliche und damit ganz unterschiedliche Erfahrungen zurück. Der eine kehrte heim, der andere wurde heimatlos. Dieser wurde befreit, für jenen begann die Gefangenschaft. Viele waren einfach nur dafür dankbar, daß Bombennächte und Angst vorüber und sie mit dem Leben davongekommen waren. Andere empfanden Schmerz über die vollständige Niederlage des eigenen Vaterlandes. Verbittert standen Deutsche vor zerrissenen Illusionen, dankbar andere Deutsche für den geschenkten neuen Anfang ... Die meisten Deutschen hatten geglaubt, für die gute Sache des eigenen Landes zu kämpfen und zu leiden. Und nun sollte es sich herausstellen: Das alles war nicht nur vergeblich und sinnlos, sondern es hatte den unmenschlichen Zielen einer verbrecherischen Führung gedient. ... Der Blick ging zurück in einen dunklen Abgrund der Vergangenheit und nach vorn in eine ungewisse dunkle Zukunft.

Und dennoch wurde von Tag zu Tag klarer, was es heute für uns alle gemeinsam zu sagen gilt: Der 8. Mai war ein Tag der Befreiung. Er hat uns alle befreit von dem menschenverachtenden System der nationalsozialistischen Gewaltherrschaft.

Niemand wird um dieser Befreiung willen vergessen, welche schweren Leiden für viele Menschen mit dem 8. Mai erst begannen und danach folgten. Aber wir dürfen nicht im Ende des Krieges die Ursache für Flucht, Vertreibung und Unfreiheit sehen. Sie liegt vielmehr in seinem Anfang und im Beginn jener Gewaltherrschaft, die zum Krieg führte.

Wir dürfen den 8. Mai 1945 nicht vom 30. Januar 1933 trennen. ... Wir haben allen Grund, den 8. Mai 1945 als das Ende eines Irrweges deutscher Geschichte zu erkennen, das den Keim der Hoffnung auf eine bessere Zukunft barg.

II. Der 8. Mai ist ein Tag der Erinnerung. Erinnern heißt, eines Geschehens so ehrlich und rein zu gedenken, daß es zu einem Teil des eigenen Innern wird. Das stellt große Anforderungen an unsere Wahrhaftigkeit.

Wir gedenken heute in Trauer aller Toten des Krieges und der Gewaltherrschaft.

Wir gedenken insbesondere der sechs Millionen Juden, die in deutschen Konzentrationslagern ermordet wurden.

Wir gedenken aller Völker, die im Krieg gelitten haben, vor allem der unsäglich vielen Bürger der Sowjetunion und der Polen, die ihr Leben verloren haben.

Als Deutsche gedenken wir in Trauer der eigenen Landsleute, die als Soldaten, bei den Fliegerangriffen in der Heimat, in Gefangenschaft und bei der Vertreibung ums Leben gekommen sind.

Wir gedenken der ermordeten Sinti und Roma, der getöteten Homosexuellen, der umgebrachten Geisteskranken, der Menschen, die um ihrer religiösen oder politischen Überzeugung willen sterben mußten.

Wir gedenken der erschossenen Geiseln.

Wir denken an die Opfer des Widerstandes in allen von uns besetzten Staaten.

Als Deutsche ehren wir das Andenken der Opfer des deutschen Widerstandes, des bügerlichen, des militärischen und glaubensbegründeten, des Widerstandes in der Arbeiterschaft und bei Gewerkschaften, des Widerstandes der Kommunisten . . .

Den vielleicht größten Teil dessen, was den Menschen aufgeladen war, haben die Frauen der Völker getragen.

Ihr Leiden, ihre Entsagungen und ihre stille Kraft vergißt die Weltgeschichte nur allzu leicht. Sie haben gebangt und gearbeitet, menschliches Leben getragen und beschützt. Sie haben getrauert um gefallene Väter und Söhne, Männer, Brüder und Freunde . . .

III. Es gibt kaum einen Staat, der in seiner Geschichte immer frei blieb von schuldhafter Verstrikkung in Krieg und Gewalt. Der Völkermord an den Juden jedoch ist beispiellos in der Geschichte . . . Das jüdische Volk erinnert sich und wird sich immer erinnern. Wir suchen als Menschen Versöhnung. Gerade deshalb müssen wir verstehen, daß es Versöhnung ohne Erinnerung gar nicht geben kann.

IV. Der 8. Mai ist ein tiefer, historischer Einschnitt, nicht nur in der deutschen, sondern auch in der europäischen Geschichte.

Der europäische Bürgerkrieg war an sein Ende gelangt, die alte europäische Welt zu Bruch gegangen. „Europa hatte sich ausgekämpft" (M. Stürmer). Die Begegnung amerikanischer und sowjetrussischer Soldaten an der Elbe wurde zu einem Symbol für das vorläufige Ende einer europäischen Ära.

Gewiß, das alles hatte seine alten geschichtlichen Wurzeln. Großen, ja bestimmenden Einfluß hatten die Europäer in der Welt, aber ihr Zusammenleben auf dem eigenen Kontinent zu ordnen, das vermochten sie immer schlechter. Über hundert Jahre lang hatte Europa unter dem Zusammenprall nationalistischer Übersteigerungen gelitten. Am Ende des Ersten Weltkrieges war es zu Friedensverträgen gekommen. Aber ihnen hatte die Kraft gefehlt, Frieden zu stiften. Erneut waren nationalistische Leidenschaften aufgeflammt und hatten sich mit sozialen Notlagen verknüpft. Auf dem Weg ins Unheil wurde Hitler die treibende Kraft. Er erzeugte und er nutzte Massenwahn. Eine schwache Demokratie war unfähig, Einhalt zu gebieten. Und auch die europäischen Westmächte, nach Churchills Urteil „arglos, nicht schuldlos", trugen durch Schwäche zur verhängnisvollen Entwicklung bei. Amerika hatte sich nach dem Ersten Weltkrieg wieder zurückgezogen und war in den 30er Jahren ohne Einfluß auf Europa.

Hitler wollte die Herrschaft über Europa, und zwar durch Krieg . . . Es war Hitler, der zur Gewalt griff. Der Ausbruch des Zweiten Weltkrieges bleibt mit dem deutschen Namen verbunden . . .

Während dieses Krieges hat das nationalsozialistische Regime viele Völker gequält und geschändet . . . Die anderen Völker wurden zunächst Opfer eines von Deutschland ausgehenden Krieges, bevor wir selbst zu Opfern unseres eigenen Krieges wurden.

V. Die Willkür der Zerstörung wirkte in der willkürlichen Verteilung der Lasten nach. Es gab Unschuldige, die verfolgt wurden, und Schuldige, die entkamen. Die einen hatten das Glück, zu Hause in vertrauter Umgebung ein neues Leben aufbauen zu können. Andere wurden aus der angestammten Heimat vertrieben.

Wir in der späteren Bundesrepublik Deutschland erhielten die kostbare Chance der Freiheit. Vielen Millionen Landsleuten blieb sie bis heute versagt . . .

VIII. 40 Jahre nach dem Ende des Krieges ist das deutsche Volk nach wie vor geteilt. Wir Deutschen sind ein Volk und eine Nation. Wir fühlen uns zusammengehörig, weil wir dieselbe Geschichte durchlebt haben. Auch den 8. Mai 1945 haben wir als gemeinsames Schicksal unseres Volkes erlebt, das uns eint. . . . Wir haben die Zuversicht, daß der 8. Mai nicht das letzte Datum unserer Geschichte bleibt, das für alle Deutschen verbindlich ist.

IX. Bei uns ist eine neue Generation in die politische Verantwortung hereingewachsen. Die Jungen sind nicht verantwortlich für das, was damals geschah. Aber sie sind verantwortlich für das, was in der Geschichte daraus wird . . . Hitler hat stets damit gearbeitet, Vorurteile, Feindschaften und Haß zu schüren. Die Bitte an die jungen Menschen lautet: Lassen Sie sich nicht hineintreiben in Feindschaft und Haß gegen andere Menschen, gegen Russen oder Amerikaner, gegen Juden oder Türken, gegen Alternative oder Konservative, gegen Schwarz oder Weiß. Lernen Sie, miteinander zu leben, nicht gegeneinander.

Zahlen zum Überblick

um 1900	**Zeit des Imperialismus** (Höhepunkt der kolonialen Aufteilung der Welt)
1914–1918	**Erster Weltkrieg**
1917	Kriegseintritt der USA
1917	Oktoberrevolution in Rußland
1918	Revolution in Deutschland
1919	Vertrag von Versailles
1918–1933	**Weimarer Republik**
1923	Ruhrkampf und Inflation
1926	Aufnahme Deutschlands in den Völkerbund
1929	Einsetzende Weltwirtschaftskrise
1933–1945	**Deutschland unter der Herrschaft des Nationalsozialismus**
1933/34	Umbildung des Staates zur Diktatur
1938	„Reichskristallnacht"
1938	„Anschluß" Österreichs
1938	Münchener Abkommen
1939–1945	**Zweiter Weltkrieg**
1939	Überfall auf Polen
1941	Deutscher Einmarsch in die Sowjetunion
1941	Kriegseintritt Japans und der USA
1944	Attentat auf Hitler (20. Juli)
1945	Kapitulation der deutschen Wehrmacht (8. Mai)
1945	Hiroshima (Einsatz der Atombombe)

Register

1. Neue Begriffe

Die in diesem Bande des Arbeitsbuches auftretenden neuen Begriffe sind nach dem Alphabet geordnet. Die Zahlen bezeichnen die Seiten, auf denen der Begriff im Zusammenhang der Darstellung durch Wort oder Bild näher erläutert wird.

2. Personen

Bildnachweis

Allgemeiner Deutscher Nachrichtendienst, Berlin: 1 – Altonaer Museum, Hamburg: 1 – Archiv für Kunst und Geschichte, Berlin: 4 – Associated Press, Frankfurt: 2 – Ernst-Barlach-Haus (Foto: P. Cordes), Hamburg: 1 – Bauhaus-Archiv, Berlin: 2 – Bildagentur Bavaria, Gauting: 3 – Bibliographisches Institut, Mannheim: 1 – Bildarchiv Preußischer Kulturbesitz, Berlin: 22 – J. Blauel, München: 1 – Borek Verlag, Braunschweig: 2 – Bundesarchiv, Koblenz: 4 – Kurt Desch Verlag, München: 1 – Dokumentenkabinett, Vlotho: 1 – dpa, Frankfurt: 1 – dva, Stuttgart: 1 – Frisch-Prenzel/IFA, München: 1 – Gemäldegalerie Neue Meister (Foto: Sächsische Landesbibliothek, Abt. Deutsche Fotothek/Rous), Dresden: 1 – Germanisches Nationalmuseum, Nürnberg: 1 – Archiv Gerstenberg, Frankfurt: 1 – Giraudon, Paris: 2 – Historia-Photo, Hamburg: 1 – Historisches Archiv der Daimler Benz AG, Stuttgart: 1 – Historisches Museum, Frankfurt: 1 – H. Huber, Garmisch-Partenkirchen: 1 – Imperial War Museum, London: 1 – Keystone, Hamburg: 3 – R. Koehler, Berlin: 1 – Kunstmuseum, Düsseldorf: 1 – Landesbildstelle Baden, Karlsruhe: 1 – Landesbildstelle, Berlin: 2 – Verlag Langewiesche-Brandt, Ebenhausen: 10 – Library of Congress, Washington: 1 – Limes Museum, Aalen: 1 – aus: W. Lindwer, Anne Frank (Slg. Miep Gies), S. 8., S. Fischer Verlag, Frankfurt/M. 1990: 1 – Museum für Geschichte, Gera: 1 – Museum of Modern Art, New York: 1 – National Museum of Wales, Cardiff: 1 – Paris Match, Paris: 1 – Presse- und Informationsamt der Bundesregierung, Bundesbildstelle, Bonn: 1 – Radio Times Hulton Picture Library, London: 1 – Regionalmuseum (Foto: M. Jeiter), Xanten: 1 – Scala, Florenz: 2 – Süddeutscher Verlag, Bilderdienst, München: 10 – Schwanke/Raasch, Hannover: 1 – Stadtarchiv, Duisburg: 1 – Städni-Zidorske-Museum, Prag: 1 – Städtische Galerie im Lenbachhaus, München: 1 – stern-syndication (Foto: Ihrt), Hamburg: 1 – Dr. W. Stracke, Stuttgart: 1 – Theatermuseum, Köln: 1 – Ullstein Bilderdienst, Berlin: 32 – United Steel Corporation, Pittsburgh: 1 – (c) VG Bild-Kunst, Bonn, 1991: 2 – Volksbund Deutsche Kriegsgräberfürsorge, Landesverband Bayern, München: 1 – A. P. Weber, Hamburg: 1 – Wilhelm-Lehmbruck-Museum (Foto: B. Kirtz), Duisburg: 1 – Yale University Art Gallery, New Haven: 1 – Karten und Zeichnungen: Westermann Kartographie/Technisch-Graphische Abteilung, Braunschweig